버치 문서와 해방 정국

지은이 **박태균**

1966년 서울에서 태어났다. 서울대학교 국사학과 학부와 대학원을 졸업하고 문학박사 학위를 받았다. 현재 서울대 국제대학원 원장이다. 미국 하버드대학교 동아시아학과에서 2007년과 2017년 '한국현대사'와 '한미관계사'로 학부와 대학원 강의를 했으며, 계간 『역사비평』 주간과 서울대 『대학신문』 주간을 역임했다. 쓴 책으로는 『조봉암 연구』, 『한국전쟁』, 『우방과 제국: 한미관계의 두 신화』, 『원형과 변용: 한국경제개발계획의 기원』, 『베트남 전쟁』, 『박태균의 이슈 한국사』, 『사건으로 읽는 대한민국』 등이 있다.

버치 문서와 해방 정국 – 미군정 중위의 눈에 비친 1945~1948년의 한반도

초판 4쇄 발행 2024년 7월 10일
초판 1쇄 발행 2021년 10월 29일

지은이 박태균
펴낸이 정순구
책임편집 조원식
기획편집 정윤경 조수정
마케팅 황주영

출력 블루엔
용지 한서지업사
인쇄 한영문화사
제본 한영문화사

펴낸곳 (주) 역사비평사
등록 제300-2007-139호 (2007.9.20)
주소 10497 : 경기도 고양시 덕양구 화중로 100(비전타워21) 506호
전화 02-741-6123~5
팩스 02-741-6126
홈페이지 www.yukbi.com
이메일 yukbi88@naver.com

ⓒ 박태균, 2021

ISBN 978-89-7696-448-9 03910

이 저서는 서울대학교 인문·사회계열 학문전공교수 해외연수 지원 사업과 규장각 한국학연구원의 2020년도 21세기 신규장각자료구축사업의 지원을 받아 수행된 연구다.(KIKS-2019-452-31302)

또한 이 도서는 한국출판문화산업진흥원의 '2021년 출판콘텐츠 창작 지원 사업'의 일환으로 국민체육진흥기금을 지원받아 제작되었습니다.

버치문서와 해방정국

미군정 중위의 눈에 비친 1945~1948년의 한반도

박태균 지음

머리말

　2017년 가을, 두 번째 맞는 연구년에 하버드대학교에 머물게 되었다. 1997년에는 연구원과 특별 학생 자격으로 2년여의 시간을 보냈고, 2007년에는 대학원에서 1950년대 한국 사회를 강의할 수 있는 기회를 가졌었다. 그럼에도 2017년의 연구년은 개인적으로 매우 중요한 시기였다. 서울대학교 국제대학원에서 교편을 잡은 지 15년이 넘은 시점에서 연구년을 어떻게 보내는가는 앞으로 남은 15년의 미래를 결정할 수 있기 때문이었다.

　우선은 지금까지 해왔던 한미 관계사를 정리하는 작업에 집중하겠다는 계획을 갖고 자료와 기존 연구를 정리하기 시작했다. 그 와중에 하버드대학교의 옌칭도서관에 있는 '하우스만 문서'를 검토해야 할 필요성을 느꼈다. 하우스만은 미군정 시기부터 1970년대까지 주한미군 고문단의 일원으로 활동했던 인물이었다. 그는 한국의 한 방송사와의 인터뷰에서 자신이 사형선고를 받은 박정희를 구명한 인물이라고 스스로 밝히기도 했던 인물이었다. 그런데 하우스만 문서를 검토하는 과정에서 뜻밖의 문서를 발견하게 되었다. 바로 '버치 문서'였다.

　미군정 시기에 대한 연구는 1991년 석사 논문을 제출한 이후 거의 손을 놓은 상태였지만, 버치에 대해서는 누구보다도 명확하게 기억하고 있었다. 석사 논문의 주제가 미군정의 정치 공작이었고, 그 중심에는 버치 중위가 있었다. 물론 석사 논문은 1946년까지를 분석한 것이었기 때문에 버치가 본격적인 공작을 시작하는 1946년 말 이후의 시기는 분석 대상에서 제외되었다. 그럼에도 불구하고 정병준 교수(이화여대)가 당시 '세계에서 가장 똑똑한 중위'라고 말했던 하버드 법학전문대학 출신의 버치 중위에 대한 이야기는 잊을 수 없었다. 실제 석사 논문을 쓰는 과정에서도 좌우합작위원회와 관련된 문서들에 버치가 등장하곤 했었다.

커밍스 교수는 『한국전쟁의 기원』 1권에서 버치와 가졌던 인터뷰를 인용하기도 했다. 그 책 5장의 각주 106번에 의하면, 인터뷰는 1973년 5월 19일에 이루어졌는데, 버치가 사망하기 3년 전이었다. 버치와 함께 일했던 24군단 소속 토마스 주니어 병장은 버치의 가족들로부터 버치 문서를 분석해달라는 요청을 받았다고 한다. 그는 버치를 '대위'로 기억하고 있었고, 버치의 가족들이 고려대의 도움으로 버치의 자료 분류를 위한 분석을 요청했지만, 고려대의 총장이 바뀌면서 계획이 틀어졌다고 기억했다.

다른 작업은 모두 내려놓고 버치 문서를 분석하는 작업에 들어갔다. 연구자가 갖고 있는 직업병이 발동했다. 문서의 내용을 검토하고 스캔하는 작업을 두 달간 계속했다. 20년 전 박사 논문을 쓸 당시 메릴랜드에 있는 미국 정부의 문서 보관소에서에서 아침 9시부터 오후 6시까지 문서를 확인하고 복사하는 작업을 두 달 동안 계속했고, 그 덕에 냉방병에 걸렸던 기억이 다시 떠올랐다. 아마도 일주일에 하루는 저녁 8시까지 작업이 가능했던 것 같다.

버치 중위가 남긴 박스들을 보면서 전율을 느꼈다. 이미 미군정의 자료, 그중에서도 국사편찬위원회에서 펴낸 〈주한미군 사령부, 하지장군 문서철 (RG 338)〉에 공개된 문서들도 있었지만, 버치 중위가 개인적으로 소장하고 있었던 자료들 역시 적지 않았다. 그중에는 당시 한국의 정치인들과 소통했던 자료들이 많았다. 명함부터 편지, 사진, 메모 등 하나하나가 다 보물 같았다. 그리고 이 자료들을 통해서 당시의 상황을 다시 한 번 재구성해야겠다는 계획을 갖게 되었다.

아울러 이러한 자료들을 통해 그동안 이념의 프리즘을 통해 바라보았던 미군정 시기의 역사를 재조명해야 되겠다는 문제의식을 갖게 되었다. 1990년대 중반 이후 시작된 역사 해석을 둘러싼 논쟁은 지나치게 이념적 잣대를 갖고 한국 현대사를 분석했기 때문에 객관적이고 과학적인 분석이 이루어지지 못했다. 또한 자신들의 정치적 관점에 기초하여 옳고 그름이라는 평가에 치우치다 보니 실제로 그 당시 역사에서 재현해야 할 중요한 이슈들을 간과한 부분이 적지 않았고, 당시 역사로부터 얻어야 할 교훈도 제대로 얻지 못했다. 오히려 이념으로 당시의 사실을 왜곡하는 현상까지도 나타났다.

버치가 남긴 문서들을 읽으면서 그가 남긴 자료들을 통해 당시의 상황을 객관적으로 재조명해 볼 수 있을 것이라는 생각을 갖게 되었다. 물론 이 책이 그러한 문제의식을 얼마나 충실하게 담을 수 있었는지는 이제 독자들이 평가해줄 것이다. 이 글이 『경향신문』에 연재되는 동안 필자는 많은 응원의 메시지를 받았다. 때로는 네티즌들이 올린 댓글을 통해서 많은 응원과 비판이 있었지만, 직접 전화와 이메일로 보내주신 많은 분들의 응원은 이 작업을 끝내는 데 있어서 큰 동력이 되었다. 연재가 끝난 이후에도 많은 분들이 글을 읽어주셨다. 이러한 응원을 통해 앞으로도 전문성과 대중성을 기준으로 한 연구를 계속해 나갈 수 있다는 자신감도 갖게 되었다. 그리고 연재가 끝난 후 2년 동안 버치의 문서들을 다시 꼼꼼히 체크하면서 내용을 업데이트하는 작업을 진행했다.

또한 이 작업의 일부는 KBS의 〈역사저널 그날〉 '1946년 대구 사건' 편에서 소개되었고, JTBC의 〈차이나는 클라스〉 강의에도 많은 도움을 주었다. 이러한 작업에는 서울대학교에서 교수들의 연구년에 연구할 수 있도록 지원해주는 연구비와 서울대학교 규장각 한국학연구원의 지원이 큰 힘이 되었다.

그리고 버치 문서가 하버드에 기증될 수 있도록 그의 가족들을 만나서 설득했고, 기증된 문서를 처음으로 접할 수 있도록 허가해주신 하버드대학의 에컬트 교수님, 희귀 문서 사고에서 작업을 할 수 있도록 모든 일정을 도와주신 옌칭도서관의 강미경 선생님, 문서를 스캔하는 과정을 도와준 아내에게 감사의 말씀을 드린다.

특히 에컬트 교수님은 최근 위안부와 관련된 글이 문제가 되자 가장 먼저 비판적 비평을 해주셨고, 필자가 처음 하버드대학에 갔을 때부터 지금까지 가장 중요한 멘토로서 필자를 응원하고 지원해주시고 있다.

아울러 이러한 연구를 진행할 수 있도록 연구년을 허가해주신 학교와 국제대학원 교수님들, 이렇게 재미없고 긴 글의 연재를 허가해주신 『경향신문』과 독자분들, 그리고 책의 출간을 위해 노력해주신 역사비평사의 모든 직원들께도 감사드린다.

1997년 하버드에 처음 갔을 때 돈 걱정 말고 공부 열심히 하라고 하시던, 그리고 돌아가시기 직전 시간강사인 아들의 성적 입력을 도와주시고 박사학위 취득 소식에 활짝 웃으시던 아버지께 이 책을 바친다.

박태균

차례

버치문서와 해방정국

미군정 중위의 눈에 비친 1945~1948년의 한반도

1

미군정은 왜 실패했는가

— "맥아더는 완고"했고, "하지는 순진"했다

1947년 5월 워싱턴에 소환되었다가 서울로 귀환한 하지 미군정 사령관은 미국 기자들과 간담회를 가졌다. 그는 이 간담회에서 자신이 다른 점령군 사령관에 비하여 두 가지 특수한 상황에 처해 있다고 말했다. 하나는 러시아인들과 협상을 해야 한다는 점이었다. 미국은 유럽의 독일이나 오스트리아에서도 소련군과 협의를 했어야 했지만, 한국은 미군의 아시아 점령 지역 중 유일하게 분할이 이루어졌던 지역이었다. 또한 독일과 오스트리아는 미국과 소련 외에도 영국과 프랑스가 분할에 참여하고 있었던 반면, 한국은 미국과 소련 두 강대국에 의해 분할되어 있었다.

다른 하나는 한국인들의 성격이었다.

'동양의 아일랜드인'으로 불리는 사람들이다. 아일랜드 사람들과 너무 비슷하다. 그들은 집단적으로 움직인다. 그들은 즐기는 것을 좋아하고 유머 센스가 많으며, 싸우기를 좋아한다. 또한 주장이 많다. 공상을 좋아하는 한국인들에게는 아일랜드와 비슷한 설화들이 있다. 술 마시는 것을 좋아하며 파티

버치 문서 Box에 있는 하지 사령관의 사진.

와 휴가, 정치권력을 사랑한다. 질적 수준이 높으며 동시에 그러한 높은 수준으로 인해 다루기가 쉽지 않다. 그들은 매우 획일적이며 중국인과 다르며, 일본인도 아니다. 그들은 몽골로부터 내려왔으며, 중국으로부터 많은 문화를 받아들였고, 동양의 기준에서 높은 수준의 문화를 유지했다.(버치 문서 Box 5)

평생을 야전에서 보냈던 하지 사령관으로서는 한국에서 정부를 수립하고 이끌어가면서 한국의 정치인들을 상대하는 것이 결코 쉬운 일이 아니었다. 차라리 한국이 패전국이었다면 점령 지역의 거주민들이 독일이나 일본에서처럼 승전국에 고분고분한 자세를 보였겠지만, 한국은 패전한 일본 제국의 일부였음에도 불구하고 한국인들은 스스로를 패전국으로 생각하지 않았다. 그들은 일본 제국의 피해자들로서 승전과 독립을 누릴 자격이 있다고 생각하고 있었다. 식민지 시기를 통해 지속적으로 독립운동을 했던 한국인들로서는 당연한 생각일 수 있었다.

일본 제국의 일부였던 한국에 일본군의 무장해제와 항복을 받으러 온 야전 사령관의 입장에서 이러한 한국인들을 다루는 것은 결코 쉬운 문제가 아니었다. 그래서 하지의 의견은 어떻게 보면 편견에 가득찬 것 같기도 하고, 다른 각도에서 보면 한국인의 독특한 이미지를 객관적으로 본 것 같은 느낌을 준다. 그리고 그의 느낌은 외신 기자들에게 고스란히 전달되었다.

하지의 어려움은 이상과 같은 한국의 조건에만 있는 것이 아니었다. 미군정이 1945년 12월 모스크바 삼상회의 이후 빠진 딜레마는 그에게 더 큰 난관이었다. 미국이 한국에 대해 추진했던 신탁통치안을 보수 우익 세력들이 반대한 것이다. 미국은 소련과 대치하고 있는 상황에서 보수 우익 세력들을 지원하고, 이들이 신탁통치하의 주도권을 잡고 궁극적으로 독립된 한국 정부를 수립하기를 원했다. 그러나 하지가 외신 인터뷰를 한 시점에서 보수 우익

레너드 버치 중위.

세력들은 미국의 정책인 신탁통치를 반대하고 남한만의 단독정부 수립을 주장하고 있었다.

미군정의 이러한 딜레마를 가장 크게 피부로 체감하고 있었던 이는 레너드 버치(Leonard Bertsch) 중위였다. 그의 계급은 '중위'밖에 되지 않았지만, 미군정이 38선 이남을 통치했던 무렵 정치적 소용돌이의 중심에 서 있었다. 그는 좌우합작위원회를 조정하는 역할을 했고, 미소공동위원회와 남조선과도입법의원의 자문관으로 활동했다. 하버드대학교 법학전문대학 출신으로 오하이오 주의 변호사로 활동하던 그가 1945년 12월15일 한국에 배치되자, 하지 사령관은 그를 중용했다. 버치는 텍사스의 샘 휴스턴 요새(Fort Sam Houston)에서 훈련을 받으면서 우수 생도상을 받은 재원이었다.

하지는 신탁통치를 반대하면서 빠른 시간 내에 정권을 이양하라고 '떼를 쓰고 있는' 골치 아픈 보수 우익의 지도자들이나 소위 '추수폭동'을 주도한 좌익이 아닌 중도적이고 민주적인 지도자들로 리더십을 세우고 싶었고, 이를 위한 중재자로서 버치 중위를 선택했다. 버치가 김규식과 여운형을 중심으로 좌우합작위원회를 만들도록 지원했고, 유엔의 주도 아래 38선 이남에서 단독정부 수립이라는 정책으로 확정될 때까지 좌우합작위원회가 계속될 수 있었던 것은 하지의 지원 덕분이었다.

이로 인해 버치는 30대 중반(1910년 1월 8일생)의 나이에 한국의 쟁쟁한 정치인들을 만나면서 거물이 되었다. 그는 정치인들의 의견을 청취하고, 정치적 동향을 미군정의 상관들에게 보고하는 일을 했다. 때로는 이보다 더 적극적으로 개입하여 정치적 흐름의 방향을 조정하는 역할을 하기도 했다. 게다가 그는 정치자금과 정치인들의 숙소와 당사를 마련하는 작업에도 관여했다. 일본인들이 두고 간 빈 공간들을 누가 차지하는가는 당시 한국인들의 가장 중요한 관심 사항 중 하나였다. 1947년 1월 한국에 귀국하여 24군단 정보

미군정을 방문한 〈볼티모어 선〉의 마크 왓슨 기자(왼쪽에서 두 번째)와 함께 사진을 찍은 버치(맨 오른쪽)의 모습. 사진의 뒤에는 맨 왼쪽의 여인은 군정 요원이고, 버치의 옆에 있는 한국인은 "헌신적이고 겸손하며 믿을 만한 박기춘 씨"라는 설명이 붙어 있다.(버치 문서 Box 8)

부서(G-2)에서 버치와 함께 일했던 토마스 주니어(Fred Charles Thomas Jr.)는 한국의 거물급 정치인들이 "하지에, 버치에, 러치에"라고 할 정도로 계급은 중위밖에 되지 않았지만, 사령관이나 군정장관급이었다고 회고했다.[1]

일제강점기를 통해 국내와 해외에서 다양한 활동을 했던 한국의 유수한 정치인들이 버치를 만나고자 했다. 그들은 자신의 정치적 견해를 밝히기도 했고, 다양한 상황에 대해 청원을 하기도 했다. 버치는 자신이 만난 정치인들에 대한 보고서를 작성해 미군정의 상관들에게 전달했는데, 그 복사본을 모두 보관했다. 또한 중요도가 떨어지는 일부 문서들과 개인 메모, 그리고 수많은 편지들 역시 보관했다. 자신이 받은 편지뿐만 아니라 자신이 보낸 편지의

---

1 _ https://adst.org/wp-content/uploads/2018/02/Korea.pdf

신당동에 위치한 집에서 가족들과 식사를 하고 있는 버치. 보모인 베티(Betty) 김(한국 이름 김정원, 맨 왼쪽)과 함께 한 식사 자리인데, 서서 서빙하고 있는 한국인 도우미 두 명이 눈에 띈다. 그들은 부부로 이부입과 그의 부인이라고 되어 있다.(버치 문서 Box 8)

사본도 보관되어 있었다. 그가 그렇게 보관하고 있던 문서들은 사후에 그가 졸업한 하버드대학교 옌칭도서관으로 옮겨졌다. 버치의 문서군에 카터 대통령으로부터 받은 공훈 증서가 있는 점을 고려한다면 그는 1976년에 사망했고, 사망 직후 대통령으로부터 공훈 증서를 받은 것으로 판단된다.

버치는 1948년 38선 이남에서만 총선거가 실시되는 것을 목격하면서 서울을 떠났다. 그가 추진했던 좌우합작위원회를 통한 통합 한국 정부의 수립이 실패한 직후였다. 그로부터 25년이 지난 1973년 버치는 한 통의 편지를 받았다. 미군정 시기를 연구하는 연구자로부터 그 시기를 전체적으로 평가해달라는 것이었다. 버치는 마치 자신이 실패했던 한국에서의 작업에 대한 한풀이를 하듯 10장이 넘는 분량의 답장을 보냈다.

그의 편지는 "나는 한국에서의 진행 상황을 보면서 철저하게 실망했고, 용기를 잃었다."라는 문장으로 시작되었다.

하지 장군은 나에게 동의했지만, 우리가 한국에서 안정적 힘을 갖기 위하여 이승만이 필요하다는 망상에 사로잡혀 있었던 도쿄, 특히 연합군 최고 사령부로 인해서 다른 결정을 할 수 있는 힘이 부족했다.

2년 반 동안 스스로의 활동이 실패했던 원인은 맥아더가 이끄는 도쿄의 연합군 최고 사령부가 갖고 있었던 이승만에 대한 잘못된 판단 때문이었다고 결론을 내렸다. 이 편지를 쓰기 전이었던 1965년 『주한미군정사』를 집필한 호그 교수에게 보내는 편지에서도, 버치는 웨스트포인트 출신과 비육사 출신 간의 갈등과 함께 맥아더가 이끌고 있었던 연합군 최고 사령부와 미군정의 갈등, 국무성과 국방성 사이의 견해 차이에 대해 언급했다. 맥아더는 이승만이 귀국할 때 하지 장군을 도쿄로 불러 이승만을 영접하도록 했고, 1948년 8월15일 대한민국 정부가 수립될 때 미국을 대표해서 참여했다.

1973년의 편지에서 태평양 사령부의 잘못된 정책을 지적한 다음, 버치는 한국 내 정치적 문제의 핵심으로 이승만의 문제를 지적했다.

이승만은 그에 대한 우리의 혐오를 알고 있었다. 그는 캘리포니아에 있는 친구에게 편지를 써서 '한국에서 가장 위험한 두 명의 공산주의자가 있는데 하지 장군과 버치 중위'라고 했다.

물론 버치 역시 하지와 마찬가지로 소련과 협상을 통해 무언가를 성취하는 것 자체를 기대하기 어려웠다는 점을 지적하기도 했지만, 신탁통치를 반대하는 정치인들을 참여시켜야만 하는 미국의 딜레마를 강조하는 것을 잊지 않았다. 그리고 이 편지는 "하지 행정부는 순진했다."라고 마무리되어 있다.

미군정의 경제 자문관이었던 번스와는 달리 버치는 하지 장군이 극우적이었던 러치 장군과는 다르다고 생각했던 것 같다.[2]

버치는 왜 이러한 결론에 이르게 된 것일까? 그는 왜 좌절했는가? 그렇다면 그는 자신이 추진했던 바와 같이 한반도에서 분단이 되지 않고, 이승만이 대통령이 되지 않을 가능성이 있었다고 판단했던 것인가? 이는 당시 상황이 이미 세계적 차원에서 냉전이 시작되었기 때문에 한반도의 분단은 불가피했고, 이승만의 분단 정부 수립 정책은 현실적인 노선이었으며 결국 승리했다는 기존의 주장과는 다른 내용이 될 수 있다.

버치가 집에 보관하고 있다가 사후 가족들에 의해 하버드대학으로 이관된 그의 자료들은 그가 정치인들을 만나면서 보고 느꼈던 내용들이 생생하게 기록되어 있다. 또한 그와 견해를 달리했던 미군정 내 군인, 관리들과의 갈등도 보여주고 있다. 이러한 자료들이 무엇보다도 중요한 점은 미군정 시기에 대한 연구가 시작된 지 30여 년이 지난 지금까지도 논란이 되고 있는 문제들에 대한 해답을 줄 수 있는 문서들이 포함되어 있다는 점이다. 일부 문서들은 미군정 자료가 공개될 때 이미 햇빛을 보았지만, 그렇지 않은 자료들도 적지 않다. 또는 기존 연구에서 주목받지 못했던 자료들 역시 주목된다.

이러한 자료들을 통해 지금도 계속되고 있는 다음과 같은 질문에 답해보고자 한다. 미군정은 처음부터 분단 정부 수립을 추진한 것은 아니었을까? 모스크바 삼상회의의 조선에 대한 합의안은 단지 합의일 뿐 전혀 실현될 수 없는 방안이었는가? 미군정은 좌우합작위원회를 진정으로 지원한 것인가? 국내에 전혀 기반을 갖고 있지 못했던 이승만이 미군정과의 갈등 속에서도 빠

---

2 _ 안종철, 「해방 전후 아더 번스(Arthur C. Bunce)의 활동과 미국의 대한정책」, 『미국사 연구』 31, 2010 참조.

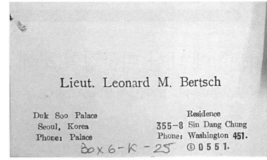

미군정 시기의 버치 중위가 사용했던 명함. 사무실 전화번호 옆에 '팔래쓰(palace)'라는 한글 이름으로 표기했고, 자택 전화번호에 워싱턴 지역 번호를 붙인 것이 눈에 띈다.

른 시간 내에 한국민주당을 제치고 정권을 잡을 수 있었던 원인은 무엇이었을까? 과거 일본 군국주의에 협력했던 인사들의 재기용에 대한 여론의 비판을 알면서도 미군정은 왜 이들을 계속 고용했어야 했는가?

이러한 해답을 찾는 과정은 한편으로 1945년부터 1948년까지 한국 사회의 모습을 있는 그대로 복원할 수 있을 것이다. 또한 이를 통해 지금까지도 비합리적으로 운영되고 있는 한국 정치의 기원과 그 원형을 찾아낼 것이다. 이는 버치 중위가 갖고 있었던 자료들이 비이성적 세력들이 권력을 강화해 나가는 과정과 함께 지방 정치의 모습을 잘 보여주고 있기 때문이기도 하다. 이 연재를 통해 세계적 차원에서의 탈냉전이 이루어졌음에도 불구하고 지금도 한국에서 매카시즘이 작동하고 있는 그 근원을 찾아가도록 하겠다.

2
여운형에 대한 미군정의 구애
—"잘 도망다니고 있지만, 여전히 중요하다."

    돌아가신 위대한 선생님에 대하여 나는 조선말로 한마디 하겠습니다. 그는 영원히 침묵의 나라로 돌아갔습니다. 그러나 그의 친구와 나는 항상 선생으로부터 감화받은 교훈을 잊지 못하겠습니다. 자유와 평화를 원하는 조선 사람들은 울고 있지만, 여운형 선생의 정신을 기억하겠습니다. 여운형 선생은 돌아가신 사람이 아닙니다. 영원히 죽지 않을 인물입니다. 우리 이제 남아 있는 사람에게 큰 교훈을 준 사람입니다.(버치 문서 Box 4)

    버치는 서투른 한국어에도 불구하고 한국어 발음을 영어로 바꾸어 조사를 읽었다. 잘못된 발음도 적지 않아 제대로 된 한국어로 이해되기는 쉽지 않은 조사였다. 아마도 그가 한국에서 근무했던 2년 반 정도의 기간 동안 유일하게 한국어로 한 연설이었을 것이다. 버치 문서에 있는 유일한 한국어 연설문이다. 제대로 말하기도 힘든 한국어로 조사를 읽어나간 버치는 여운형에 대한 최고의 존경심과 그의 죽음에 대한 애통함을 표현한 것이다.

    냉전 시대, 한국 사회에서 공산주의자로 규정되었던 여운형에게 버치는

1 TORA GASIN-UI TAIHAN

SUNSANGNIM GE — TE HAIYA

NAH NOON CHOSUNMALO HAN MAH DE

HAGESUMNIDA. KUHNOON YOUNGWANHI

TSHIMOOKE NAHRAHRO TORA GASUMNIDA.

KURUHNNA KUI CHINGUWA — KUI

NAHGWANOON HYANGSANG 1 SUNSÄNGUI

KAMWHA PADUN KYAWHOONURL ICHI

MOTA GESUMNIDA.

CHAYOUA PYUNGHWAWA MINJUUUIRURL

PALCHUNHANUN CHOSUN SARAMDURUN

버치가 한국어 발음을 영어로 표기한 여운형 조사(弔辭).

왜 이렇게 최고의 존경을 표했던 것일까? 버치뿐만 아니라 또 다른 미군정 관리이자 『주한미군사』의 저자였던 로빈슨 역시 그의 책 맨 앞 장에 다음과 같이 여운형에 대한 최고의 존경심을 표했다.

　추모: 1947년 7월19일 한국의 서울에서 암살된 여운형의 영전에 이 책을 바친다. 그는 미국의 분별없는 외교정책의 비극적인 희생자다. 인민의 대의를 옹호하던 위대한 진보적 민주주의자인 그는 좌익과 우익의 전체주의와 기회주의에 대항하여 싸웠다. 그리고 바로 그 때문에 죽게 된 것이다.[3]

　이승만은 여운형과 가까운 관계를 유지하면서 좌우합작위원회를 주도하고 있었던 버치 중위를 하지 사령관과 함께 가장 위험한 공산주의자라고 말했다. 버치 중위와 하지 사령관이 여운형이 참여하고 있는 좌우합작위원회를 지원했을 뿐만 아니라 이를 통해 38선 이남에서 정부를 수립하려 했기 때문이다. 그렇다면 버치에게, 그리고 당시 미군정에게 여운형은 어떠한 존재였을까?
　단도직입적으로 말하자면, 여운형은 미국의 대한 정책에 적합한 인물이 아니었다. 해방된 한국에 대한 미국의 기본 목표는 한국을 전범 국가인 일본으로부터 완전히 분리시키면서, 동시에 강대국 중 어느 한 국가의 절대적 영향력을 받지 않으면서도 미국에 우호적인 국가를 만드는 것이었다. 이를 위해서는 친러시아 성향의 정부가 들어서지 않아야 했다. 미국은 19세기 한반도가 강대국의 소용돌이에 휘말렸고, 이것이 동북아 전체의 불안정과 나아가 태평양전쟁으로 이어졌다는 점을 인식하고 있었다.[4]

---

3 _ 리차드 로빈슨, 『미국의 배반 ― 미군정과 남조선』, 과학과사상, 1988.

4 _ SWNCC 101/4에는 19세기 말 중국과 일본, 그리고 20세기 초 일본과 러시아 사이에서 한반도에

1947년 일시 귀국한 서재필과 함께 한 여운형과 김규식. 좌우합작위원회의 핵심이었던 김규식은 이승만 대신 서재필을 한국 정치의 중심에 내세우려는 생각을 갖고 있었다.(왼쪽부터 김규식, 서재필, 여운형)

이러한 상황에서 미국을 반대하지는 않았지만, 그렇다고 해서 반공적이지 않았던 여운형은 미국의 대한 정책에 적합한 지도자가 아니다. 여운형은 조선공산당과 가까운 관계를 맺고 있었다. 미군이 진주하기 직전 조선공산당과 함께 조선인민공화국 수립에 참여했고, 1946년에는 민전('민주주의민족

서의 주도권을 둘러싼 각축이 있었으며, 일본에 병합되기 전에 한국 정부가 매우 불안정했음을 언급하고 있다. *FRUS 1945 Vol. VI*, p.1099.

전선'의 약칭)을 조직했다. 아울러 그는 북한의 지도자였던 김일성, 김두봉과 친밀한 관계를 유지하고 있었다. 버치 문서 중에는 여운형과 김일성, 김두봉 사이에서 오고 간 편지의 번역본이 있으며, 그 내용 중에는 미군정을 비난하는 내용도 포함되어 있었다.(버치 문서 Box 1)

그럼에도 불구하고 미군정은 왜 여운형을 끌어안으려 했을까. 버치가 한국 땅을 밟기 이전에 여운형은 이미 미군정으로부터 러브콜을 받았다. 미군정은 한국 통치를 위해 1945년 가을 자문위원회를 구성하면서 보수적이고 자산가이거나 친일 경력이 있었던 한국민주당 소속의 인물들을 임명하면서, 예외적으로 여운형을 자문위원의 한 사람으로 임명했다. 그러나 여운형은 미군정의 자문위원 임명을 받아들이지 않았다.

미국의 러브콜과 여운형의 거부는 1946년 2월 다시 재현되었다. 버치 중위가 한국에 부임해 정치인들을 담당하는 정치고문단(Political Advisory Group) 소속으로 활동하기 시작한 직후 민주의원('대한국민대표민주의원'의 약칭)이 결성될 때 미군정은 여운형이 여기에 참여할 것을 요청했다. 그러나 여운형은 이승만과 김구가 주도하는 민주의원에 참여하기를 거부했다. 특히 '친일파'로부터 정치자금을 수수했고, 그들에게 관대했던 이승만이 주도하는 조직에 참여할 수 없다는 입장이었다. 우여곡절 끝에 여운형은 1946년 가을 미군정이 주도하는 좌우합작위원회에 좌파를 대표하여 참여했지만, 당시 조선공산당의 후신으로 창당된 남조선노동당과의 갈등, 그리고 개인적인 건강상의 문제를 이유로 들어 적극적으로 참여하지 않았다.

미군정 내에서 정치 공작에 관여하고 있었던 또 다른 인물이었던 링컨(Lincoln) 대령은 경제정책을 담당하고 있었던 아서 번스(Arthur Bunce) 참사관에게 보낸 문서에서 "여운형은 미군정의 정책으로부터 잘 도망다니고 있다." 라고 지적했다.(1947년 4월 4일, 버치 문서 Box 2) 이렇게 잘 도망다니는 여운형을 여운형이 버치에게 전달한 자신의 명함. 다음 날 아침 10시경 자신의 사무실에서 버치를 만났으면 한다는 여운형의 메모가 적혀 있다. 당시에는 명함에 메모를 많이 남겼던 것 같다. 버치 문서에는 여운형의 명함과 같이 버치에게 남기는 메모를 적은 김규식의 명함이 적지 않게 남아 있다.

미군정은 왜 그가 암살당하는 순간까지 붙잡으려 했고, 일부 요원들은 그에게 최고의 존경을 표했을까?

쉽게 추측할 수 있는 부분은 두 가지다. 하나는 그의 대중적 영향력이었다. 여운형은 사회주의 좌파 계열에서 가장 높은 대중적 인기를 얻고 있었다. 이미 일제강점기부터 그는 청년들의 영웅이었다. 여운형도 그랬듯이, 그를 추종하는 사람들에게도 좌냐 우냐는 중요하지 않았다. 그가 공산주의자들뿐만 아니라 베를린 올림픽의 영웅 손기정과, 또 서울대 사회학과의 창시자이며 한국 농구계의 산 증인인 이상백 교수와 가까운 관계였다는 점은 이를 잘 보여준다. 미군정으로서는 이렇게 대중적으로 영향력이 있는 여운형이 38선 이남을 안정적으로 통치하기 위하여 반드시 필요했다. 모스크바 삼상회의 결정안에 따라 소련군과 협상을 하는 과정에서도 여운형은 매력적인 인물이

여운형의 조선인민당에서 사용한 공식 문서 용지. "뭉치자, 엉키자, 다투지 말자."라는 구호가 그들의 정치 노선을 잘 보여주고 있다.

었다. 소련으로서는 남한의 지도자로 이승만과 김구는 받아들일 수 없었지만, 여운형은 받아들일 수 있었다.

또 하나의 이슈는 한국 내 좌파를 분열시키는 것이었다. 해방된 한국에서 조선공산당은 가장 큰 영향력을 갖고 있는 정당이었다. 이는 제국주의로부터 해방된 아시아 국가들에서 공통적으로 나타나는 현상이었다. 공산주의자들이 제국주의에 협력하지 않았다는 점과 함께 미국과 달리 러시아가 식민지 독립운동을 지원했다는 사실은 아시아 지역에서 공산당이 대중적 지지를 받을 수 있는 토대를 마련했다. 국제정치학자 개디스(James L. Gaddis)가 언급한 것처럼 동유럽의 공산 정권은 '내부로부터 초대받지 않은 정권'이었다.[5] 그러나 아시아의 중국과 베트남에 수립된 공산 정권은 대중적 지지를 통해 수립되었다. 한국에서도 공산주의자들은 대중적 지지를 받고 있었다.

이러한 상황에서 온건하고 미군정뿐만 아니라 일본 총독부와 소통이 가능했던 여운형을 통해 좌파를 분열시키고 강경한 입장의 공산주의자들을 고립시킬 수 있다면, 이는 러시아에 우호적인 좌파 전체의 힘을 약화시키는 동시에 조선공산당의 영향력을 축소시킬 수 있는 방안이 될 수 있었다.

미군정이 벌였던 공작에 조선공산당과 여운형을 갈라놓는 전략만 있었던 것은 아니었다. 여운형의 힘을 빼는 것 역시 또 다른 중요한 공작의 하나였다. 여운형의 힘을 뺀다면 잘 도망다니는 그에게 계속 구애할 필요가 없기 때문이었다. 그 첫 번째 공작은 여운형으로부터 그의 동생 여운홍을 분리시키는 것이었다. 여운홍은 미국 유학을 했고 임시정부에서 활동한 경력이 있었지만, 여운형만큼 정치적 영향력이 크지는 않았다. 그럼에도 불구하고 여운형의 동생이 그로부터 떨어져 나온다면, 여운형 개인과 그가 중심이 되어 만든 조선인민당에는 큰 타격이 될 수 있다고 판단했던 것으로 보인다.

여운형에게 타격을 입히는 공작은 이승만의 정치 고문이었던 굿펠로(Preston Goodfellow)에서 시작되었다. CIA의 전신인 OSS(전략사무국)의 대령 출신인 굿펠로는 이승만이 귀국할 때부터 이승만을 옆에서 도왔던 '좋은 친구'

---

5 _ 존 루이스 개디스, 『냉전의 역사』, 에코리브르, 2010.

였다. 미국 국무성에서 해방 직후 이승만의 귀국 비자 발급을 거부하자, 굿펠로는 비자 발급을 도왔다. 준장 진급에 실패한 굿펠로는 이승만의 요청으로 1945년 12월 25일 방한했고, 하지 사령관의 특별 정치 고문으로 1946년 5월 26일까지 한국에서 근무했다.[6] 그는 처음에 보수 우익으로만 구성되어 '대표'도 아니고 '민주적'이지도 않은 민주의원에 여운형을 참여시키려고 했다. 그러나 이것이 실패하자, 여운홍을 여운형으로부터 분리시키기 위한 공작에 나선 것이다.

굿펠로는 여운홍에게서 조선인민당으로부터 탈당하여 새로운 정당을 창당할 것이라는 약속을 받아냈다. 그리고 그 대가로 정치자금을 지원하기로 했다. 이 자리에는 버치 중위도 함께 있었다. 그러나 여운홍의 탈당이 가져온 정치적 효과가 미미하자 정치자금 지원의 약속은 지켜지지 않았다.(버치 문서 Box 2) 굿펠로의 공작으로도 여운형의 정치적 영향력을 축소하는 데 실패한 것이다.

따라서 링컨 대령의 1947년 4월 4일 문서에는 "여운형은 아직도 중요하다."라고 하면서 "우리가 여운형 때문에 골치가 아픈 것도 사실이지만, 그가 소비에트에게는 더 위험이 되고 있다는 점을 명심해야 한다."라고 결론을 내리고 있다. "소비에트에게는 더 위험이 되고 있다."라는 점은 러시아가 지원하고 있는 조선공산당에 위협이 된다는 것을 의미하는 것이었다. 이 얘기를 뒤집어서 생각해보면 조선공산당의 힘을 약화시킨다는 목적을 달성하는 과정에서 여운형은 여전히 중요하다는 것이다.

미군정은 정치공작을 통해 여운형의 동생 여운홍이 조선인민당에서 탈당하여 사회민주당을 창당하도록 지원했지만, 그를 따라나간 정치인은 많지 않았다. 이러한 공작이 여운형에게 정치적으로 큰 타격이 되지 않았고, 미

---

6 _ 정병준, 『우남 이승만 연구』, 역사비평사, 2005, 530-532쪽 참조.

여운형이 버치에게 보낸 메모. 오늘은 만날 수 없고 다음 날 아침 10 시경에 김규식의 집에서 만나자고 하면서 김과 백과 함께 가겠다고 했다. '백'은 조선인민당에서 여운형과 함께 활동했던 백상규로 추측 된다.

군정의 지시에 대해서도 제대로 응하지 않자, 미군정은 여운형의 정치적 영 향력을 축소하기 위한 2단계 작업에 들어갔다. 여운형의 비리를 찾아서 그의 대중적 영향력에 타격을 입히는 것이었다. 이 작업은 여운형의 친일 행위를 찾는 작업으로부터 시작되었다.

3

여운형의 친일 행적을 찾아라

여운형의 정치적 영향력을 약화시키기 위하여 그가 당수로 있었던 조선인민당에서 여운형의 동생 여운홍이 탈당하도록 했던 미군정의 정치 공작은 실패로 끝났다. 이승만의 '좋은 친구'인 굿펠로(Goodfellow)의 공작이 제대로 작동하지 않은 것이다. 그만큼 젊은이들 사이에서 여운형의 명성과 영향력은 컸고, 친일 경력의 논란이 있었던 여운홍의 탈당은 조선인민당의 분열로 보도되었을망정 그다지 큰 정치적 타격을 가져오지는 못했다. 당시 『동아일보』 1946년 5월 10일과 13일에 여운홍의 탈당이 보도되었지만, 한 줄로 짤막한 기사가 실렸을 뿐이었다.

미군정은 '잘 도망다니는' 여운형의 정치력에 타격을 입히기 위한, 또는 여운형의 약점을 잡아 미군정에 협조하도록 하기 위한 2단계 작업에 돌입했다. 여운형의 친일 행적을 찾는 것이었다. 1946년 8월 2일 버치는 「여운형의 관계에 대해 제안된 조사」라는 제목의 문건을 작성했다.(이하 버치 문서 Box 1) 여운형이 전쟁 기간 동안 일본의 고위층과 연결되어 있었다는 정보가 있어서 조사에 들어간다는 것이었다. 여운형이 1939년부터 1945년 사이에 수차례 있었던 일본 여행이 조사 대상이었다. 여운형의 일본 여행은 약 8번에서

1948년 호레이스 브리스톨(Horace Bristol)이라는 작가가 일본에서 발간한 『코리아(KOREA)』라는 사진집에 있는 여운형의 사진. 이 사진의 설명에는 9번의 암살 시도를 잘 피했지만, 10번째 암살 시도는 결국 성공했다는 설명이 달려 있다.

13번 사이로 명기되어 있는데, 정확한 횟수를 밝히지는 않고 있다.

여운형이 일본을 방문했을 때 전쟁의 총책임자였던 도조 히데키(東條英機), 1942년부터 1944년까지 조선 총독이었던 고이소 구니아키(小磯國昭)를 만났으며, 이들과의 협상을 통해서 '일본 제국 내에서 한국이 제한적인 자치를 얻고, 이를 통해 한국에 대한 일본의 지배를 영속되게 하려고 했다'는 것이 그의 혐의였다. 버치는 "그가 미군정과 어떤 관계를 갖든 간에 그와 일본의 관계에 대한 정보를 갖고 있는 것이 중요하다."라고 하면서 여운형이 조선 공산당으로부터 자유롭지 못한 것은 공산주의자들이 여운형의 친일과 관련된 자료를 갖고 있기 때문이라고 추론했다.

버치는 이러한 조사를 위해 한국 정치에 대한 이해도가 높은 오리오단(Charles O'Riordan) 소령을 조사 실무자로 추천했다. 또한 도조 히데키와 고이소 총독, 그리고 아베 총독을 조사해야 하고, 일본 내에 있는 관련 문서들을 찾아야 한다고 권고했다. 그만큼 여운형의 친일 행적에 대한 세밀한 조사가 필요하다는 것을 강조했고, 그의 친일 행위가 있었을 것이라는 자신감도 갖고 있었다. 극우계 신문이자 여운형 암살이 필요하다는 사설을 썼던 『대동신문』은 1946년 2월 10일 여운형의 친일 행위에 대한 기사를 게재한 적이 있었다. 여운형이 1943년 학병 동원 회견을 했다는 것이었다. 사실 이 신문은 실제로 학병 동원 연설을 했던 많은 보수 우익 인사들에 대해서는 어떤 기사도 게재하지 않았다. 여운형의 학병 동원 연설이 신문 보도를 제외하고는 어떠한 근거도 없었음에도 불구하고 1946년 8월 10일 하지는 조사 명령을 내렸다.

일본에서의 조사는 곧바로 시작되었다. 일부 요원들은 일본 정부와 국회 도서관 내의 문서 자료를 찾기 시작했고, 오리오단 소령과 호프(Hope) 소령은 1945년 이전에 여운형을 만났거나 만났을 것으로 추청되는 인사들에 대한

（二）

昭和二十一年九月七日
訊問

証 人　宇垣一成
現問者
通訳　Charles Okamoto 大尉
　　　村上 fung

問　名前は
答　宇垣一成
問　呂と云ふ人を知つてゐますか
答　知つてゐます
問　何時會ひましたか
答　最後に會つたのが一〇年前でした
問　一〇年前どう云ふ關係で會ひましたか
答　非常に排日家でありました　朝鮮から上海に行きましたが私も朝鮮に行つた　その後朝鮮に歸りたいと云つてやりましたが「歸つたらよからう」と云つてまして　上海から歸つて朝鮮に歸つて来ました　上海から歸つて行くから朝鮮か日本と調子を合せて行くと言つて居りました　もう一人私が日本に歸つてからも東京に出て来て二、三回會ひました　それから一〇年位前です

昭和二十一年九月二十日
訊問

証 人　小磯國昭
現問者
通訳　速見 Charles Okamoto 少佐

問　名前は
答　小磯國昭
問　今度の戦争と関係の無い事ですが朝鮮の人で呂運亨と云ふ人を知つてゐますか
答　呂運亨をよく知つて居ります
問　朝鮮総督府在任中知つてゐましたか
答　朝鮮総督時代によく知つてゐました
問　どんな性質の人ですか
答　呂運亨は古い昔から朝鮮独立論者で　イギリス英國の事をよく知つて居りました　蒋介石、汪兆銘等と一緒に昔の支那の革命家孫逸仙の下で働いて居り　一九四〇年の各宇垣大将が支那を訪問した時に會ひましたか　宇垣大将が支那を旅行する時に呂運亨

우가키와 고이소 전 총독을 심문한 문서. 일본어로 기록되어 있고, 영어 번역본이 따로 만들어졌다. 전쟁을 반대했기 때문에 전범이 아니었던 우가키는 조선 총독 중 여운형에 대한 신뢰가 가장 두터운 인물이었다.

조사를 시작했다.[7] 조사는 광범위하고 철저하게 진행되었다.

주한 미군정에서 파견된 조사관들은 8월 29일 아베 노부유키(阿部信行), 9월 18일 우가키 가즈시게(宇垣一成), 9월 20일 고이소 등 전 총독, 11월17일 니시히로 다다오 전 조선총독부 경무국장, 12월12일 엔도 류사쿠(遠藤柳作) 전 정무총감, 12월19일 이소자키 히로유키 전 조선총독부 경찰국장, 그리고 도조 히데키 전 일본 내각 수반(날짜 미상) 등을 심문했다. 이들에 대한 심문 과정에서 나온 질문은 미군정이 파악하고자 하는 사실이 무엇이었는가를 잘 보여주었다.

질문의 첫 번째 범주는 여운형과 일본 총독부의 관계를 밝히는 것이었다. "여운형과 친한 일본인이 있었는가? 여운형은 일본의 이익을 위해 일했는가? 여운형이 총독부의 돈을 받았는가? 그는 반일 활동을 했는데 왜 체포하지 않았는가?" 두 번째 범주는 그가 공산당과 연결되어 있는가의 문제였다. "그가 스탈린의 친구였다는 것을 아는가? 그가 모스크바의 지시를 받아서 공산당에 가입했다는 것을 아는가?" 마지막으로 여운형이 어떤 인물이었는가에 대한 질문이었다. "그는 민족주의자인가, 기회주의자인가? 그는 중국과 러시아의 꼭두각시가 될 거라고 생각하는가? 그의 약점을 애기해줄 다른 친구가 있는가?"

모든 심문자에게 공히 '이 조사는 전범에 대한 조사가 아니다'라는 전제하에서 솔직하게 진술해줄 것을 요청했는데, 조사 기록을 보면 우문현답(愚問賢答)이 이어지고 있었다.

---

7 _ 이 조사와 관련된 일부 심문 자료는 정병준의 『몽양 여운형 평전』, 한울아카데미, 1995, 234-236쪽에 일부 수록되어 있다.

나는 그와 친구가 되었다 ··· 나는 진실로 여운형이 좋은 사람이라고 생각한다. 그의 생각은 건전했다 ··· 여운형은 천성적으로 온화하기 때문에 그는 전쟁 후 한국인들의 지도자가 될 자격이 있다고 일반적으로 받아들여졌다.(고이소)

내가 총독부에 있는 동안 공산당은 없었다고 믿는다. 그러나 한국의 독립을 원하는 사람은 많았다. 전쟁이 끝난 이후에 젊은 사람들이 여운형을 높이 평가하고 그들의 운동에 적극적이었다고 들었다.(아베)

그는 극단적인 반일주의자였다. 그는 한국을 떠나 상해로 갔지만, 내가 한국에 간 이후에 다시 돌아오고 싶어했다 ··· 상해에서 돌아오면서 그는 한국이 일본과 협력해야 한다고 주장했다 ··· 훌륭한 성격을 가진 겸손한 사람이라는 인상이 남아 있다 ··· 만약 한국에게 정치적 힘이 있다면 그가 한국의 지도자로서 적합한 사람이라고 나는 믿는다.(우가키)

여운형은 한국 젊은이들 사이에서 가장 존경받는 사람이었다 ··· 러시아인들이 들어오면 급진적인 사람들이 풀려날 것이기 때문에 여운형의 권고대로 그 전에 이들을 풀어주기로 결정했다. 우리는 여운형에게 폭동이 일어나지 않도록 해 달라고 했다. 그러나 그가 나중에 약속을 깼기 때문에 우리는 그에 대해 대단히 만족하지 못했다 ··· 솔직히 그는 매우 세련된 사람이다. 강한 민족주의자다. 그가 공산주의자가 아니라는 사실이 증명되었다 ··· 그는 기회주의자이지만, 그건 한국인들의 공통적인 성격이다 ··· 나는 그가 순수한 민족주의자라고 확신한다. 그러나 한국이 러시아나 중국(국민당)을 따라갈 것이라는 가능성도 배제할 수는 없다 … 내가 아는 한 그는 한국을 위해 최선을 다할 것이다 … 그는 일본 정부 또는 총독부의 얘기를 듣지 않았다. 일본은 그를 중요한 직책에 앉히고 싶어했다.(엔도)

일본의 전쟁 목적을 달성하기 위하여 한국으로부터의 협조를 얻기 위해 그와 얘기했다 … 불가능했다. 우선 그는 독립을 원했다. '한국인과 일본인이 독립과 상호 양보의 정신하에서 함께 간다'라는 선언을 원했다. 이것은 자치나 반(半)독립을 의미하는 것으로 일본은 그것을 동의할 수 없었고, 결국 결론을 내지 못했다 … 그는 민족주의자다 … 그는 한국의 이익을 위해 일할 것이다 … 우리는 그에게 돈을 조금 주었다. 그러나 누구로부터 많은 돈을 받았는지는 모른다. (돈을 준 목적은) 공산주의자들과 급진적 젊은이들의 무질서를 막기 위해서였다 … 그는 한국의 독립을 원했지만, 한국인들과 일본인들 사이에 피의 복수가 일어나기를 원하지 않는다고 항상 말했다. 그런 상황에서 우리는 그의 협조에 의지할 수밖에 없었다 … 외교적·군사적으로 일본의 보호가 필요하다고 생각하는 것 같았다 … 그는 전쟁 직후에 방송을 통해서 일본인들이 비극적인 학살을 모면하게 해주었다. 그는 사람들에게 일본인들을 죽이지 말라는 생각을 주려고 한 것 같다.(니시히로)

그는 한국의 독립을 주장했고, 일본 지배의 반대자였다 … (여운형이 100만 엔을 받았다는 것은) 단지 그것이 소문이라고 생각한다 … 나는 그를 기회주의자로 부르는 것은 적절하지 않다고 생각한다. 왜냐하면 그는 전쟁이 끝날 때까지 우리와 긍정적으로 협력하지 않았기 때문이다. 우리는 그를 전쟁에 협력시키려고 했다.(이소자키)

심문 과정에서 원하는 결과를 얻지 못했던 미군정의 요원들은 일본 외무성의 문서를 조사했다. 조사관들이 찾아낸 외무성 문서의 내용은 다음과 같다.

1923년 미나미 총독은 남경으로 특사를 보내서 여운형에게 과거를 잊고 돌아와서 젊은이들의 조직을 이끌어달라고 했다. 고노에 내각의 시기인 1940년 여운형은 도쿄에 가서 고노에 총리를 만나 장개석과의 사이에서 중재를 하겠다고 했다. 아베 총독의 초대로 1945년 8월 16일 아베를 만났다. 아베는 여운형에게 평화와 질서 유지를 부탁했다. 이후 허헌, 김일성과 함께 여운형은 그때부터 한국의 진정한 독립을 위해 적극적으로 일했다.

일본 정부 내 중앙 연락사무소의 문서에 대한 조사도 있었지만, 원하는 정보를 얻을 수 없었다. 미군정 요원의 수도 충분치 않은 상황에서 여운형 개인을 조사하기 위해 일본에 정예 요원을 파견했건만, 이들이 얻은 정보 중 여운형의 명성에 금이 갈 수 있는 내용은 하나도 없었다. 1947년 1월 11일 최종 "조사 보고서"가 하지 사령관에게 제출되었다.(버치 문서 Box 1) 최종 보고서는 과연 어떤 내용을 담고 있었을까?

4

여운형의 친일 행위에 대한 최종 조사 보고서

여운형의 친일 행위에 대한 1947년 1월 11일 「최종 조사 보고서」[8]는 "여운형이 비밀 요원으로서 일본 정부를 위해 봉사했거나 다른 외국 정부의 밀사로서 활동했다는 증거는 없다."라는 결론으로 시작했다. 아래에 나오는, 그의 친일 활동에 대한 최종 조사 보고서에서 일본 정부 또는 총독부와의 협력에 대해 아래와 같은 결론을 내렸다.

여운형은 1940년 고노에 내각이 있는 동안 동경을 방문했는데, 중일전쟁을 끝내기 위해 일할 것을 제안하기 위해서였다. 만약 그가 남경에 파견되어서 장카이섹(장개석) 총통을 만난다면 만족스럽게 갈등을 해결할 자신이 있다고 말했다. 그러나 그의 제안은 받아들여지지 않았고, 바로 동경에서 서울로 돌아왔다.

1944년 가을 고이소 내각이 있는 동안 우가키가 중국에 파견되었는데, 그는 여운형과 가까운 친구였다. 그곳으로 가는 길에 서울에 들렸을 때 여운형

---

8 _ 책 뒤에 있는 「부록」을 참조.

버치 문서에 있는 여운형의 사진. 자세한 설명이 붙어 있지 않다.

① 明年度「런던」올림픽參加에 スズ 寄
獻한 李元淳氏

② 新去現任體育會長 故 宋鎭禹氏一

③ 朝鮮體育會女子體門スズ 呂鎭

④ 前體育會長 故 呂運亨氏

⑤ 올림픽委員會呂運加하リ「ソ卜」」のみ
向하 スプ戮發急當해歸期の會長 呂 レ體球義

朝鮮體育界스界라の부러
新二세 李丙學氏(上)
李想白氏(下)

(1) Mr. Lee Won Soon who apperled at the Inter-
national Olympic Committee meeting to admit Korea
to the coming Olympic meet.

(5) The late Jacob Dunn or Mr. Chun Kyung Woo,
who was killed in a plane accident in Japan on
his way to the Olympic Committee meeting at
Stockholm to plead for the Korean admission.

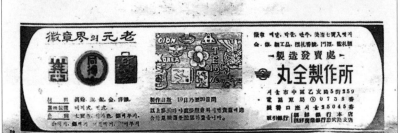

월간 『국제보도』 1947년 10월호에 게재된 조선체육회 인사들의 사진. 맨 윗줄 가운데가 전 조선
체육회 회장 유억겸, 둘째 줄 오른쪽이 3개월 전에 암살된 전 조선체육회장 여운형, 아랫줄 왼쪽
이 일제강점기 농구 선수로 활약했던 이상백이다.

을 데리고 가고 싶어했다. 그러나 여운형을 찾을 수 없었고, 우가키는 그 없이 상해로 떠났다.

우가키는 총독 재임 시절(1931~1936년) 여운형에게 많은 감명을 받았던 것 같다. 그는 총독 시절뿐만 아니라 그 이후에도 여운형과 가까운 관계를 유지했다. 우가키는 1945년 일본 패전 직후 전범으로 체포되었지만, 태평양전쟁에 반대한 평화주의자로서 이후에 곧 복권된 인물이다.

많은 경우에 일본 총독부는 여운형을 그들과 협력할 수 있게 만들려고 했다. 1921년 봄 여운형은 도쿄에 초대를 받았지만 그 회의는 성과가 없었고, 여운형은 상해로 돌아갔다. 1933년 여운형은 우가키에 의해 귀국했고, 우가키는 그의 안전과 활동을 보장했다. 한국의 젊은이들을 이끌어줄 것으로 판단되었다. 모든 사람들이 그의 협력을 유도하기 위해 노력했던 것 같다.

여운형이 어떤 방식으로든 한국의 절대적 독립을 위해 그의 노력과 일치하지 않는 방향으로 일본과 협력했다는 증거는 발견되지 않았다. 그는 우가키와 협력하기는 했지만 우가키는 일본의 자유주의자로 한국의 자치를 원하고 있었던 일본인이다. 우가키의 기억으로는 여운형이 한국 독립이라는 목적을 잊은 적은 없다. 물론 반 정도는 받아들인 적이 있다. 미나미가 우가키의 자유주의 정책을 따라서 여운형의 협력을 이끌어내려고 했지만, 여운형이 그렇게 하지 않아 실망했다고 말했다. 모든 일본인 총독이 그를 반일주의자라고 했지만, 그가 폭력을 음모하지 않았고 한국인들로부터 사랑을 받았기 때문에 몇몇 사건을 빼고는 일본 경찰에 체포되지 않았다.

여운형은 일제강점기를 통해 무력으로 저항한 사례가 없었다. 스포츠를 통해, 그리고 언론을 통해 일본에 저항하는 자세를 보여주었다. 그는 스포츠와 언론을 통해 젊은이들을 불러 세워야 한다고 믿고 있었다. 일본 총독부는 이러한 노선을 갖고 있는 여운형을 회유할 수 있다고 판단했다. 그들의 눈에는 여운형이 암살을 통해 독립운동을 하고자 했던 임시정부나 의열단과는 다른 인물로 비추어졌던 것이다. 사실 여운형은 임시정부에서 활동한 경험이 있었고, 의열단의 지도자들과도 가까운 관계를 유지하고 있었다. 후술하겠지만, 일본의 패망이 가까워질 무렵 비밀결사로 '건국동맹'을 만든 것 외에 그가 다른 정치조직을 만들지 않았다는 점 역시 총독부가 여운형에게 접근할 수 있는 하나의 조건이 되었던 것으로 보인다.

　여운형은 일본 항복 이후에 질서를 지키기 위해 일본과 협력했다. 항복 전에 엔도·니시히로·이소자키는 여운형과 법과 질서를 유지하고 일본인들의 생명과 재산을 지키기 위하여 그와 논의했다. 여운형은 러시아인들이 서울에 오기 전에 정치범들을 석방할 것을 제안했다. 만약 러시아인들이 오기 전에 그들이 석방된다면 모두 흩어질 것이기 때문이었다. 러시아인들이 들어온 이후에 그들이 집단적으로 석방된다면 여운형은 그들을 통제할 수 없었다. 일본 공권력은 여운형에 대해 자신이 있었던 것 같다. 그가 유혈 사태를 막아줄 수 있다고 솔직하게 믿었던 것 같다. 여운형은 폭력을 삼가고 평화를 지킬 것에 대한 라디오 연설을 몇 차례 했다. 일본인들은 그의 연설이 상당한 효과가 있었다고 믿었다. 그때까지만 해도 그들은 여운형이 올바른 길로 간다고 생각했다. 그런데 여운형은 일본 행정부가 생각했던 바를 따르지 않았다. 일본이 원했던 것은 평화유지위원회의 장이었고, 연합군이 올 때까지 질서를 유지하는 것이었다. 그러나 여운형은 실질적인 정부로 여겨질 수 있는 정치적 조직을 만들었다. 그로 인해 실망했음에도 불구하고 여운형은 질서를 유지할 수 있는 유일한 사람으로 받아들였다. 경찰국장 니시히로는 여운형에게 조직 자금으로 1백만 엔을 주었고, 이는 평화 유지를 위해 여운형의 위원회가 필요하다고 생각했기 때문이었다. 일본인들은 이러한 모든 결정이 도쿄의 지시 없이 서울에서 이루어진 것이라고 말했다. 그들은 여운형이 연안이나 러시아와 접촉하려는 시도는 없었다고 주장했다. 그들은 여운형을 공산주의자나 친러시아파로 생각하지 않았다. 그가 한국 민족운동을 대표하면서 반일주의자였다고 믿었다.

총독부는 여운형에게 치안권을 주었지만, 38선 이남에 소련군이 아닌 미군이 들어온다는 소식을 듣자 치안권을 곧 회수했다. 이는 소련군이 들어올 경우에는 여운형이 소련군에 의한 일본인에 대한 탄압을 막아줄 수 있을 것으로 판단했기 때문이었다. 물론 대중적으로 인기가 있었던 여운형이 해방된 공간에서 한국 사람들에 의해 일본인들에게 가해질 수 있는 피해를 줄여줄 수도 있다고도 판단했을 것이다. 그러나 이들의 진술에는 여운형이 약속을 지키지 않았다고 표현하고 있다. 건국준비위원회가 정치적 조직이 되었다는 것이다. 건국준비위원회에 조선공산당이 개입하여 인민위원회로 전환된 것이 8월 말이라는 점을 감안한다면, 이러한 증언은 사실과 배치된다.

그러면 최종 보고서에 나타난 여운형은 어떤 사람이었는가?

여운형은 일본 총독부 입맛에 맞도록 행동해 왔다. 그는 스스로 일본의 지도자들과 가까운 개인적 친구로 알려지도록 했다. 그는 실제로 많은 이들과 친구였다. 그의 방법은 미국의 일반적인 보스의 앞잡이와 동일했다. 그가 동경에 있을 때는 일본의 중요한 대중적 인물들과 사회적 관계를 만들었다. 그는 일본의 문화를 숭상하면서 일반적으로 정치적인 얘기를 했고, 그들에게 친화적인 인간성과 사회적 우아함이라는 인상을 안겼다. 그는 한국에 있는 그들의 친구에게 전달될 도쿄의 권력자들의 개인적 편지를 수집했다. 이러한 편지들은 항상 "이 편지를 당신에게 전달할 나의 친구 여운형에게 나는 이 편지로서 신뢰하고 있다, 등"으로 그 사람들에게 그와 편지를 쓴 사람 사이에 가까운 친구라는 인상을 주었다. 도쿄의 권력자들은 종종 총독부를 통해서 여운형과 소통을 유지했다. 모든 총독들은 도쿄에 있는 여운형의 친구들에게 탄원 같은 것을 보냈다. 그러한 전술을 문서화하기는 어렵지만, 그러한 형태는 분명히 부인할 수 없고, 그 효과를 판단해보면 엄청나게 성공적이었다. 우가키 장군이 1944년 서울에 왔을 때 그의 중국행을 돕기 위하여 여운형을 지목했다. 그때 여운형을 찾을 수 없었다. 그러나 다음 날 여운형이 아베 장군의 사무실에 나타나 우가키가 아베 장군을 방문하라는 말을 남겼다고 말했다. 여운형은 아베보다 20년 위인 우가키와의 엄청난 우정을 강조했고, 아베는 혼란스러웠지만 극히 친절할 수밖에 없었다. 여운형은 그러고 나서 경찰국장에게 스스로를 소개했고, 총독으로 하여금 그에게 전화를 해서 그와의 관계가 깊음을 말하도록 요청했다. 국장은 감명을 받았고, 여운형은 집으로 갈 수 있었다. 이것이 한국식 감언이설(snow job)이다.

그는 일본인과의 관계에 대한 '전설'을 만들어냈다. 이것은 정치적으로 그에게 큰 이익을 주었다. 9개월 동안 한국에서 일했던 한 일본인 조사관은 많은 경우에 이러한 이야기를 들었다고 한다. 1933년 한국으로의 귀환 이후 1945년까지 여운형은 일본인들로부터 심각한 탄압을 받지 않았다. 그는 오히려 미군정 시대보다 일본 점령 시대에 경찰과 더 좋은 관계를 유지한 것으로 볼 수 있다. 그는 러치 장군보다도 우가키나 고이소와 더 가까웠다.

여운형과 총독부의 관계는 총독부 관계자들이 받은 인상에 의한 것이기

버치 문서에 있는 여운형의 연설 사진. 자세한 설명이 붙어 있지 않다.

때문에 반드시 사실과 부합한다고 할 수는 없다. 그러나 만약 이러한 진술이 사실이라면, 여운형은 일제강점기에 진정한 정치를 하려고 했던 인물이었다고 할 수 있다. 왜냐하면 식민지에서 핍박받고 있었던 조선인들의 생각을 조금이라도 더 총독부에 전달할 수 있는 유일한 인물이었기 때문이다. 때로는 적과도 대화하고, 이를 통해 조금이라도 무엇인가를 얻어내려고 하는 자세, 그것이 진정한 정치인의 자세이기 때문이다. 정치를 하라고 대통령을 선출했는데, 정치는 하지 않고 공작만 하는 한국 현대사의 대통령들과는 전혀 다른 모습을 여운형이 갖고 있었던 것이다.

여운형은 일본인들을 대하는 데 있어서 일반적인 서양 정치를 이해하는 방식으로 의견 차이를 극복하는 방식과는 다르게 접근했다. 그는 1933년 귀국하자마자 우가키 총독과 토론을 했다. 우가키는 여운형이 총독부를 위해 일해주기를 원했다. 1936년 8월 우가키가 한국을 떠날 때 그의 증언에 의하면, 여운형이 도와준 것이라고는 끝없는 회담의 연속이었고, 우가키의 최고의 노력에도 불구하고 그 회담은 결코 성공적이지 못했다. 1933년 여운형은 우가키에게 자신은 지역적인 자치를 원한다고 말했고, 자신이 돕겠다고 했다. 어떻게 도울 것인가가 논의의 초점이었다. 우가키의 모든 제안은 받아들여지지 않았다. 왜냐하면 여운형의 지역적 자치는 완전한 독립으로 가는 하나의 단계였기 때문이다. 토론 과정에서 양자는 매우 가까워졌고, 서로를 존경하게 되었다.

여운형은 한국 독립운동의 지도자로서 독립을 실현할 수 있는 합리적인 계획을 갖고 있지 못했고, 그것을 수행할 수 있는 조직이 필요하지 않았다. 우가키에 의하면 그는 '낭인' 또는 프리랜서였다. 일본 경찰은 항상 그를 감시했다. 그러나 여운형은 어떠한 사건도 일으키지 않았다. 그는 독립을 바랐지만, 합리적인 전망을 제시하지 못했다. 일본 경찰은 그가 미래에 혁명을 계획했다고 믿지 않았으며, 그의 추종자들을 '수동적 저항자'로 인식했다. 여운형은 단지 '일본인을 싫어하라, 그리고 기다려라' 주의자로 알려졌을 뿐이다.

여운형이 친일의 혐의를 받는다면, 그가 총독과 대화하면서 '자치'를 주장했다는 점 때문일 수 있다. 그러나 여운형이 주장했던 자치는 소위 친일파들이 주장했던 자치와는 다른 맥락의 것이었다. 위에서 나오는 바와 같이 그가 주장하는 자치는 완전한 독립으로 가는 하나의 단계였기 때문에 총독부로서는 수용할 수 없는 방안이었다. 그러나 소위 친일파들이 주장했던 자치는 1930년대 중반 이후 그들 스스로가 황국신민이 됨으로써 일본 제국하에서의 자치를 의미하는 것이었다.

한국 문제에 관련된 일본인들의 마음에 여운형은 현재 한국인들에게 가장 중요한 정치 지도자다. 그 이유 중 하나는 그만이 한국을 통합할 수 있기 때문이다. 여운형은 공산주의를 지지하지 않지만, 공산주의자들의 지원을 받아들일 것이다.

총독부 관계자들을 인터뷰한 결과에서 나온 결론은 여운형만이 한국을 통합할 수 있는 지도자라는 평가였다. 최종 보고서에 의하면 "조사는 처음에 여운형의 반역과 일본에 대한 협력을 찾는 데 집중"되었지만, "심문을 하면서 증언자들이 여운형의 배신을 인정하지 않는다는 것"을 알게 되었다고 판단했다. 처음에는 "증언자들이 다시 일본을 위해 봉사할 수 있는 여운형을 보호하기 위해 거짓말을 한다."라고 믿었지만, "이러한 모든 혐의는 상상의 것이었으며 (여운형에 대한) 명예훼손이었다."라고 결론을 내렸다. 그리고 조사 과

여운형의 암살 장소인 혜화동 로터리를 직접 그린 버치의 메모. 밑에 정운영과 원세훈의 이름이 적혀 있는데, 그들은 여운형 암살 시 여운형과 동승하지 않았었다. 여운형이 암살당한 차에는 비서 고경흠, 경호원 박성복, 운전자 홍순태, 정무묵의 셋째 딸 정송자가 타고 있었다.

정은 조사관들의 마음마저도 바꾸어놓았다. 여운형에 대해 "마음으로부터 진정한 찬사를 보낼 수 있게 되었다."

그는 "1945년의 시점에서 한국인들에게 논쟁이 될 수 없는 지도자였다." 우가키나 고이소는 한국의 대통령으로서 여운형의 자질에 대해 20분 동안 얘기했으며, "심지어는 부통령으로서의 가능성에 대해서는 언급조차 하지 않았다." 반드시 대통령이 되어야 한다는 의미였다. 그리고 "일본인들은 여운형이 미군과 협조할 것이라고 믿었다. 일본인들은 만약 미국이 진정으로 독립된 한국 정부를 원한다면 여운형과 충분히 협조해야 하며, 그에게 의존해야 한다고 믿었다."

보고자는 마지막으로 "우리는 그가 '밑으로부터' 남과 북에서 지지를 받고 있다는 점을 인정해야만 한다."라고 하면서 "공산주의자들이 여운형의 공백으로부터 더 이득을 얻을 것"이라고 보았다. 그리고 그에 대한 재평가를 통해 '미국의 성공을 위해 필요한 사람'이라는 점이 인식되어야 한다고 언급했다. 그래서 그는 '잘 도망다니지만 여전히 중요한 존재'가 될 수밖에 없었다.

그러나 그는 친일 경력 조사 후 6개월이 지난 시점인 1947년 7월 19일 혜화동 로터리에서 암살당했다. 그 직후 모스크바 삼상회의의 결정도, 좌우합작위원회도 모두 좌초했다. 그리고 미군정의 요원들이 그 암살의 배후로 의심하고 있었던 사람 중 하나였던 이승만은 1년 후 38선 이남만의 단독정부에서 대통령이 되었다.

38선 이남의 미군정은 군정 요원의 부족으로 통치에 많은 어려움을 겪고 있었다. 그럼에도 불구하고 여운형의 오점을 발견하기 위해 전문 요원 2인을 도쿄로 파견했다. 그리고 얻은 것은 아무것도 없었다. 단지 여운형이라는 인물을 계속 안고 가야 하며, 그의 명성이 대단하다는 것을 제외하고는.

5

"내가 테러리스트들의 애국적 행위를 중지시켜야 하는가?"

미군정이 행한 정치 공작의 한 축이 여운형에 있었다면, 다른 한 축은 이 승만에게 집중되어 있었다. 1948년 미군정이 막을 내리면서 이승만이 대통령이 되었고, 그가 강력한 반공주의자이면서 미국과 상호방위조약을 맺은 당사자라면, 그가 대통령이 된 것은 당연히 미군정의 지지에 의한 것이라고 추론할 수 있다. 그러나 버치 문서가 보여주는 내용은 이와는 판이하다. 버치 문서에 나타나는 이승만에 대한 평가에는 어느 하나 긍정적인 부분이 나타나지 않고 있다.

이를 가장 잘 보여주는 내용이 버치의 편지를 통해 잘 드러난다. 버치 중위가 한국에서 떠나온 지 4년이 지난 1952년, 한 한국인이 주한 미국 대사관을 통해서 미국의 이민국에 망명을 신청했다. 전쟁이 진행 중인 한국에서 한국인이 미국에 망명 신청을 한다는 것은 쉽게 이해할 수 없는 상황이었다. 남한 정부가 자신을 탄압하면 북한을 선택하면 된다. 그런데 북한을 선택한 것이 아니라 남한 정부를 돕고 있는 미국에 망명을 신청한 것이다. 미국 정부로서는 딜레마에 빠질 수밖에 없었다. 전쟁 시기가 아닐 때 독재국가의 시민이

My dear Lt. Bertch:

　　Thank you for the message just to hand. I shall be there at 4 pm. I appreciate the general's high consideration.

　　　　　Sincerely yours

　　　　　Syngman Rhee

Friday.

8-29-47

Box 1 - H - 32.5

이승만이 버치에게 보낸 친필 메모. 4시까지 갈 것이며 장군의 배려에 대해 감사한다는 내용이 적혀 있다.

망명 신청을 하면 인권의 측면에서 망명을 받아들이면 되는데, 미군이 남한 정부를 구하기 위해 파병되어 있는 상황에서 만약 망명을 수용한다면 미국이 독재 정부를 도와주고 있는 꼴이 되기 때문이었다.

　　미국의 이민국은 한국 상황을 잘 아는 사람에게 자문을 구할 수밖에 없었다. 남한 정부와 그 수반을 잘 알고 있는 버치에게 연락이 갔다. "어떻게 처리해야 할까요?" 버치는 서울의 주한 미국 대사관의 담당자인 킹(Yutin C. King)에게 장문의 답장을 썼다.

> 나는 3년 동안 이승만과 가깝게 지냈다. 그의 활동을 분석하고 앞으로 일어날 사건들을 예견할 수 있을 정도로 나는 이승만에게 많은 편의를 제공했다. 미군이 사용하는 물을 사용할 수 있도록 했고, 지금도 이승만과 함께 살고 있는, 대통령의 두 번째 부인인 미시즈(Mrs.) 이승만의 가사 도구 구매를 위하여 PX의 특권과 도서관 시설을 제공했다.(대통령의 본부인은 어떠한 지원도 받지 못하고 있다.)

버치는 한국에 부임한 초기에 이승만 대통령에게 많은 편의를 제공했다고 밝히고 있다. 이는 미군정이 이승만을 한국으로 귀환하도록 요청했고, 이승만을 통해서 한국의 보수 우익 세력들을 통합하고자 했기 때문이었다. 이러한 정치적 목적을 위해서 미군정은 1946년 중반까지 이승만에게 많은 편의를 제공할 수밖에 없었다. 버치는 이러한 편의 제공을 편지의 앞부분에서 언급한 것이다.

흥미로운 점은 이 편지에서 프란체스카 여사에 대해 이승만의 첩(concubine)이라고 표현한 사실이다. 이승만에게 첫 부인이 있었고, 이혼 여부가 불확실하다는 사실을 미군정에서 알고 있었던 것 같다.

> 나는 그와의 오랜 기간 동안 이루어진 대화, 그의 검열된 편지들에 대한 숙독, 그의 과거 경력에 대한 조사, 그리고 그가 함께 지내면서 일했던 사람들로부터의 일반적인 평가 등을 통해서 이승만의 성격을 알게 되었다.

망명 신청자에 대한 불법적 육체적 폭력의 위험을 판단하기 위해서는 이 승만 박사의 성격을 아는 것이 너무나 중요하다. 왜냐하면 이 박사는 그의 권력을 견제하는 정치적 움직임을 좌절시키는 데 전쟁으로 인한 위기를 이용했고, 대한민국 정부를 사적으로 마음대로 하고 있기 때문이다.

버치는 1948년 미국으로 돌아간 이후에도 지속적으로 한국의 상황에 대해서 관심을 갖고 주목했던 것 같다. 편지 내용 중 전쟁을 정치적으로 이용했다는 부분은 1952년의 '부산정치파동'과 '발췌 개헌'으로 알려져 있는 직선제 개헌, 그리고 제2대 대통령으로의 당선을 의미하는 것으로 보인다.[9]

정부에 대한 이승만의 철학은 나의 다음과 같은 개인적인 경험으로부터 잘 드러난다. 하나는 볼셰비키라는 적에 충성을 하는 사람들을 제외한 다른 모든 한국의 정치 세력들과 협력할 수 있는 방법에 대해 그와 내가 토론하고 있을 때의 경우인데, 이승만은 다음과 같이 답했다. "그러나 나는 항상 협력을 위해 최대한 노력하고 있다. 나는 말하고 썼으며 이를 반복했다. 나는 모든 한국인들이 예외없이 나를 따르기를 원한다."

일본으로부터 해방된 지 두 달쯤 지난 1945년 10월 귀국한 이승만은 독립촉성중앙협의회(이하 '독촉중협'으로 약칭)를 조직했다. 이승만은 19세기 말 독립협회로부터 활동을 시작했고, 비록 탄핵되기는 했지만 임시정부의 초대 대통령으로 활동했으며, 태평양전쟁 기간 동안에는 미국의 소리(VOA) 방

---

9 _ 1952년의 개헌안에 대해서는 http://theme.archives.go.kr/next/rule/sub2_02.do 참조.(2019년 1월 24일 검색)

송에 등장하기도 했다. 따라서 해방 공간에서 이승만은 김구, 여운형, 김일성과 함께 가장 명성이 높은 정치인이었고, 조선공산당이 주도하여 1945년 9월 6일 조선인민공화국이 조직될 때도 국내에 없었던 이승만을 대통령에 올렸다. 물론 이승만의 동의를 얻은 것은 아니었다.

이러한 상황에서 귀국 초기 이승만의 독촉중협에는 우익뿐만 아니라 좌익의 주요 정당들이 모두 참여했다. 미군정과 마찬가지로 국내의 정치인들은 이승만이 분열되어 있는 정치 세력들을 통합하는 구심점이 되기를 바랐다. 그런데 문제는 이승만이 '친일파'들의 참여에 대해서도 문호를 열었다는 점이었다. '친일파'는 일본에 친했기 때문에 문제가 된 것이 아니라 나라를 팔아먹고 일본의 불의의 전쟁에 협력하면서 한국인들을 수탈하고 괴롭히면서 독립운동가들을 탄압했던 전쟁범죄자들이었기 때문에 새로 수립될 국가에 참여하면 안 되는 사람들이었다. 새로운 국가 수립을 위한 조직에 이들을 참여시키면 안 된다는 것이 대부분의 정치인들과 정당이 갖고 있었던 생각이었다.

이 지점에서 이승만이 내놓은 구호가 "덮어놓고 뭉치자."였다. 통일된 국가를 수립하기 위해서는 친일 부역자를 비롯한 모든 정치 세력들이 뭉치는 것이 필요하다는 것이었다. 그러나 좌파 정당들은 이러한 무원칙한 이승만의 원칙에 반발하면서 독촉중협으로부터 탈퇴했다. 이승만도 "덮어놓고 뭉치자."라고는 얘기했지만, "덮어놓고"는 수사에 불과했고 실제로는 중요한 원칙을 갖고 있었다. 하나는 공산주의자들을 제외해야 한다는 것이었고, 다른 하나는 자신에게 반대하는 사람들은 안 된다는 것이었다. 위에서 "모든 한국인들이 예외없이 나를 따르기를 원한다."라고 언급했던 것은 바로 이것을 의미한다. 결국 "덮어놓고 뭉치자."라는 구호는 그 앞에 "공산주의자와 나를 반대하는 사람을 빼고"라는 수식어를 붙여야 했다. 이승만을 반대하면, 정치 노선에 관계없이 공산주의자를 이롭게 하는 행위라는 것이 이승만의 판단이었다.

다른 사례는 그의 원칙에 충성한다는 이름 아래 고문과 살해를 자행하는 대한민족청년동맹에서 일하는 정치적 암살자와 강탈자들로 구성된 이승만의 요원들에 대해 항의했을 때였다. 이 박사가 나에게 답변했다. "당신은 내가 하는 것을 어떻게 생각하는가? 내가 그들의 애국적 행위를 중지시켜야 하는가? 그들이 죽인 사람들은 좌파들이다."(덧붙여 말하면, 그때 죽고 강탈당한 많은 사람들은 좌익이 아니었다. 그것은 공산주의라는 야만주의가 더 나쁘다는 것을 이해하기에는 충분한 정치적 통찰력을 갖지 못한 문맹의 한국인 농민들을 적으로 만든 것은, 이승만 추종 그룹과 이승만 정부 구성원의 잔인함과 타락 때문이었다. 이승만에게 충성하지 않는다는 이유로 여성들과 아이들에게 총으로 쏜 한국 정부의 정책에 대해 매리놀 수도회의 캐롤(Carroll) 신부님과 영국성공회의 세실 코퍼(Cecil Copper) 주교가 항의했을 때 이승만으로부터 비슷한 이야기를 했다고 들었다.)[10]

이 책의 뒤에서 다시 언급하겠지만, 이승만 대통령을 뒷받침하는 하나의 축은 일제강점기에 많은 돈을 벌었던 친일 부역자들이었고, 다른 한 축은 물리력을 갖고 있었던 경찰과 청년단이었다. 그런데 후자는 미군정에게 가장 큰 고민을 주었다. 무엇보다도 불법적인 활동을 자행한다는 점 때문이었다.

---

10 _ 한국전쟁을 전후한 시기에 있었던 보도연맹 사건을 비롯한 다양한 학살 사건을 가르키는 것으로 보인다. 특히 국회에서 문제가 되었던 거창양민학살 사건이 이 편지에서 언급된 내용인 것 같다.

보수 우익의 정치 세력들을 뒷받침한다는 점에서 미군정의 정책에 부합될 수 있었지만, 미군정으로서는 불법적인 테러를 자행하고 사람들을 납치하고 고문하는 것까지 용인할 수는 없었다. 그런데 이 점에 대해 이승만은 청년단이 다치게 한 사람들은 좌파 정치인들이기 때문에 아무런 문제가 없고 오히려 '애국자'로 규정되어야 한다고 주장했다는 것이다. 좌파는 인간적으로 대우받아서는 안 된다는 말인가? 그리고 그들을 다치게 하는 것이 애국적 행위인가? 보수적인 미국의 가치관에 충실했던 버치로서도 받아들일 수 없는 주장이었다.

정치적 도구로서의 살인에 대한 용서와 탄압을 위한 적극적인 지시가 이승만의 정책이었고, 현재도 그렇다는 것은 다음과 같은 사실들로부터 잘 드러난다. 하지 장군 아래에서 군사법정에 의해 사형선고를 받았던 전문적 살인 청부업자이고 강탈자이며 마약업자인 김두한은 감옥에서 나와 이승만에게 갔고 대통령궁 경호실의 높은 지위에 임명되었다. 위대한 대중주의자이자 이승만의 경쟁자인 좌파 여운형이 1947년 10월에 암살된 것은 이승만과 김구의 모임에서 결정되었다.[11] 나는 그 사실을 사건 3일 전과 암살 다음 날 미군정에 보고했다. 김구 살인은 이승만에게 충성의 열정이 넘치는 육군 중위에 의해 실행되었다.(김구는 진정한 대중적 우익 지도자였고, 앞으로 민족주의적 영웅으로 한국인들에게 기억될 것이다.) 암살자는 장기간 징역형을 받았지만 실제로는 이승만 정부에게 보상을 받았으며 소위에서 중령으로 진급했다.(그는 그 이후 〈뉴욕타임스〉의 리차드 존스톤에 의해 목격되었다.)

---

11 _ 1947년 7월의 오기로 보인다.

the original is from Harvard-Yenching Library of Harvard College Library, Harvard University.

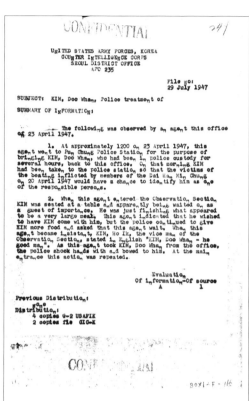

왼쪽 : 당시 경찰이 김두한을 어떻게 비호했는가를 보여주는 문서 중 하나. 김두한은 청년단을 동원해 테러를 저지른 혐의로 경찰에 체포되었는데, 많은 음식이 제공되었고 경찰 간부가 그를 좋은 사람이라고 했다는 내용이 보인다.

오른쪽 : 날짜 미상의 버치 메모. 김두한에 대해서 '전(ex) ○○'라고 적어놓았다. 나머지 부분은 몇 단어를 제외하고는 거의 해독이 어렵다. 버치의 수기 메모에는 김두한뿐만 아니라 테러리스트들의 이름과 당시 미군정의 정보기관이었던 CIC 관련 내용들이 많다.

　　이 부분은 버치의 편지에서 가장 논란이 될 만한 내용을 포함하고 있다. 우선 이승만이 김두한과 가까운 사이로 묘사되었다. 그러나 1948년 이승만이 국회에서 대통령으로 선출된 이후 김두한이 그를 위해 구체적으로 어떠한 역할을 했는지는 알려져 있지 않다.

둘째로 여운형 암살에 이승만과 김구가 배후에 있었다는 주장 역시 이를 뒷받침할 수 있는 증거는 전혀 없다. 그러나 여운형 암살의 배후에 누군가가 있었을 것이라는 의혹은 끊임없이 제기되었다.

셋째로 존스톤은 1946년 1월 조선공산당의 책임비서 박헌영을 인터뷰한 기사를 게재하면서 유명해진 기자였다. 인터뷰를 한 뒤 존스톤은 박헌영이 한국을 소련의 복속국으로 삼으려 한다는 기사를 〈뉴욕타임스〉에 게재했다. 조선공산당은 이 기사가 사실이 아니라고 주장했지만, 이로 인해 조선공산당과 박헌영은 정치적으로 큰 타격을 받았다. 특히 조선공산당으로서는 모스크바 삼상회의 결정안에 찬성을 하면서 '신탁통치에 찬성하는 세력'으로 비난을 받고 있었기 때문에 이 기사는 더 큰 타격이 되었다. 버치 문서에 의하면 존스톤은 이승만과 가까운 사이였다. 버치가 〈뉴욕타임스〉 기자라고 인용한 것은 오기인 것으로 보인다.

이러한 문제들은 이승만의 재정적 횡령과 관련이 있다. 공산주의와의 선전전을 위한 돈이 필요하다는 전제 아래 미군정은 이승만에게 2,500만 엔을 주었다.(민주의원에게 주었고 그들을 통해 그에게 개인적으로 전달했다.)

이 돈은 반공 선전전에 사용되지 않았다. 그가 받은 돈은 한국에서 불법적으로(달러로) 교환해 미국으로 송금되었고, 선교사 재단이 이용할 수 있는 미국의 선교사 달러가 되어 이승만을 위한 돈으로 사용되었다. 돌아가신 러치 장군이 이러한 과정에 대해 설명을 요구했을 때 이승만은 이를 거절했고, 그때 나는 공식적으로 그 자리에 있었다.[12]

대한민국 정부 수립 후 한국의 경제협조처(ECA) 책임자였던 번스(Arthur

---

12 _ 이 내용은 이 책의 1장에서 인용하고 있는 1973년에 작성된 편지 속에서도 언급되고 있다.

Bunce)에 의해 이승만과 그의 친구들의 음모가 밝혀지기도 했다. 그들은 한국을 위한 미국의 부흥원조 자금 중 4천만 달러를 해외 거주 교포들이 채권을 구입하는 방식으로 미국에 빼돌렸다.

이승만에게 전달했다는 2,500만 엔은 결코 작은 돈이 아니었다. 버치가 갖고 있던 메모를 보면 미군정이 이범석의 민족청년단에 전달한 자금은 10만 엔이었다고 기록되어 있다. 1945년 당시 100엔은 2006년 가치로 19만 엔 정도였다. 2,500만 엔은 475억 엔이고, 1945년 8월부터 12월 사이에 물가가 10배 상승한 점, 그리고 민주의원이 조직된 1946년의 인플레이션(1945년의 478%)을 고려하면 약 8억에서 10억 원 상당의 액수로 추정된다. 당시 미군정의 문서는 '원'이 아닌 '엔' 단위를 썼다. 한국에서의 엔 가치를 일본 엔 가치의 1/3으로 본다고 하더라도 최소한 3억 원 이상의 거액이었다.

한편, 버치 문서 속에는 이승만의 자금이 선교사 달러로 불법 송금이 되었다는 사실에 대한 정확한 자료를 찾을 수 없었다. 후술하겠지만, 1946년 12월 이승만이 미국에 갔을 때 사용한 돈이 불법 송금한 자금일 가능성이 크다. 또한 이 돈은 미국 내에서 이승만을 위해 일하는 사람들에게 전달되었다. 1950년대 미국에서 이승만 대통령을 위해 일했던 한미협회의 자금도 이런 방식으로 충당되었을 가능성이 크다.

이승만이 원조 자금을 이용하는 과정에서 자신과 가까운 미국인들을 로비스트로 쓰려고 했던 증거는 적지 않다. 굿펠로와 밴플리트 장군이 그 대표적 사례라고 할 수 있다.[13] 미국이 1950년대에 경제조정관실을 두고 이승만 정

---

13 _ 밴플리트에 대해서는 이동원, 「'전쟁영웅'의 이면, 밴플리트에 대한 민간투자 유치 활동」, 『역사비평』 125호, 2018 참조.

부의 원조 사용을 통제했던 것은 이승만의 이러한 특징 때문이었을 것이다.

　　현재 한국에서 진정한 우익인 김성수와 신익희는 정부로부터 밀려나 있
다. 이승만 정부는 테러 친화적 생각을 갖고 있으며, 도덕적인 면에서 북한
공산주의의 야만적 정권보다 더 낫다고 할 수 없다. 이승만을 정치적으로 반
대하는 사람에 대해서는 정당한 재판이 이루어질 수 없다. 망명을 하고자 했
던 사람에게는 사형에 준하는 형이 선고될 것이다.
　　하지 장군이 떠난 이후 한국에서 일했던 모든 사람들은 이러한 생각에 동
의할 것이다. 이러한 생각이 공개적으로 표출되지 못하는 것은 이승만을 비
판하는 그러한 성명이 야만적인 공산주의자들을 이롭게 할 수 있다는 이유
때문이다. 한국 행정부가 이번 경우에 한해서 정당하게 법을 적용하겠다고
약속한다고 할지라도 한국의 관리들이 미국 정부에게 했던 약속을 이행하지
않았던 이전의 사실들을 감안한다면, 이러한 약속은 아무런 의미가 없을 것
이다.(버치 문서 Box 3)

　　한국을 떠난 이후 썼던 버치의 이러한 편지가 절대적으로 객관적이고 중
립적이라고는 할 수 없다. 그는 결코 이승만에게 우호적이지 않았으며, 그가
한국에서 근무할 때 모아놓았던 문서들에서 이승만에 대한 긍정적인 내용을
찾는 것은 쉽지 않다. 일정한 편견이 있을 가능성도 배제할 수 없다. 김두한
의 활동이나 미국의 원조와 관련된 내용은 더 많은 증거를 통해 사실 확인이
필요한 부분들이기도 하다. 이승만 역시 자신을 좋아하지 않았던 버치를 김
규식이나 여운형을 지원하는 공산주의자라고 평가했다.
　　그럼에도 불구하고, 위의 편지는 많은 시사점과 함께 의문점을 동시에 던
져주고 있다. 버치는 이승만을 극단적으로 부정적인 평가를 하고 있었다. 하

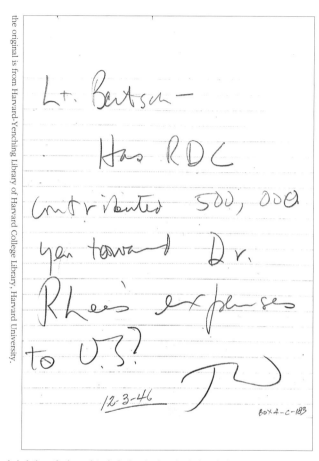

Lt. Bartsch –

Has RDC

contributed 500,000

yen toward Dr.

Rhee's expenses

to U.S.?

12-3-46

BOX4-C-183

미군정 고위 관리가 버치에게 보낸 메모. 이승만이 미국을 방문할 때 민주의원으로부터 이승만에게 50만 엔의 자금 지원이 있었는지를 확인하고자 하는 내용이다. 제1차 미소공위가 결렬된 이후 민주의원은 아무런 역할도 못하고 있었지만, 조직 자체가 완전히 해체되지 않은 채 보수 우익을 대표하여 좌우합작위원회에 참여하기도 했다. 하지만 실제로는 이승만을 돕는 기관으로 전락하고 말았다.

지 사령관 역시 마찬가지였다. 그러나 도쿄의 맥아더 사령관은 그러한 이승만을 적극적으로 지원했다. 그는 1948년 8월 15일 이승만이 대통령으로 취임할 때 미국 대표로 한국을 방문했을 뿐만 아니라, 1945년 10월 이승만이 귀국하는 길에도 그에게 군용기를 제공하며 하지 사령관으로 하여금 도쿄로 날아와 이승만을 영접하도록 했다.

그리고 1945년 12월 말에는 이승만의 좋은 친구이자 전 전략사무국(OSS) 대령이었던 굿펠로(Goodfellow)를 미군정의 정치 고문으로 초대했다. 신탁통치안에 대한 오보가 발표되기 직전이었다. 그는 미군정이 한국인 대표들이 참석하는 기관으로 조직한 민주의원(대한국민대표민주의원)에 이승만이 대표직을 맡도록 정치 공작을 담당했다. 한국에 인맥이 전혀 없는 굿펠로가 정치 공작을 하는 데는 미군정의 배려가 결정적 역할을 했다. 버치는 굿펠로가 정치 공작을 진행하는 대부분의 자리에 동석했다. 그렇다면 버치는 동업자였나, 아니면 감시자였나? 그리고 위의 편지에서 나오듯이 적지 않은 돈이 미군정으로부터 민주의원에 지원되었고, 그 돈은 이승만에게 다시 흘러들어갔다. 미군정은 이를 알면서도 묵인했다.

그런데 왜 미군정과 이승만의 사이는 나빠졌을까? 언제 그리고 무엇이 계기가 되었던 것일까? 그리고 결국 미군정이 추진하여 수립된 대한민국 정부의 수반에 다시 이승만이 취임했다는 것은 무엇을 의미하는가? 미군정이 마지막에 가서 다시 마음을 바꾸고 이승만에 대해 지원했던 것인가?

6

이승만의 귀국을 막아라

1947년 3월 5일 버치 문서의 제목은 「이승만」이다.

이승만이 한국의 대통령직을 받아들였다. 서투른 방식의 노력이 이승만에 의해 분명히 진행되고 있다. 그는 군정과 라이벌의 포지션으로 스스로를 위치시킬 것이다. 그가 이러한 역할로 한국에 돌아오는 것을 막아야 한다.

미군정만이 유일한 정부인 상황에서 '대통령직을 받아들였다'는 것은 무엇을 의미하는가? 1947년 3월이면 아직 38선 이남에서의 분단 정부 수립 계획이 확정되지 않았던 상황이었다. 미군정은 이승만이 귀국 직후 쿠데타를 시도할 가능성이 있다고 판단했던 것인가?

1947년 4월 8일 버치는 또 다른 문서를 작성했다.

미국 국무성이 이승만에게 항공편을 제공한 것은 유감이다. 이승만 캠프는 이승만이 4월 15일에 돌아올 것으로 예측하고 있으며, 입법의원에서 대통령으로서 저항할 수 없는 존재가 될 것이라고 선전하고 있다.(「김규식과의 만남(Meeting With Kimm, Kiusic)」, 버치 문서 Box 5)

　이 문서는 김규식과 만나서 나눈 대화를 보고하는 문서임에도 불구하고, 일부분에서 미국 정부의 국무성에서 이승만이 귀국할 수 있도록 항공편을 제공한 것에 대한 아쉬움을 밝히고 있다. 이는 곧 1946년 12월 로비를 위해 미국에 간 이승만이 귀국할 수 없도록 항공편 제공이 이루어지지 않았어야 한다는 바람을 표시한 것이기도 하다.

　날짜 미상의 또 다른 문서에서는 '이승만이 귀국하기 전에 장택상 경기도 경찰청장을 숙청해야 한다'는 내용을 담고 있다. 장택상이 경찰 조직을 사적으로 이용하고 있으며, 이를 통해 이승만을 정치적으로 지원하고 있다고 파악했다. 장택상 위에는 조병옥 경무부장이 있었지만, 조병옥이 경찰 조직을 완전히 장악하지는 못했던 것 같다. 버치 문서에 있는 경찰과 관련된 문서들은 거의 장택상이 언급되어 있는데 "그는 모든 사람의 친구이면서 적이었다." 단지, 이승만에게는 적이 아니었다.

　미군정은 정치적 승부수를 던지기 위해 미국으로 떠난 이승만의 귀국을 막으려 했고, 그가 한국에 없는 동안 그의 힘을 빼기 위한 공작을 진행하려고 했다. 미국 국무성이나 육군성의 도움 없이 귀국하는 비행기 편을 구하는 것은 불가능했다.[14] 미국에서 배를 타고 한국에 온다면 직항도 없었고 한 달 정도의 시간이 걸리는 상황이었는데, 그 사이 한국에서 어떤 정치적 변화가 발생할지 아무도 알 수 없었다.

---

14 _ 당시에는 아직 국방성이 생기기 이전으로 육군성과 해군성으로 나뉘어져 있었다.

위 : 버치의 수기 명함.
아래 : 신당동에 있던 버치의 집인데, 여기서 제1차 좌우합작위원회가 개최되었다.

이승만은 궁지에 몰려 있었다. 이승만은 미군정과 갈등을 빚고 있었고, 표면적으로는 가까웠지만 실제로는 우익 내에서 김구와 경쟁 관계였으며, 조선공산당과 여운형 등 좌파와 각을 세우고 있었다. 해방 직후 이승만을 구세주로 모셨던 친일파들은 미군정이 이승만에게 거리를 두기 시작하자 조금씩 주저하기 시작했다. 이들은 또한 정치자금을 제공하는 과정에서 이승만과 갈등을 빚기도 했다. 이승만은 이런 위기에서 탈출하기 위하여 미국을 방문한 것이었지만, 빠르게 귀국하는 것 역시 중요한 상황이었다.

그러나 이승만의 귀국을 막으려던 미군정의 시도는 결국 실패했다. 오히려 이승만은 그에 맞서 의기양양하게 가짜 뉴스를 앞세워 귀국했다. 그의 성공적인 귀국이 누구의 도움 때문이었는지는 확실하지 않다. 다만 1945년 10월 처음 귀국했을 때처럼 맥아더 장군이 도와주었을 가능성을 배제할 수는 없다.

그가 귀국할 즈음인 1947년 4월 19일 버치 문서의 제목은 「이승만의 외교적 성공(Diplomatic Success of Syngman Rhee)」이다.(버치 문서 Box 3) 이승만이 국내외적으로 '실패'했던 4.19혁명으로부터 정확히 13년 전이다.

이승만은 워싱턴의 직접적인 위임을 받아 귀국한다는 거대한 캠페인을 벌이고 있다. 전문가들은 이승만의 주장에 의문을 표시하고 있다. 그러나 이승만 그룹은 이런 의문을 제기하는 자들에게 엄격한 경고를 하고 있다. 그 경고는 『현대일보』와 몇 개의 지방신문에 실렸다. 이승만은 미군정이 한국을 (소련에) 팔아넘기려고 하는데, 자신들이 이러한 상황을 변화시키고 있다는 반미적 선동을 계속하고 있다. 이승만이 도착하기 전에 그는 미국의 정책 변화와 아무런 관련이 없으며, 한국에 대한 재정적 지원이나 마셜과 몰로토프의 서한과도 아무런 연관이 없다는 성명을 사령관이 직접 내야 할 필요가 있다.[15]

---

15 _ 미국 국무장관 마셜과 소련 외상 몰로토프 사이에 1947년 4월 8일과 19일에 걸쳐 미소공위의 재개에 대한 서신이 오갔다. 국내에 공개적으로 알려진 것은 1947년 7월이었다.(『동아일보』

Report on Korea Defended

To THE EDITOR OF THE NEW YORK TIMES:

Robert T. Oliver in his letter published in THE NEW YORK TIMES on Aug. 15 tried to discredit my report on Korea to THE TIMES by stating that I have had a "personal feud" with Dr. Syngman Rhee and Kim Koo for twenty-five years.

Evidently, Mr. Oliver intends to make a personal issue out of a public affair. As a matter of fact I made first contact on public affairs with Dr. Rhee in 1932 at his request, and I do not know Kim Koo. I met Mr. Oliver unexpectedly about two weeks ago. How long has he been acquainted with Dr. Rhee and Kim Koo?

Does Mr. Oliver know these facts? Many times Dr. Rhee and I broke bread together. On numerous occasions in the past, especially during the period between 1936 and 1942, he asked me to work with him, but I declined because he was more ambitious for himself than for the Korean people.

Nevertheless, it has been well known to the Korean public in America that I lent him my support from time to time when the case merited.

I have never organized a political party of my own as Dr. Rhee has done. I have never been envious of the power and position he has sought. I publicly disclaimed any aspirations for a public position in Korea. I have no personal feud with anyone, including Dr. Rhee, but I place the interest of Korea above that of any and all individuals. That I do not agree with him would not necessarily imply that I am an enemy unless Korea has become a totalitarian state.

Mr. Oliver charges that I prefer "alien American rule" in Korea. I wonder where he found such reference in my letter to THE NEW YORK TIMES. In fact, since the occupation began, I have been a strong proponent of the simultaneous withdrawal of both Soviet and American troops from Korea.   YONGJEUNG KIM,
President, Korean Affairs Institute, Inc.
Washington, Aug. 23, 1947.

8-30-47

김호, 김원영과 함께 재미교포 독립운동을 주도했던 김용중이 〈뉴욕타임스〉의 편집자에게 보낸 1947년 8월 23일 편지다. 이승만의 친구였던 올리버가 8월 15일 〈뉴욕타임스〉에 쓴 기사를 반박하고 있다. 김용중은 개인적으로 김구와 만난 적이 없는 반면, 개인적인 정치적 야심을 갖고 있는 이승만의 제안을 몇 차례에 걸쳐서 거부했다고 반박하고 있다.

1947년 7월 17일) 이 서신은 미소공위를 재개한다는 것과 함께 미소공위에 참석하는 대상에 대해 소련이 거부권을 행사할 가능성이 있다는 것이었다. 이승만이 3개월 전에 신문에 보도되지 않은 이 내용을 이미 알고 있었다는 것은 미군정 내에서 그를 돕는 정보원이 있었음을 의미한다.

이 문서들은 이승만의 거짓말 공세와 함께 미군정과 이승만 사이의 극단적 불신을 잘 보여주고 있다. 이승만은 워싱턴 방문을 통해서 미국의 대규모 대한 원조를 얻어냈으며, 모스크바 삼상 협정의 틀은 그대로 유지하되, 남한에서만 임시조선정부가 먼저 수립되는 것으로 미국의 대한정책이 바뀌었다고 선전했다. 또한 남한만의 임시조선정부가 들어서면 그 수장은 이승만이 될 것이라는 소문도 파다하게 퍼졌다. 모두 '가짜 뉴스'였다. 그 당시 TV는 아예 없고 라디오도 몇 대 없었던 상황에서 '팩트 체크(fact check)'를 통해 대중들에게 사실을 알리는 것은 거의 불가능했다.

버치 문서에 있는 이승만 관련 문건들에는 이런 식의 그의 활동이 이미 오래전부터 지속되어 왔던 것으로 나타나 있다. 1945년 이전 그와 함께 하와이에서 활동했던 사람들은 이승만의 배신과 거짓, 그리고 이승만에 대한 하와이 교포들의 분노에 대해 이야기했다. 예컨대 1947년 4월 24일 「김호, 김원영과의 만남(Meeting with Kim, Ho and Kim, Won Young)」(버치 문서 Box 3)이라는 문서가 그 대표적인 예다. 이승만이 미국을 방문하는 동안 잠깐 하와이에 들렀을 때, 매우 적은 수의 사람만이 나왔다는 것이다. 이것은 그들이 이승만의 '사기 행위'를 너무나 잘 알았기 때문이라고 말했다.

어쩌다 미군정과 이승만은 이렇게 견원지간이 되었는가? 이승만은 1947년 초의 중요한 시점에서 왜 미국을 가야만 했는가? 이승만의 입장에서 볼 때 미국의 대한 정책은 우유부단하고 자주 바뀌었다. 해방 직후에는 이승만을 지지했고, 이를 위한 정치 공작으로 민주의원을 만들었다. 그러나 곧 좌우합작위원회를 만들었고, 이승만에게 뒤로 물러나 있으라고 했다. 이승만에게 있어서 미군정의 정책은 조석지변이었다. 이승만은 1953년 정전협정을 반대할 때도 아이젠하워 대통령에게 미국의 정책이 확고하지 않다고 비판한 적이 있었다. 이승만은 아이젠하워 대통령에게 보내는 1953년 6월 17

일 편지를 통해 "미국의 정책이 왜 이렇게 자주 바뀌는가?"라면서 자신은 "애초의 미국 정책에 따르고자 한다."라고 했다.[16] 반공포로석방 하루 전날에 보낸 편지였다. 그것은 곧 인천상륙작전 이후에 38선 이북으로 북진을 허가했던 미국의 정책 변화를 의미했다. 북한의 남침 직후 미국이 주도한 유엔군의 임무가 원래의 국경선을 회복하는 것이었다는 점은 이승만에게 중요하지 않았다.

물론 전쟁 중 38선을 넘어서는 순간 미국의 정책은 바뀌었다. '한반도 전체에서 공산주의자들을 쫓아내는 것'이었다. 이를 위해 미국은 기존의 유엔한국위원단 대신 유엔한국통일부흥위원단(언커크, UNCURK)를 조직했다. 중국군의 참전 이후 미국의 정책은 다시 바뀌었고, 38선 부근의 일정한 전선 이상을 넘어 북쪽으로 진격하지 않는 제한전이자 국지전의 성격이 되었다. 당시 미국의 전략은 '적에게 최대한의 피해를 입히면서 전쟁을 끝내거나 중단'하는 것으로 바뀌었다.

이승만은 이러한 미국의 정책 변화에 대해 항의했다. 그러나 이는 미국의 어쩔 수 없는 정책 변화였다. 첫 번째 정책 변화는 인천상륙작전 이후 북한군의 전열이 무너지면서 공세가 가능했던 분위기 속에서 나온 것이었지만, 두 번째 변화는 중국군의 참전으로 패닉 상태에 빠진 미국이 선택할 수밖에 없는 유일한 옵션이었다. 이승만 역시 그것을 모를 리 없었다. 그럼에도 불구하고 자신의 정책을 고수했고, 이는 결국 한국전쟁 당시 이승만을 제거하려는 미국의 계획으로 이어지기까지 했다.

이승만과 미국 사이에 있었던 이러한 갈등의 기원은 1946년 중반에 시작되었다. 사건의 발단은 1946년 6월로 올라간다. 모스크바 삼상 협정과 미소

---

16 _ http://www.pa.go.kr/research/contents/letter/index.jsp에 있는 472번 편지.(2019년 1월 25일 검색)

공동위원회에 대응하기 위해 굿펠로의 정치 공작으로 만들어진 민주의원이 중도파들을 흡수하지 못하고 실패하면서 미군정에게는 새로운 계획이 필요했다. 소련과의 합의에 의해서 한국인 대표들로 조직(임시조선정부)을 만들고, 이 조직이 미국과 소련의 후견 아래에서 한국을 통치한다는 계획이 실현되기 위해서는 소련군도 받아들일 수 있는 정치인과 기구가 필요했다. 무조건적 반공주의자였던 이승만을 중심에 놓고 소련과 합의를 만들어내기는 불가능하다는 것이 미군정의 판단이었다.

이승만은 1945년 10월 귀국한 이래로 통합의 아이콘이라기보다는 분열의 상징이었다. "덮어놓고 뭉치자."라고 했지만, 실상 '자기에게 반대하는 사람을 빼고' 덮어놓고 뭉치자고 말하는 것이었다. 자신을 따르지 않는 사람들은 공산주의자로 비난했다. 이승만의 주위에서 합리적인 보수주의자들이 떨어져나가기 시작했다. 미군정에 가장 협조적이었던 한국민주당이나 안재홍의 국민당이 모두 이승만과 일정한 거리를 두기 시작했다. 이승만을 통해 한국 내 보수 세력을 통합하고 좌파에 대응하겠다는 계획은 더 이상 가능하지 않게 되었다. 이승만을 '최고의 애국자'라고 소개하면서 화려하게 데뷔시켰던 미군정의 정책은 실패로 돌아갔고, 이러한 실패는 이미 1946년 5월부터 명백하게 드러나기 시작했다. '말'을 잘못 쓴 것이다.

하지 사령관은 1946년 6월 20일 이승만, 김구, 김규식과 만났다. 이 자리에서 그는 이승만과 김구에게 전면에 나서지 말고 뒤에서 김규식을 지원할 것을 요청했다. 그리고 6월 26일에 하지는 자신의 관저에 조선공산당을 포함한 주요 정당의 지도자들을 불러서 좌우합작에 대한 자신의 취지를 밝혔다. 이제 미군정은 더 이상 이승만에 대한 공식적인 지원을 하지 않겠다고 선언한 것이다.(이상 버치 문서 Box 1) 다른 정치인이 참석한 가운데 이승만에게 뒤로 물러나 있으라고 한 것은 이승만에게 엄청난 모욕이었으며 동시에 위기감을 줄 수 있었다.

물론 이러한 문제의 근본적 책임은 미국에게 있었다. 미국은 38선 이남을 점령하고 미군정을 설치하는 순간부터 상황을 잘못 읽고 있었다. 한국 정치인들의 성향도 객관적으로 읽지 못하고 있었다. 미군정이 설치된 후 1년이 지나고 나서야 상황을 객관적으로 보기 시작했지만, 어쩌면 이미 때가 너무 늦었을 수도 있었다.

1946년 가을이 지나면서 미군정은 이승만에 대한 자료를 모으기 시작했다. 정확히 말하면 이승만에 대한 자료를 의도적으로 모으기보다는 이승만에 대해 들어오는 정보들을 좀 더 중립적으로 보고자 노력했다. 이전에는 부정적인 정보들이 들어오면 그 제공자가 '핑크'빛 성향이 있다거나 단지 소문에 불과하다는 식으로 취급했던 정보들이 이제는 이승만의 성향을 파악하기 위한 중요 정보로 바뀌었다. 버치의 문서들 속에는 과연 어떤 내용들이 있었을까?

7

이승만과 김구
— 문제는 돈이었다

이승만에 대한 평가에서 대표적으로 인용되는 문구가 있다.

이승만은 미국보다 더 앞서서 미국의 이익을 위해 일했던 인물이다.

이승만의 가까운 친구로서 그의 입장을 가장 적극적으로 대변했던 올리버(Robert T. Oliver) 교수의 평가다. 이승만에게는 많은 미국인 친구와 로비스트들이 있었는데, 대통령이 된 이후 이승만을 도왔던 미국인 친구들은 그 이전과 차이가 있었다.

해방 이전부터 미군정 시기까지 이승만을 도왔고 한국에서의 다양한 이권 사업에 개입했던 굿펠로의 이름은 1950년 이후 이승만의 근처에서 사라졌고, 1954년 이후에는 한국전쟁의 영웅 밴플리트 장군이 미국 내 로비스트로 이름을 올렸다.[17] 그 외에도 많은 미국인들이 이승만의 옆에서 부침을 겪

---

17 _ 「이승만대통령 영문서한 자료집」, 대통령기록관, 2012.

었다.

단지 올리버 교수만이 1940년대부터 4.19혁명으로 이승만이 물러날 때까지 가장 가까이에서 이승만의 영문 편지나 연설문을 수정해주는 역할을 충실히 수행했다. 그만큼 그는 이승만을 잘 알고 있었으리라.[18] 그렇다면 "미국보다 더 앞서서 미국의 이익을 대변했다."라는 올리버의 평가는 맞을까?

이승만에 대한 올리버의 평가는 때로는 미국과 갈등을 빚기도 했지만, 이승만의 정책은 결국 미국의 국가 이익에 조응하는 것이었다. 그러나 미군정의 평가는 올리버의 생각과 달랐다. 이는 1952년 부산정치파동으로 당혹해했던 트루먼 대통령의 생각과도 마찬가지였다. 한국의 민주주의를 지키겠다는 목적으로 미군뿐만 아니라 동맹국의 군대를 유엔의 깃발 아래 동원했던 트루먼 대통령이 한국의 민주주의를 무너뜨리고 있었던 부산정치파동을 바라보는 심정은 얼마나 참담했을까? 오죽하면 이승만을 대통령직에서 끌어내리기 위한 계획을 입안하기까지 했을까?[19]

이승만이 정치적 승부수를 던지기 위해 미국을 방문하고 있었던 1947년 1월 2일 버치가 작성한 문서에는 그와 같은 미군정의 심정이 나타나고 있다.(버치 문서 Box 2)

이승만의 행동은 실제로 미국의 입장을 위태롭게 하고 있다 … 그의 추종자들은 자유롭게 행동하고 있고 … 군정하의 한국인들은 그를 위한 모금을 계속 강요당하고 있다 … 경상북도의 경우 미군정의 허가 아래 그러한 모금

---

18 _ 이승만의 미국인 로비스트들에 대해서는 정병준, 「이승만의 정치고문들」, 『역사비평』 43호, 1998 참조.

19 _ 졸고, 『우방과 제국, 한미관계의 두 신화』, 창비, 2006의 3장 참조.

이 이루어지는 걸로 알고 있다.

도대체 이승만은 어떤 인물인가? 어떤 정치인이든 한국을 실질적으로 통치하고 있었던 미군, 그리고 소련군과의 협조 없이는 정부 수립이 원만하게 이루어질 수 없다는 것을 너무나 잘 인식하고 있었을 것이다. 미군정 역시 자신들과 협조적이지 않은 정치인을 새로 수립될 정부의 지도자로 지지할 수 없었다. 소련군과 협조가 되지 않는다면, 최소한 미군과는 협조가 이루어져야 했다. 38선 이남에서만 분단 정부가 수립된다면 이후 발생할 남북 간의 갈등을 막을 수 없었음에도 불구하고.

버치의 문서군 속에는 1947년 초 이후 이승만을 분석하기 위한 문서들이 많다. 그중에서도 가장 눈에 띄는 것이 1948년 1월 13일 버치가 작성한 문서 「이승만과 김구」다. 문서의 작성 날짜는 1947년 1월 13일로 되어 있는데, 문서의 내용에 장덕수의 암살(1947년 12월 2일)과 관련된 내용이 있는 것을 감안하면 1948년의 오기로 판단된다.

서구의 정치적 기준으로 이승만과 김구의 관계를 설명하기는 쉽지 않다. 고대 로마의 삼두정치에서 나타났던 정치 동맹의 관점에서 내부적 관계를 설명하는 것이 더 이해하기 쉬울 것이다. 두 사람 사이에는 어떠한 정치적 또는 사적 애정이 없다. 제한적 목적을 위하여 단지 임시적인 연합이 있을 뿐이다.

각각은 서로를 불안해하고 싫어한다. 공동의 노력에 의해서 정권을 잡고 나면 상대를 제거할 것이다. 삼두정치에서 나타나는 것처럼 시시때때로 입장을 바꾸면서도 상대에 가까운 사람들에게 관대하게 하고 있다. 그러나 송진우 암살에서 보이는 것처럼 서로 간의 옆구리를 공격하기도 했다.

'버치 문서 Box' 안에는 이상할 정도로 여운형 관련 사진은 많은 반면, 이승만 관련 사진은 거의 없다. 아마도 『코리아(Korea)』라는 사진집 안에 있는 이 사진이 거의 유일한 것 같다. 이승만과 김구의 너무나 다른 복장과 신발, 그리고 사진기 앞에서의 자세는 이들의 성격과 특징을 잘 보여주고 있다.

이승만과 김구는 1948년 초 38선 이남에서의 분단 정부 수립을 위한 총선거가 발표되기 전까지 표면적으로는 협력 관계를 유지했다. 이들은 미군정이 좌우합작위원회를 지원하고, 소련과의 협조하에서 조선임시정부를 수립하려는 정책에 대해 비판하면서, 미군정이 자신들에게 바로 정권을 이양해야 한다고 주장했다. 이러한 주장으로 인해 당연히 미군정과 대립될 수밖에 없었다. 그러나 버치를 비롯한 미군정 인사들은 이승만과 김구가 서로 경쟁하고 있으며, 실질적인 협력이 이루어지고 있는 것은 아니라는 점을 잘 알고 있었다. 그리고 송진우 암살 사건의 경우를 그 사례로 제시했다.

반탁운동에 미온적 입장을 취했던 송진우가 암살된 사건에 대해 반탁운동을 주도한 김구 진영에서 이 사건을 배후 조종했을 것이라는 소문이 계속 있었다. 경기도 경찰청장 장택상은 김구가 배후에 있다는 것을 확신하는 듯한 발언을 하기도 했다. 그러나 이 사건에 대해 밝혀진 사실은 과거에 송진우의 경호원이었던 자가 암살했다는 것과 그들이 김구와 직접적 관계가 없다는 것 이외에는 아무것도 없다. 미군정의 문건을 보면 김구의 명성을 깎아내리기 위한 시도가 있을 때마다 송진우 암살 사건이 항상 언급되었다.

두 사람 사이의 증오는 부분적으로는 개인적인 질투, 허영심, 그리고 극단적으로 다른 그들의 배경과 현재의 지지로부터 나온다. 노여움이 나오는 가장 분명한 이슈는 돈 문제다. 돈 문제의 합의가 이루어지지 않았다는 사실은 이승만과 상해 그룹 사이의 갈등에서 나타났다. 1945년 가을 한국에 돌아왔을 때 이승만은 현금이 없었다. 반면에 김구에게는 1억 8백만 엔을 포함하여 의지할 수 있는 돈이 있었다. 이것은 중국국민당의 선물이었다. 김구는 이승만과 이 돈을 공유하기를 거부했고, 그 돈을 아끼지 않고 쓰다가 1946년 여름에는 재정적으로 부실한 상태가 되었다.

돈에 대한 두 사람의 태도는 두 사람의 성격에서 비롯된 것이며, 근본적인 차이를 보여주고 있다. 돈에 대한 이승만의 욕심은 권력의 수단이 아니라 자

김구의 사인이 있는 태극기 사진이 '버치 문서 Box 6'에 있다. 버치가 어디에서 이 사진을 구했는 지는 분명하지 않다. 글자체가 명확하지 않지만, 날짜는 해방 직전인 1945년 8월 8일로 보인다. 이틀 전인 8월 6일 히로시마에 원자탄이 떨어지자 독립을 직감한 것으로 보인다.

기 자신을 위한 것이다. 권력 그 자체는 돈을 획득하는 수단으로서 작동한다. 심리적인 문제는 그렇게 복잡하지 않다.

반면에 김구는 집단의 수장으로 적절한 역할을 수행하기 위한 수단으로서 돈을 추구한다. 돈이 많았을 때 그는 북한으로부터 월남한 난민을 위해 사용 했고, 극빈자를 구호하는 데 썼으며, 그에게 요구하는 사람들에게 모두 기부 했다.

1946년 겨울 굿펠로한테 이승만이 얻어낸 자금은 두 사람 사이에 또 다른 갈등을 야기했다. 이승만은 펀드의 전부를 요구했고, 김구는 나눌 것을 요구했다. 결국 이 돈을 불평등하게 나누는 것으로 결정되었을 때 김구는 적은 부분의 일부라도 받는 것을 거부했다.

버치가 유능한 사람이었다고 하더라도 한국을 포함한 아시아의 정치가들 사이에서 나타나는 차이를 명확히 찾아내는 것은 쉽지 않았을 것이다. 물론 한국의 정치 전문가들 역시 같은 반공주의 노선을 갖고 있는 이승만과 김구, 그리고 신익희와 장면 사이에서 정치사상의 차이를 찾는 것이 쉽지 않다.

버치가 찾아낸 것은 돈을 대하는 두 사람의 태도 차이다. 한 사람은 돈을 정치적 목적으로 중요시했다면, 다른 한 사람은 사적인 측면에서 돈을 추구했다는 것이다. 한국처럼 정치인들의 이합집산이 지속적으로 발생하는 상황에서 정치사상으로부터 이합집산의 원인을 찾기보다는 어쩌면 버치처럼 '정치자금의 출처', 그리고 '정치자금을 대하는 태도'로부터 정치인들의 차이를 찾는 것이 더 정확한 구분법이 될 수 있을지도 모르겠다.

현재의 김구와 이승만의 관계는 1932년 히틀러에 대한 후겐베르크(Hugenberg)의 지지와 유사한 평행선을 보이고 있다.[20] 이승만은 부자와 전통적 보수 우익의 리더인 데 반해 김구는 (현재의 상황에) 만족하지 못하는 극단적 우익들의 지도자다. 테러리스트 그룹의 문제를 고려한다면, 이승만은 젊은 암살단 조직을 완전히 독점하지는 못하고 있지만, 그 무리를 이끌

---

20 _ 후겐베르크는 히틀러를 총통으로 앉혔고 그를 통제할 수 있다고 믿었지만, 결국은 제3제국에서 히틀러에 의해 숙청되었다.

고 있다.

독립촉성국민회는 초기에는 김구를 지지하면서 김구의 독립당과 지역에서 연합을 하는 초기 프레임을 구축했다.[21] 1946년 여름 이승만은 그 조직을 최소한 전국적 수준에서 자신의 것으로 만들어서 김구로부터 주도권을 가져왔다.

또 다른 문제는 그들의 추종자 사이의 문제다. 김구의 추종자들은 이승만의 추종자들이 친일 협력자들로 구성되어 있다고 보고, 이승만의 추종자들은 손을 씻지 않은 채 혁명 추진에 불타는 사람들로 구성된 (김구의) 사람들을 반대하고 있다. 최소한의 진실이 그 안에 있다는 사실이 그들 사이의 관계를 계속 안 좋게 만들고 있다.

1947년 12월 3일 장덕수 암살은 그들의 내부적 관계에 새로운 국면을 만들어냈다. 김구와 그의 추종자들은 군정으로부터 강력한 징벌이 올 가능성을 두려워했다. 그리고 김구 진영은 (장덕수 암살 사건의 책임과 관련된) 대중적 반작용의 크기와 힘에 민감하게 반응했다. 그들은 이승만과 연대의 제스처를 통해 그들의 불안감을 표현했고, 이승만은 마지못해 김구의 요구를 받아들였다.

통합에 대한 성명이 자주 나오고 있음에도 불구하고 두 조직은 당분간 분리되어 있을 것이다. 이승만의 국민대표자회의와 김구의 국민의회는 지속적으로 통합을 요구하면서도 대중적 행사에 각각의 영향력을 행사하려 할 것이다. 한국인들의 정서를 통해서 읽어본다면 통합에 대한 요구는 적대적임을 선언하는 것으로 이해될 수 있다.

---

21 _ 이승만이 초기부터 독립촉성국민회를 주도했던 것을 감안하면 버치의 이러한 평가는 정확한 것은 아닌 것으로 보인다.

11/2/47.

Dear Lt. Bertsch,

　　　　Thank you so much for your
kind invitation to confer with the visiting
American journalists.

　　　　I regret to inform you that
I cannot be able to attend.

　　　　With my best wishes,

　　　　　　　　　　Sincerely yours,

　　　　　　　　　　Kim Koo

버치 문서 중에서 김구의 사인이 들어간 유일한 문서다. 외신 기자단
의 모임에 나갈 수 없음을 알리고 있다.

　　한국 정치사를 분석하면서 김영삼, 김대중 두 전 대통령을 비교하는 것은
한국 현대사에서 나타나는 리더십의 특징을 분석하기 위해 매우 중요하면서
도 흥미로운 주제다. 두 사람은 수십 년간 야당에서 한국 사회의 민주화를 위
해 노력해온 리더였지만, 그들은 결코 손을 잡을 수 없었고, 이는 결국 민주화

와 독재 잔재의 청산을 5년간 미루는 결과를 가져왔다.

　마찬가지로 해방 정국에서 이승만과 김구의 비교 역시 당시의 상황을 이해하기 위해 매우 중요한 주제다. 당시 미군정 역시 두 지도자의 비교를 통해 두 사람에 접근하고자 했다. 물론 버치의 이러한 평가가 객관적이며 보편적이었다고 단언할 수는 없다. 하지만 이 문서는 버치가 두 정치인을 직접 만나면서 느꼈던 부분을 집약적으로 표현한 것이면서, 동시에 다양한 정치인들과 정보원들을 통해 입수한 정보를 바탕으로 작성한 것이기 때문에 개인적인 평가로만 치부할 수는 없다.

　이 문서 안에서 이승만과 김구는 명확히 대비된다. 김구가 1946년 1월 이후로 그에 대해 긍정적으로 평가한 미군정의 문서를 찾기 어렵다면, 이승만의 경우에는 1946년 6월 이후가 그 출발점이 되었다. 그렇다면 이렇게 미군정의 지지를 받지 못하면서도 이승만이 대한민국의 초대 대통령이 되었던 데는 어떠한 비밀이 숨어 있었을까? 미군정이 겉으로는 이승만을 싫어하는 것처럼 하면서 실제로는 그를 지속적으로 지원했던 것일까? 이승만에 대한 맥아더의 지지 때문에 어쩔 수 없이 그렇게 한 것일까? 아니면 이승만 개인의 뛰어난 정치력과 정치 감각이 스스로를 대통령의 위치로 이끌었던 것일까?

8

내조의 여왕인가, 국정농단의 기원인가

— 프란체스카 여사

오스트리아 출신이었던, 이승만 대통령의 부인 프란체스카 여사에 대한 자료는 많지 않다. 한국에서는 오스트리아를 오스트레일리아로 잘못 알려져 '호주댁'으로 불리기도 했다. 그러나 이승만으로서는 고민이 되지 않을 수 없었다. 부인이 한국인이 아니라 외국인이라는 점이 국내의 여론을 어떻게 움직일 것인지 알 수 없기 때문이었다.

이승만은 19세기 말 독립협회에서부터 활동을 시작했던, 국내에 가장 많이 알려져 있었던 정치인이었다. 해방 직전에는 〈미국의 소리〉 방송에서 일본이 패망에 가까워지고 있다는 방송을 하기도 했고, 국내 지식인들은 단파방송을 통해 이승만의 목소리를 듣기도 했다. 그의 명성 때문에 미군정도 이승만을 통해서 국내의 보수 우익 정치인들을 뒷받침하고 싶어했다.

이승만은 일개 정치인보다는 '국부(國父)'가 되고 싶어했던 것 같다. 그는 1951년 자유당이 결성될 때까지 정당에 몸을 담지 않았다. 조선공산당이 주도한 조선인민공화국에서 그를 대통령으로 추대해도, 미군정의 여당이었던

산책 중인 이승만 대통령과 프란체스카 여사.

한국민주당이 총재로 모시고 싶어해도, 이승만은 움직이지 않았다. 이승만은 귀국하자마자 독립촉성중앙협의회(독촉중협)를 결성했다. 독촉중협의 결성대회에는 보수 우익 인사들뿐만 아니라 좌익 정치인들도 초대했다. 그는 좌우익이 모두 추대하는 인물이 되고 싶었던 것일까? 친일 문제에 대한 애매한 태도 때문에 좌파 정치인들은 대부분 그로부터 등을 돌렸지만, 이승만은 독촉중협과 그 후신인 독립촉성국민회를 제외하고는 특정 정치단체에 참가하지 않았다. 국부가 일개 정당에 소속된다는 것은 어울리지 않는다고 생각했던 것일까?

그의 또 다른 문제는 외국인 부인이었다. 그래서 그는 부인과 함께 귀국하지 않았던 것은 아닐까? 그럼에도 프란체스카 여사는 1946년 3월에 귀국했다. 그리고 이승만이 대통령으로 취임하기 직전이었던 1948년 5월에 한국 국적을 취득했다. 물론 이때 그의 외국 국적이 포기되었는지는 명확하지 않다. 그리고 이후 4.19혁명 때까지 12년간 경무대에서 거주했다. 그러나 그녀에 대한 자료가 많지 않기 때문에 다양한 소문이 그녀를 따라다녔다.

지금까지는 이승만 대통령을 뒤에서 잘 보필했던 현모양처였다는 이미지가 가장 많이 알려져 있다. 그러나 4.19혁명의 원인을 제공했던 이기붕을 정부 여당의 2인자로 만들고, 부통령 후보가 되도록 함으로써 국정을 흔든 장본인이 그녀였다는 주장도 있다. 그녀는 이화여대 영문과 교수이자 이기붕의 부인이었던 박마리아와 절친한 사이였고, 이기붕의 아들은 이승만과 프란체스카의 양자였다. 프란체스카가 이기붕을 지지한다는 점은 1947년 6월 20일 버치가 만든 메모에도 지적되고 있다.(버치 문서 Box 1-H-12~13) 훗날 4.19혁명 때 이기붕 일가는 이승만의 양자였던 이강국에 의해 모두 살해되었고, 이강국도 자살한 것으로 알려져 있다.

공식적 기록에 나오는 프란체스카 여사의 활동은 1949년 5월부터 대한부인회 총재를 맡았으나, 1953년 10월에 모든 공직에서 사퇴한 것으로 되어 있다. 그리고 1952년에 이화여대에서 명예 법학 박사 학위를 받았으며, 1955년에는 중앙대학교에서 명예 법학 박사 학위를 받았다. 이화여대에는 박마리아 교수가, 중앙대학교에는 이승만의 측근이었던 임영신 초대 상공부 장관이 이사장으로 있었다.

버치의 문서 속에는 프란체스카 여사가 이승만 대통령에게 보내는 편지가 있다. 이승만이 1946년 말 미국으로 날아가 마지막 승부수를 띄우고 있을 때였다. 미군정은 주요 인물들의 편지를 중간에서 가로채는 작업을 했다. 여운형과 김일성 사이의 편지도 미군정이 중간에서 입수하여 영어로 번역해 놓았다. 그런데 CIC가 중간에서 가로챈 프란체스카의 편지 내용은 이해하기 어렵게 되어 있다. 아마도 케이블로 보낸 편지이기 때문에 그런 것으로 보인 다. 편지의 내용을 보면 프란체스카도 이 편지가 이승만에게 전달되기 전에 미군정이 가로챌 것이라는 점을 알고 있었다.(버치 문서 Box 1-H-14~22)

　　편지 내용의 대부분은 이승만에게 국내의 상황을 알리는 내용이다. 그 러나 그중에는 프란체스카의 생각이나 활동을 보여주는 부분도 포함되어 있다. 프란체스카는 우선 이승만이 1947년 신년사를 발표하고 이를 국내에 유포하는 활동을 도왔다. 프란체스카는 "우리는 정말로 밤낮으로 계속 일 했다."라고 하면서 신년사를 전국으로 유포하기 위해 노력했다는 점을 강 조했다.

　　또 다른 편지에서는 보수 우익의 지도자인 김구에 대해서는 크게 신경쓰 지 않아도 된다는 조언을 했다. 하지 사령관과 김구의 좋지 않은 관계와 함 께, 김구와 김규식의 관계에 대해서 주목했다. 김규식이 반탁운동에 참여하 지 않는다는 점을 강조했고, 이에 따라 김구는 김규식을 신탁통치를 지지하 는 공산주의자로 선전할 것이라고 전했다. 그리고 이 편지의 마지막에서 "분 홍색은 없고 빨갱이라고 하는 것밖에 없을 것"이라고 전달했다.

　　프란체스카는 하지 장군을 직접 만나기도 했다.

　　아침에 ○○○가 전화하여 하지 장군이 나를 아침 11시에 만나고 싶다고 전해줬다.[22] 내가 이 씨와 같이 갔는데 12시 20분쯤까지 있다가 돌아왔다. 나

---

22 _ 편지의 내용 가운데 다소 어색하고 이상한 부분이 있는데, 이는 전신으로 되어 있는 내용을 해 독했기 때문이다.

는 주로 하지 장군의 말을 들어주기만 했다. 그는 최선을 하고 있다는 등등의 말을 했다. 당신이 잘해왔지만 이제 실망시켰다고 했다. 당신이 워싱턴에서 정보를 잘못 얻고 있고 정직하지 못한 사람들에게 속고 있다고 했다. 자신은 육군 장관, 미국 의회, 그리고 맥아더 장군으로부터 지지를 받고 있으니, 당신 자신이 맥아더에게 지지를 받지 못하고 있다고 다른 사람들에게 말하는 것은 헛소리라고 했다. 미소공동위원회가 연기된 것은 위원회의 탓이라고 했다.[내가 그 당시 당신이 (민주의원) 의장이 아니며 외국 출장 중이라고 상기시켜줬다.] 중경 임시정부파는 개인 이득을 얻기 위해 신탁 통치 문제를 이용하고 있다고 했다.

나는 이러한 정치가 공산주의자들에게 유리하다고 했다. 하지 장군은 러시아 사람들이 내려오는 것을 희망하고 있었다. 신탁통치를 반대하는 시위 때문에 그는 아무것도 못하고 있다. (중략) 하지 장군은 우리가 왕래하는 편지들을 모두 가로막아 보관해놓았다. 그는 당신이 시위를 하도록 지시를 해놓고 간 것을 알고 있다. 한반도 문제는 모스크바 삼상회의에서 논의될 것이다. 그동안 당신은 미국에서 한국을 지지하는 정서를 유발하기 위해 최선을 다해야 한다. 하지 장군은 국민들이 신탁통치만 두고 난리를 치는 지금 같은 상황하에 일하는 것이 불가능하다고 강조했다. 그는 내가 당신의 대변인으로서 시위를 진압하는 데 도와 달라고 했다. 그는 시위를 진압하는 데 군인들을 동원하지 않을 거라고 했다. 당신이 아무 때나 원하는 대로 돌아와도 된다고 했다.

내가 대답한 내용은 대체로 다음과 같다. 미소공동위원회를 개최했을 때 당신은 없었다고 말했다. 당신이 늘 하지 장군을 전적인 지지를 했다고 했다.

나는 당신의 대변인이 아니라 비서일 뿐이라고 했다. 그러므로 나는 시위를 진압하는 데 할 수 있는 것이 별로 없다고 했다. 또는 김구에 대한 영향력도 별로 없다고 했다. 아마도 오해가 생긴 것 같다고 했다. (중략) 내가 시위를 막을 수 있는 유일한 사람은 이승만 박사밖에 없고 내 말을 들어주는 사람이 없으니, 이승만 박사를 부르는 게 좋지 않을까 제안했다. (중략) 그가 상황 때문에 화가 나지는 않지만 슬프다고 했다. 내가 최선을 다할 거라고 약속했는데 아무래도 그것은 도움이 안 되겠다. 나는 몇 문장만 말했을 뿐이다. (중략)

프란체스카는 1946년 5월 미소공동위원회를 정상화시키기 위해 발표한 공동성명 5호에 대해서는 강하게 자신의 입장을 표명하기도 했다.

하지 장군이 1월 11일에 했던 발언은 미소공동위원회 공동성명 5호를 고통스럽게 오해하는 것인데, 모든 한국 사람들이 그 부당성에 분개하고 있다. 우리는 공동성명 5호에 서명하는 데 절대로 항의하고 반대한다. 서명하는 것이 모스크바 선언의 신탁통치를 완전히 지지한다고 의미하기 때문이다. (두 번째) 미소공동위원회가 모스크바 선언을 상의하기 위해 모든 관계가 있는 개인과 정당과 단체들을 초대했다. 필요한 서명은 한국 사람들의 표현의 자유를 배제하는 것인데, 그것은 대서양 헌장과 언론의 자유라는 민주주의적 원리를 위반할 뿐만 아니라 지난 5월 미소공동위원회의 연기를 선언했을 때 하지 장군이 한 말을 부정하는 것이기도 하다.

프란체스카의 마지막 조언은 기적을 만들라는 것이었다.

당신이 (미국에) 간 것에 대하여 국민들이 큰 보람을 기대하면서 기적이 일어나는 것을 기다리고 있다. 지금 김구는 자신이 하던 것처럼 다시 하고 있는데 놔둬도 될 것 같다. 당신이 돌아오는 것이 그에게 환영할 만한 일은 아닐 것이다. 그는 그것을 해낼 줄 안다. 그는 그들에게 간디처럼 체포되어도 신경 안 쓸 거라고 말한다. 정치적으로는 당신이 미국 의회에서 무엇을 통과시킬 수 있겠나? 그렇지 않으면 국민들이 대단히 실망하고 기가 죽을 것이다. 당신이 고립되어 있으니 하지 장군이 인기를 즐기고 있는데, 지금처럼 돌아오면 안 된다. 미국 정책이 바뀌거나 다른 일이 생겨야 한다. 국민들이 모두 하지 장군이 돌아가는 것을 원하는 것을 당신이 잘 알잖아. 돌아오는 데 내가 알려줄 테니 급해 하지 말아. 당신이 국민에게 도움이 되려고 불려져야 될 정도로 상황이 전개되는 것을 기다려라.

미군정 측에서 이승만과 관련된 거짓 뉴스에 대해서 분개하고 있을 때 그 뉴스의 내용이 필요하다는 것을 주장한 것이다. 물론 이는 프란체스카만의 생각은 아니었을 것이다.

그리고 배우자로서 남편에게 매우 중요한 주의를 주었다. 전신에 의하면 프란체스카는 이승만에게 두 번에 걸쳐 송금을 했다. 그리고 돈을 은행에 넣지 말고 금고에 갖고 있으라고 조언했다. 은행에 넣는다면 마음대로 쓸 수 없다는 것이다.

프란체스카가 미국에 있던 이승만에게 보내는 편지를 보면 그녀는 비서이면서 정치적 조언자였다. 그러나 단순한 조언자는 아니었던 것 같다. 정확한 내용이 보이지 않는 전신 중에 '러치 계획'에 대한 언급이 몇 번 나오고 있다. 러치 장군은 미군정 내에서 버치와는 서로 다른 정치적 견해를 갖고 있었다. 그 계획의 내용이 무엇인지 모르지만, 이승만의 정치적 생명과 관련된 중요한 내용이었던 것 같다. 프란체스카는 모든 계획에 관여하고 있었던 것으로 보인다.

9

강용흘을 아시나요

2004년 『신동아』에는 「재미문학가 『초당』 강용흘의 롱아일랜드 변주곡」(김지현)이라는 논픽션 공모 우수작이 실렸다. 1898년 함경남도 함원에서 태어나 3.1운동에 참가했다가 미국으로 건너간 강용흘이라는 작가를 대상으로 한 수필이었다. 지금도 생소한 이름인 강용흘은 자신의 삶을 그린 『초당』이라는 작품으로 1933년 구겐하임상을 받은 문인이었다. 그는 도미 후 보스턴 대학(의학)과 하버드 대학(영문학)에서 수학했다.

1946년 강용흘은 미군정청의 출판부장에 임명되었다. 1947~1948년에는 주한미군 제24군단 정치 분석관 겸 자문관을 역임했다. 한국에 대한 전문가가 없는 상태에서 수립된 미군정에게는 영어를 잘하는 한국인들이 필요했고, 강용흘은 그중 한 사람이었다. 미군정의 경제정책을 자문하고 있었던 아더 번스는 강용흘의 제안을 받아 「미군정에 대한 생각 있는 한국인들의 일반적인 비판」이라는 문서를 제출했다.(1947년 9월 25일. 버치 문서 Box 1) 이 문서는 김지현 씨의 위의 글에서 일부 공개된 「미소공동위원회가 실패할 경우 한국에 대한 미국의 외교정책은 무엇인가」라는 보고서의 내용을 수정 요약한 것으로 보인다.

이 문서에서 강용흘은 먼저 친일파들을 비판했다.

강용흘, 버치, 버치의 딸들.
버치는 강용흘과 주고받은 많은 편지를 보관하고 있었다.

생각이 있는 한국인들의 일반적인 비판은, 일제하 가장 큰 협력자들이 정부 고위 관료들의 지원을 받으면서 아직도 한국의 가장 중요한 산업을 장악하고 있다는 것이다. 예컨대 백화점 사장인 박흥식은 미군정 교육부장인 유억겸의 지원을 받고 있다. 그들은 일본을 위해 비행기를 만든 사람들이며, 김연수와 신영욱이 또 다른 사례라고 할 수 있다.

적산 은행과 기업들이 극우 정치 그룹에 많은 돈을 제공하고 있다는 것은 다 알려져 있는 비밀이다. 일제 시기 가장 큰 친일파들이 이러한 극우 정치 그룹들을 이끌고 있다. 이들은 김성수, 이승만을 지원하고 있다. 친일파들은 1943년 11월 5일 『서울신문』(당시에는 『매일신보』)을 통해서 학생들을 전쟁터로 동원했다. 백낙준은 '조지 백'으로 알려져 있다. 그는 일본을 위해 더 매국적인 연설을 했다. 장덕수는 일본 제국주의의 전쟁 기간 중 가장 매국적인 연설들을 했다.

그리고 나서 이들이 군정청과 연결되어 있으면서 동시에 테러리스트들과도 연결되어 있다고 비판했다. 그래서 "한국인들은 지금 상황이 식민지보다 나아졌다고 생각하지 않는다." 그에 의하면 이들과 긴밀한 관계를 맺고 있는 이승만과 김구는 "그들의 정당에 소속되지 않은 사람들은 모두 공산주의자로 낙인찍고 있"으며, 이것이 테러리스트들을 정당화하는 중요한 요소라고 보았다.

오히려 독립운동을 했던 사람들이 탄압을 받고 있었다.

백남운 같은 사람이 감옥에 있다는 것은 비극이다. 김성수와 이광수 같은 사람은 모든 특혜를 누리고 있다. 군정청에서 일하는 미국인들은 이러한 한국의 사정을 모르는 아마추어들이다. 미국에서 접시닦이였던 사람이 군정

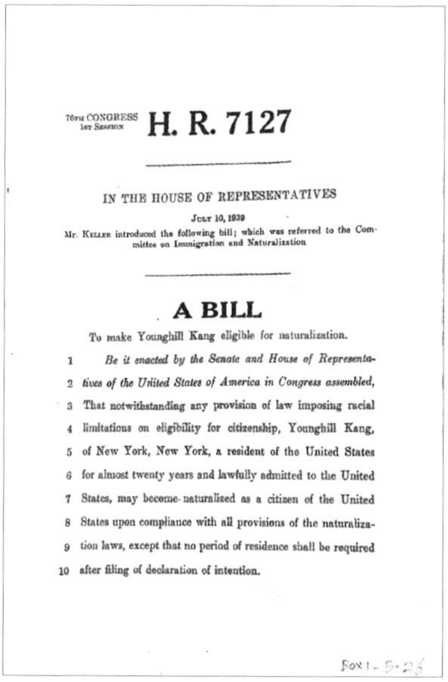

76TH CONGRESS
1ST SESSION
H. R. 7127

IN THE HOUSE OF REPRESENTATIVES

JULY 10, 1939

Mr. KELLER introduced the following bill; which was referred to the Committee on Immigration and Naturalization

A BILL

To make Younghill Kang eligible for naturalization.

Be it enacted by the Senate and House of Representatives of the United States of America in Congress assembled, That notwithstanding any provision of law imposing racial limitations on eligibility for citizenship, Younghill Kang, of New York, New York, a resident of the United States for almost twenty years and lawfully admitted to the United States, may become naturalized as a citizen of the United States upon compliance with all provisions of the naturalization laws, except that no period of residence shall be required after filing of declaration of intention.

Box 1 - B-26

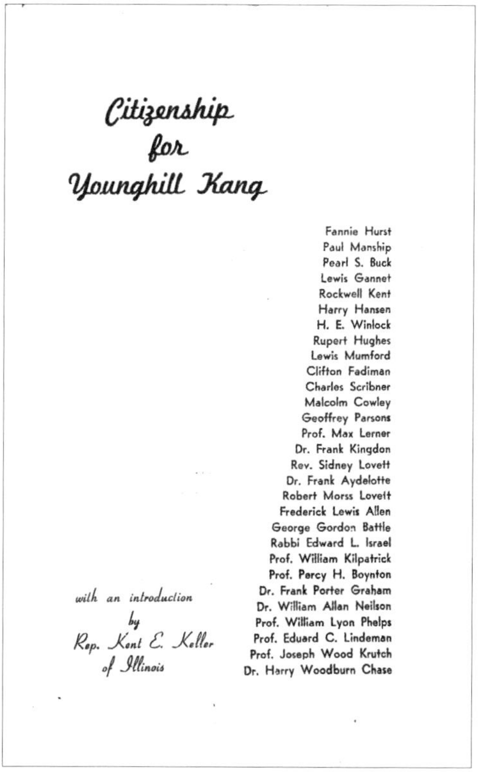

Citizenship for Younghill Kang

Fannie Hurst
Paul Manship
Pearl S. Buck
Lewis Gannet
Rockwell Kent
Harry Hansen
H. E. Winlock
Rupert Hughes
Lewis Mumford
Clifton Fadiman
Charles Scribner
Malcolm Cowley
Geoffrey Parsons
Prof. Max Lerner
Dr. Frank Kingdon
Rev. Sidney Lovett
Dr. Frank Aydelotte
Robert Morss Lovett
Frederick Lewis Allen
George Gordon Battle
Rabbi Edward L. Israel
Prof. William Kilpatrick
Prof. Percy H. Boynton
Dr. Frank Porter Graham
Dr. William Allan Neilson
Prof. William Lyon Phelps
Prof. Eduard C. Lindeman
Prof. Joseph Wood Krutch
Dr. Harry Woodburn Chase

with an introduction by Rep. Kent E. Keller of Illinois

1939년 강용흘의 시민권 획득을 위해 상정된 미국 하원법안 7127과 이를 지지하는 사람들의 명단. 『대지』의 작가인 펄벅과 한국에도 번역된 『평생 독서 계획』의 저자이자 〈뉴요커〉의 편집장이었던 클리프턴 패디먼, 저명한 화가 록웰 켄트 등의 이름이 눈에 띈다.

의 민정 관리로 일하고 있으며, 미국 대학의 학장이나 지방 도시의 목사가 대학총장을 하고 있다. 건축가가 국가식량처장을 하고 있는 것처럼 잘못 배치된 경우도 있다. 그래서 한국의 훌륭한 소설가, 미술가, 무용가 들이 북으로 가고 있다. 이들은 북에 집이 있거나 공산주의가 좋아서 가는 것이 아니다. 북으로 못 간 사람들은 지하에 묻혀 있다. 미국으로 간 몇몇은 최고의 사람들이 아니다. 예컨대 로디 현으로 알려져 있는 현제명은 훌륭한 연주자가 아니며 과거 일본 히로히토의 군인들을 위해 연주를 했었다.

이렇게 전반적으로 미군정하에서의 상황을 정리한 후 강용흘은 미군정 아래 한국 사회의 가장 중요한 문제로 경찰을 꼽았다. 경찰 문제는 이미 1946년 대구를 중심으로 발생한 소위 '추수폭동(대구항쟁)'을 통해서 가시화되었고, 미군정 내에서도 문제의 심각성을 인정하고 있었다.

(경무부장인) 조병옥은 계속 자리에 두어야 한다. 도둑으로 도둑을 잡는다. 경찰은 혁명적이 아니라 점진적으로 바로잡아야 한다.

(수도경찰총장) 장택상은 바로 해고해야 한다. 장택상은 이승만으로부터 직접 명령을 받고 있다. 장택상은 암살 이틀 전 여운형에게 지방에 머물 것을 권고했다. 그는 암살 관련 정보를 그 자신의 부하들로부터 얻었을 것이다. 이승만은 여운형이 암살되기 며칠 전에 열린 한 회의에서 여운형을 제거하고 싶다고 말했다. 여운형은 서울 밖으로 나가기를 거부했고, 여운형은 암살되었다.(고인에 대한 편지를 여운형의 딸에게 전달한 것은 김구가 아니라 이승만이었다.)

강용흘은 해방 정국에서의 암살 사건에 경찰이 긴밀하게 연관되어 있다는 것이었다. 경찰의 비호를 받고 있는 이승만과 김구가 연관되어 있을 것이며, 이들은 모두 배후에 있었다는 혐의로 감옥에 넣어야 한다고 주장했다.

이어서 그는 이승만이 갖고 있는 시나리오와 여운형의 죽음이 갖는 의미에 대해 언급했다.

이승만은 미소공위가 실패하고 전쟁이 일어나서 미국이 승리하면 이를 통해서 문제를 해결할 것이라고 보고 있다. 한국민주당이 집권하면 히틀러 아

H. G. WELLS says
"Here is a really great writer."

YOUNGHILL Kang

YOUNGHILL KANG . . . is
the most famous Korean
alive. One of the top half-
dozen classical Oriental
scholars, he is at the same
time a scholar of major
stature, occidental style.

. . . U.N. World

● **YOUNGHILL KANG** — Distinguished Author and Lecturer — is one of the most brilliant minds of the East. He was born in Korea and was educated in the Orient, in the Americas and Europe. He has served on the staff of the Encyclopaedia Britannica, Metropolitan Museum of Art, Yale University Library, and several university faculties here and the East including presidency of Tongyang Woeguko College at Seoul. Recently he was a professor of English at Oyster Bay's Long Island University. During the war he worked for the United States Government agencies as an Orientation Lecturer in military posts, principal economic analyst in Board of Economic Warfare and language consultant to the Army's Education Division. Immediately after World War II, Younghill Kang was Chief of Publications for the American Military Government and Political Adviser to the Director of Office of Civil Information in Korea. He lived as an American among the military Government Americans; but Orientals, of all political shades, treated him as an Oriental. From them he learned much that they would not have told others. Younghill Kang has lectured for 25 years in hundreds of cities — in the Americas, in Europe and Asia. His eloquent, provocative platform manner has won him acclaim as "a man with poetry in his heart." He presents the enduring aspects of the Orient in impeccable, vigorous English. Among his books are The Grass Roof (Scribners), East Goes West, The Happy Grove. He is recipient of a Guggenheim Award in creative literature as well as several European literary prizes. His book, Au Pays du Matin Calme received "Le Prix Halperine Kaminsky" as the best book in translation in 1937 in France.

PEARL S. BUCK

강용흘을 소개하는 그의 강연회 책자. 『대지』로 유명한 펄벅 여사가 소개말을 썼다. 그는 1950년대 이후 소설을 쓰면서 강연을 했는데, 한 강연회의 강사 소개 리플렛인 것으로 보인다. 그의 이력에는 미군정에서 근무한 경력이 포함되어 있다.

래의 독일이나 무솔리니 아래의 이탈리아처럼 될 것이다. 여운형의 죽음은 한국의 많은 것을 바꾸어놓았다. 김구와 이승만이 집권한다면 한국은 혼돈 속으로 들어갈 것이다. 그들은 총통(Feuhrer)이 될 것이다.

강용흘의 주장을 바탕으로 하고 있는 번스의 보고서 내용은 미군정 시기의 다양한 문제를 담고 있다. 요약된 부분의 뒤에는 앞으로 미군정이 추진해야 할 정책 제언이 담겨 있다. 그런데 위의 보고서에서 주목되는 두 부분이 있다. 하나는 친일 문제와 연결되어 있는 경찰에 대한 것이고, 다른 하나는 미군정 시기 주요 정치인의 암살 사건과 관련된 것이다.

실상 이 두 문제는 이승만이 어떻게 정권을 잡을 수 있었는가의 문제와 깊은 연관을 맺고 있다. 암살 사건과 관련해서 암살범뿐만 아니라 그 배후에 대하여 철저한 조사가 이루어지지 않았고, 관련자들이 입을 다물었기 때문에 지금에 와서 그것을 밝히기는 쉽지 않다. 그러나 이들이 죽음으로써 초래된 상황은 이승만이 대통령이 될 수 있었던 중요한 배경이 된다. 주요 지도자들이 암살당한 이후 과연 이승만을 대체할 수 있는 다른 지도자가 있었을까? 미군정은 김규식이 여운형 없이 단독으로 지도자가 되기는 어렵다고 판단했다.[1947년 3월 29일, 번스가 웨컬링(Weckerling) 준장에게 보낸 「남조선 과도정부 수반 문제」, 버치 문서 Box 3]

물론 이들 외에도 다른 지도자들이 있었다. 문제는 당시 돈과 권력을 장악하고 있었던, 친일 경력이 있는 사람들을 보호할 수 있는 지도자가 누구인가였다. 일단 친일 잔재 청산을 주장했던 정치인들은 대안이 될 수 없었다. 친일 경력으로 인해 대중의 외면을 받고 있었던 경찰과 공무원들에게는 이승만을 대체할 수 있는 선택지가 없었다.

이승만에 대한 미군정의 환대는 한국 사람들에게 잘못된 인식을 심어주었다. 다음과 같은 한 한국인의 말은 이 점을 잘 보여준다. "한국은 해방되었지만, 아무것도 없었다. 나는 이승만을 보았고, 그가 군정에 의해 잘 대우받는 것을 보았다. 나는 이 박사가 즉각적인 정부 수립을 가져다 줄 것으로 생각했고, 그에게 1백만 엔을 주었다. 영수증도 없었고 감사의 말도 없었다. 내가 어떻게 느끼겠는가? 나는 멍청했다.

그의 최고의 약점은 다른 동료들과 협상을 하지 못하는 것이다. 그는 다른 사람들이 자신을 위해서 일하게는 하지만, 그들과 함께 하지는 못한다. 그는 스스로를 매우 외로운 사람이라고 자주 말해왔다. 반쯤 체면에 걸린(semi-hypnotized) 사람들은 군정으로부터 환대를 받은 그에게 기꺼이 이끌렸다. 그가 지금도 핵심적인 위치에 있는 것은 그의 능력 때문도 아니고, 그가 성취한 것 때문도 아니다. 단지 지금 경찰과 공무원들에게는 선택지가 없기 때문이다.[1947년 8월 4일, 정치고문단의 D.C. 유스(Youth)가 작성한 「이승만 박사의 정치적 배경: 그의 현재 상태의 원인과 이유」, 버치 문서 Box 3]

미군정이 38선 이남을 영원히 통치하지 않는 이상 일본 제국주의에 적극 협조했던 경찰이나 공무원들의 경우 자신들의 보호막이 필요했다. 어쩌면 미군정의 여당이었던 한국민주당이 그 보호막이 될 수도 있었다. 그러나 한국민주당 내에서 뛰어난 리더십을 보였던 송진우는 1945년 12월 암살되었다. 그나마 한국민주당 내에 원세훈이나 김약수 같은 독립운동가들이 있었기 때문에 일본 군국주의의 불의한 전쟁에 협력했던 사람들, 즉 전범들에게 안전한 우산이 되기는 어려웠다.

강용홀이 이승만과 김구를 똑같은 사람이라고 비판했지만, 김구는 친일 경력을 갖고 있는 사람들의 우산이 될 수 없었다. 그는 우파의 강력한 지도자였지만, 친일과 전범 경력이 있었던 사람들에게 결코 호의적이지 않았다. 김구는 친일 경찰의 청산을 비롯하여 철저하게 일제 잔재를 청소할 수 있는 지도자였다. 따라서 김구가 일본 제국주의에 협력했던 경찰과 공무원들의 우산이 될 수는 없었다.

Box 36
Shoreham- New York
March 12. 1958

Dear Len,

I have finished in translating your paintings and tried to find all I could about the calligraphers and the artists in my own library and other libraries in New York. Len! these pictures are beautiful! They really belong to a museum. They seem to have come out of the Peking museum. I tried to do the job the way I did at the Metropolitan Museum of Art in New York when I was there on the curatorial for ten years. If I find anything more about these artists, I'll let you know.

I had a letter from Ely Hoezmonty saying that he is married. I have not seen him for a long time. I hope to see him as well as Roger Baldwin soon. I was hoping that we could see you and Nellie in New York. Perhaps you will make the trip sometime? I am still hoping to make a lecture tour to your part of the country. I'm enclosing a list of lecture topics that were made by Pearl Buck many years ago - Our son - Christopher is a third-year student at M.I.T. Cambridge and our daughter - Lucy is teaching in Baltimore. Bobby - our youngest is in school in Huntington here. Len! I hope to see you soon.

with deep affection and best wishes to you - and Nellie and all family. Yours as ever, Younghill.

BOX1-B-17

1958년 강용흘이 버치에게 보낸 편지. 버치가 미국으로 귀국한 후에도 두 사람은 계속 접촉했다.

경찰과 공무원들에게 남은 마지막 선택지는 이승만이었다. 하지만 위의 유스(Youth)의 문서에서 보이는 바와 같이 이승만과 미군정의 관계가 틀어지면서 이승만에게만 의지할 수 없는 상황이 되었다. 이들은 새로운 우산을 찾아야 했다. 이러한 상황에서 친일 협력자들에게 유일하게 남은 선택지는 한국민주당의 수석 총무였던 장덕수였다. 특히 장덕수의 경우 강용홀이 지적하고 있는 것처럼 제국에 협력한 경력이 있었던 인물이었다. 이승만이 미군정과 관계가 좋지 않았던 반면 장덕수는 송진우처럼 미군정과도 가까운 관계를 유지하고 있었다. 여느 친일 인사들과 마찬가지로 뛰어난 언변과 영어 실력, 그리고 서구적 매너를 갖추고 있는 인물이었다. 미군정의 눈에는 매우 합리적 사고를 가진 보수적이며 친미적인 지도자였다.

이러한 상황에서 미소공동위원회가 완전히 실패로 돌아가고, 미국 정부는 38선 이남에서의 선거를 통해 남쪽에서만 정부를 수립하는 것으로 결정했다. 미군정은 장덕수에게 정치적 주도권을 주고 싶었다. 장덕수가 이승만만큼 알려진 지도자가 아니었기 때문에 그를 최고지도자로 내세우는 것은 쉽지 않았지만, 그가 수석 총무로 있었던 한국민주당을 중심으로 해서 내각책임제 정부를 만드는 것은 가능했다. 민족 반역자이면서 전쟁 범죄자였던 이들이 정말 원한다면, 이승만을 내각책임제 아래에서 힘 빠진 바지저고리 대통령에 앉히면 되었다. 이승만이 그것을 받아들였을지는 모르지만. 미군정은 이승만을 신뢰하지 않았다. 개인적인 의견이었지만, 버치는 한국을 방문했던 마크 게인 기자에게 "이승만은 파시즘이 나타나기 2세기 전에 있었던, 진정으로 완고한 보수주의자다."라고 말했다.[23]

그런데 왜 이런 상황에서 내각책임제가 아닌 대통령에게 모든 권한이 집중되는 체제로 대한민국 정부가 시작된 것일까?

10

현직 경찰은 왜 장덕수를 죽였을까

1947년 12월 2일 미군정을 당혹시키는 사건이 발생했다. 한국민주당의 수석 총무였던 장덕수가 암살당한 것이다. 미군정이 미소공동위원회가 더 이상 한국 문제 해결을 위한 해법이 될 수 없다고 선언하고 한반도 문제를 유엔에 이관한 직후의 시기였다. 미군정이 아직 공식적으로 발표를 하지는 않았지만, 유엔 결의에 따라 '유엔조선임시위원단'을 구성하고, 그 감시하에 38선 이남에서의 총선거를 통해 미국에 우호적인 분단 정부를 수립하고자 하는 것이 미국의 구상이었다.

1947년 여운형이 암살되었고, 소련군과의 협조가 폐기된 상황에서 김규식을 중심으로 하는 좌우합작위원회는 더 이상 대안이 될 수 없었다. 이승만과 김구는 1947년 내내 미군정과 대립을 거듭하고 있었다. 이러한 상황에서 미군정에게는 보수 세력 중 가장 합리적이라고 판단했던 장덕수를 중심으로 한 한국민주당만이 가장 믿을 수 있는 유일한 희망이었다. 그런데 핵심 브레인이었던 장덕수가 현역 경찰이 포함된 2인의 암살범들에게 살해된 것이다.

장덕수가 암살된 후 열흘이 지나 버치는 하지 사령관에게 장문의 편지를

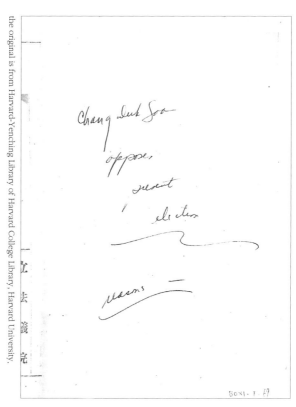

장덕수가 선거를 반대하고 있다는 내용의 버치 메모. 그가 5.10 선거를 반대했을 리 없다는 점을 감안하면, 1946년 말 과도입법의원 선거 또는 1947년 이승만의 귀국 직후로 계획되어 있었던, 모스크바 삼상회의 결정에 근거한 조선임시정부 수립을 위한 선거였을 가능성이 크다.

보냈다.(「장덕수의 암살」, 1947년 12월 12일, 버치 문서 Box 1)

12월 2일 나는 김성수, 백남훈과 함께 장덕수와 긴 회합을 가졌다. 회합의 주제는 하지 장군을 비난하는 이승만의 캠페인과, 총선과 관련된 이승만의 주장에 대한 한국민주당의 태도를 논의하는 자리였다. 나는 남상훈을 통해서 11월 29일 저녁에 이들이 이승만을 만났다는 것을 알았다. 한국민주당의 수뇌부는 이승만에게 그를 지원할 수 없다고 알렸고, 이승만은 통제할 수 없을 정도로 노여워했다고 한다. 그는 문을 잠그고 소리를 지르면서 그들을 그와 국가의 반역자라고 불렀다고 한다. 이 모임에 대해서 장덕수는 이승만이 제정신이 아니라는 믿음을 갖게 되었다고 말했다. 그는 같은 말을 하지에게도 했기 때문에 내(버치)가 이 내용을 하지에게 말해도 아무런 문제가 없다고 했다.

이제 의문의 열쇠 하나가 풀린다. 미군정하에서 여당이었던 한국민주당이 대한민국 정부 수립 후 왜 야당이 되었을까?

1948년 5월 10일 총선거가 있었다. 이 선거에 한국민주당은 정당으로 유일하게 참가했다. 이승만은 자신을 '국부'라고 하면서 일개 정당의 대표가 될수 없다고 생각했다. 그래서 그는 어느 정당에도 발을 담그지 않았다. 그럼에도 불구하고 총선거를 통해 대한민국 정부가 수립되고 초대 대통령에 취임한 상황에서, 국회 내에서 자신의 정치적 입지를 강화하기 위해 한국민주당을 잡았어야 했다. 그러나 한국민주당은 여당이 아니라 야당이 되었다. 김도연 재무부 장관을 제외하고 한국민주당 소속의 어느 누구도 이승만 정부의 내각에 입각하지 못했다. 오히려 1949년 한국민주당은 과거 김구와 같이 일했던 신익희와 손을 잡았고, 정당명도 민주국민당으로 바꾸어야만 했다.

이승만이 왜 한국민주당과 손을 잡지 않았는가는 하나의 의문이었다. 그런데 위의 문서는 그 의문에 해답을 주고 있다. 이승만은 1947년 말의 시점에서 자신을 지지할 수 없다는 한국민주당에 화가 많이 나 있었다. 자신의 주장을 따르지 않는 사람들을 결코 신뢰하지 않았던 그로서는 한국민주당과 협력할 이유가 없었다. 1948년 3월 17일 문서(「UN Report」, 버치 문서 Box 5)에 의하면 김성수 역시 선거 이후에 이승만을 버릴 생각을 하고 있었다.

한국에서 태어난 버치의 아들이 영아세례를 받은 직후에 열린 파티에서 한국민주당 사람들과
칵테일을 즐기고 있는 버치. 왼쪽으로부터 원세훈, 김성수, 버치, 그리고 한 사람 건너서 윤치영.
무슨 이유에서인지 그의 사진 설명에는 김성수가 김규식으로 표기되어 있다. 그가 한국을 떠난
지 한참 되어서 사진 설명을 쓴 것인지, 아니면 그의 가족이 사진 설명을 쓴 것이라서 그런지 분
명치 않다.

　　12월 2일 월요일 김성수, 장덕수, 그리고 4명의 다른 한민당 대표들이 나와

점심을 가졌다. 농지개혁에 대한 이야기를 나누었다. 12월 2일 저녁, 내가 떠

날 때 장덕수는 따로 나에게 와서 김성수가 자신에 대한 암살 계획을 무시하

고 있다는 점을 알렸다. 김성수는 그러한 계획에 대해서 그다지 심각하게 생각하지 않는 것 같다고 했다.[24]

이 문서에 의하면 버치는 장덕수가 암살되기 직전 그와 긴밀하게 접촉하고 있었다. 38선 이남에서 정부가 수립될 경우 미군정은 장덕수를 중심으로 한 한국민주당이 주도권을 갖도록 하는 계획이 있었다는 정황이 드러나는 부분이다. 그리고 여운형의 암살 때와 마찬가지로 장덕수 암살 이전에 이미 암살에 대한 소문이 퍼져 있는 상황이었다. 단지 그 대상이 장덕수가 아니라 김성수라고 오해했을 뿐이었다. 아래에서 「장덕수의 암살」 문서가 계속된다.

12월 5일 저녁 나는 장택상에게 그의 친구인 장덕수의 죽음에 대한 애도를 전했다. 그는 의심할 여지없이 박광옥과 배희범이 실질적인 범인이라고 확신한다고 말했다. 그러나 경찰의 조사에서 그들의 암살 의도에 대해서 정확히 알 수 없었다. 장택상은 그들의 동기를 알고 있다고 하면서 "그들은 극우들이다. 그들은 고위층 사람들에 의해 지시를 받았을 것이다. 너는 내가 누구를 말하는지 알 것이다. 이번에는 그 범죄자가 처벌을 받아야 할 것이다. 암살자들은 지시에 의해 행동했고, 진보와 지성을 싫어하는 사람들이다."라고 말했다.

김구의 식솔들로부터 들어온 믿을 수 있는 정보에 의하면 김구와 이승만

---

24 _ 버치가 한국민주당 관계자들을 만난 날이 장덕수가 암살된 날과 동일한 날짜로 되어 있다. 이 문서의 날짜는 미국 본토의 시간에 맞춘 것이다. 암살 사건이 저녁 6시 15분에 발생했다는 점을 고려하면, 버치와 만난 직후 장덕수가 암살되었을 가능성은 없다. 버치 컬렉션의 다른 문서에도 미국의 시간에 맞추어 보고한 경우가 많이 발견된다.

은 11월 30일 회합을 가졌다. 김구의 집에서 회합이 열렸다. 엄항섭도 참석했으며, 나의 정보원에 의하면 알려지지 않은 몇몇 사람들도 참여했다.

친일 경찰을 발탁하고 지원하고 있었던 장택상이 '진보'와 '지성'을 언급했다는 점이 흥미롭지만, 더 주목할 점은 장덕수 암살 사건에 현직 경찰이 가담했다는 점이다. 또한 이들의 암살 수법이 매우 대담했다. 이들은 얼굴을 가리지 않았다. 장덕수의 부인은 현장에서 그들의 얼굴을 볼 수 있었다. 그런데 다른 범죄 사건과 달리 암살범들은 자신의 얼굴을 본 사람들에게 어떠한 해도 입히지 않았다. 자신들의 얼굴이 알려져도 아무런 문제 될 일이 없었던 것일까? 배후에 자신들을 구제해줄 사람이 있었던 것일까?

다른 암살 사건과 공통점도 있다. 수도경찰청장이었던 장택상은 송진우와 여운형, 그리고 장덕수 암살 사건의 배후로 김구를 지목했다. 이에 대한 직접적 증거는 없었다. 그러나 그는 항상 배후에 김구가 있다고 주장했다. 김구가 일제강점기 일본 군국주의자들에게 테러를 가했던 경험이 있었기 때문에 미군정은 김구를 테러리스트로 규정하고 있었으며, 장택상은 배후의 화살을 김구에게 돌리는 것이 어렵지 않았다.

장택상 본인뿐만 아니라 그의 집안 전체가 일본 제국주의에 협력한 경력을 갖고 있었다. 또한 장택상의 아버지는 임시정부에 대한 정치자금을 거부했다는 이유로 독립운동가에게 피살되었다고 알려져 있었다. 당시를 기억하는 사람들은 장택상의 집안 내력이 그가 독립운동가들에게 우호적이지 않을 수밖에 없는 결정적 이유가 될 수 있었다고 회고했다.

조준호는 서울 지역을 잘 알고 있고 (다양한 정치인들과) 많은 접촉이 있지만, 비정치적인 인물이다. 나는 다른 버전의 정보를 그로부터 받았다. 그가

여운형이 암살된 직후 왜 김구를 체포하지 않는가를 스스로 반문한 버치의 메모.

직접적으로 들은 것은 아니지만, 김구의 친구들은 그가 장덕수의 암살을 지시했을 가능성이 없다고 했다. 왜냐하면 그들은 같은 황해도 출신으로 개인적인 친분이 있기 때문이다.(나는 김구의 친구 관계에 대해 크게 신뢰하지 않는다. 정당들은 서로를 헐뜯고, 김구는 장덕수에게 일본의 주구라고 말했고, 장덕수는 김구가 정치적 영향력을 행사하기에는 너무나 바보 같다고 말했다.)

김구의 친구들은 김석황을 암살범으로 비난했다고 조준호가 말했다. 김석황은 김구가 좋아할 것이라고 말하면서 암살을 지시했다고 말했다. 그는 엄항섭에게 김구가 장덕수와 김성수의 죽음을 승인했다고 말을 잘못 전달하기도 했다고 한다. 장택상은 재판에서도 정의가 들어나지 않을 것이라고 말했다.

버치는 여러 곳에서 장덕수 암살의 배후에 대한 정보를 입수했다. 그중 하나는 이전의 암살 사건과 마찬가지로 그 배후에 이승만과 김구가 있다는 것이었다. 이 문서의 제일 앞에서 이승만과 한국민주당의 불편한 관계를 얘기한 것은 이 때문이었다. 다른 하나는 김구와 관련된 사람이 암살을 지시했지만, 이는 김구와 아무 관련이 없다는 것이다. '알아서 긴다'고 했던가? 보스를 기쁘게 하기 위해 시키지도 않는 일을 했다는 것이다. 충분히 가능성 있는 얘기다. 요즘도 정치인들에게 문제가 생겼을 때 가장 먼저 나오는 주장이 '나는 몰랐고, 비서들이 알아서 하다가 문제가 되었다'는 것이다. 물론 당시 상황에서는 어떤 정보도 믿을 수 없었다. 모두 소문일 수도 있었다.

장택상은 이 사건의 해결이 자기 부서의 권한만으로는 해결할 수 없다는 것을 분명히 알고 있다. 이 문제는 오직 사령관에 의해서만 해결될 수 있다. 한국의 범죄사를 보면 한국인들은 작은 보상을 통해서 금욕적 침묵을 지키는 것 같지는 않다. 미국의 제도로서 강압적으로 수사를 할 수는 없다. 사령관만이 할 수 있다. 자백을 할 경우 감형을 해주는 것이다.

정말 사령관만이 이 문제를 해결할 수 있었을까? 2005년 겨울이었다. 〈사운드 오브 뮤직〉이라는 영화의 배경이 된 잘츠부르크 성에서 열린 세미나에 참석할 기회가 있었다. 거기에서 전 주한미국대사(1993~1997)였던 제임스 레이니 전 에모리대학 총장을 만날 기회가 있었다. 그는 1947년 미군정의 정보

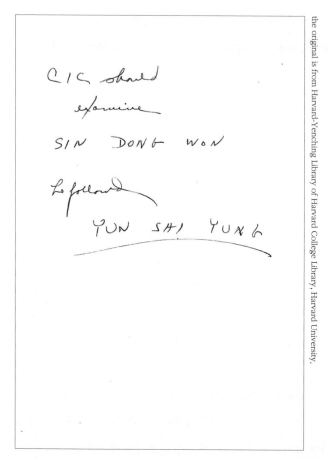

여운형 암살 사건에 개입된 것으로 알려져 있는 신동운을 CIC가 조사해야 한다는 내용의 버치 메모. 이승만의 측근이었던 윤치영의 이름도 보인다.

기관에서 일했던 경험이 있었다. 한국에 부임한 직후 그가 맡았던 사건이 여운형과 장덕수 사건이었다고 한다. 그가 조사를 하면서 배후를 캐고 또 캐서 이승만의 주위에 있는 인물에 도달했을 때 갑자기 미군정의 고위층으로부터 지시가 내려왔다고 한다. 수사를 그만두라는 명령이었다. 그의 기억으로는 여운형과 장덕수 둘 중 한 사람의 암살 사건이었다고 한다.

장택상은 사건의 진상을 밝혀야 하며, 그것을 할 수 있는 사람은 하지 사령관밖에 없다고 말했건만, 레이니 전 대사의 증언에 기초하면 실제로는 미군정 측에서 사건의 진상을 덮으려 했던 것은 아니었을까? 레이니 대사는 그때가 자신의 한국 부임 직후였기 때문에 그 사실들을 명확하게 기억하고 있다고 했다.

의문은 또 남는다. 이 시점에서 미군정은 더 이상 이승만을 지지하지 않고 있었다. 그런데 왜 그를 덮어주려고 했던 것일까? 아니면 레이니 대사의 기억이 잘못되었던 것일까? 아니면 장덕수 암살 사건을 다른 정치적 목적으로 이용하고자 했던 것인가?

11

김구의 권위를 떨어뜨려라

— 1년 전에 이미 계획되어 있었던 김구 암살

장덕수 암살이 버치와 미군정에게 준 충격은 적지 않았다. 앞으로의 계획이 모두 수포로 돌아가는 순간이었다. 그만큼 장덕수 암살에 대한 버치의 보고서는 짧지 않았다.(이하 앞의 장에서 인용했던 「장덕수의 암살」 문서)

신문에서는 용의선상에 있는 경찰과 관계가 있는 청년단의 의장을 체포했고, 그는 두 명의 용의자들이 한양병원에 있다고 자백했다고 한다. 그 젊은이는 신일준이다. 그는 의심할 여지없이 암살자의 배후와 바로 연결되어 있다. 그는 김구의 추종자다. 그는 전문적인 청년 지도자이며, 민주의원의 성원이었다.

이 보고서와 관련해서 김구와 이승만의 관계에 대해 다시 언급할 필요가 있다. 그들은 로마의 삼두정치와 같은 관계를 맺고 있다. 그들은 친구가 아니며, 그들은 목표도 다르다. 그들은 개인적, 정치적 애정 없이 제한적으로 연합해 있다. 그들은 자신의 목적을 위해 상대를 이용하고 있다고 서로 믿고 있다.

삼두정치에서 흔히 나타나듯이 가까운 친구와 동료들은 각각 다른 상대를 비난함으로써 보호받으며, 또는 서로 간의 동의에 의해 희생되기도 한다. 김구가 (친일 경력을 갖고 있었던) 김성수나 그의 동료들에게 몇 달 동안 적대감을 갖고 있었다는 것은 의심할 여지가 없다.

김구를 따랐던 젊은이들 가운데는 과격한 사람들이 적지 않았던 것 같다. 극우 보수의 선봉대 또는 돌격대라고 할까? 이들 중 일부는 반탁운동의 선두에 섰지만, 또 다른 사람들은 청부 살인 업자들이었던 것 같다. 시키는 사람이 좌익만 아니라면, 누구든 돈만 준다면, 그리고 사후 신분만 보장해준다면, 암살을 실행할 수 있는 사람들.

상황이 이렇다 보니 김구가 암살당했을 때 처음 나온 주장은 자신의 추종자에 의해서 암살당했다는 것이다. 안두희는 김구를 만나기 위해서 경교장을 찾아간 적이 있었으며, 이 때문에 낯이 익은 안두희의 방문에 김구의 경호원들이 크게 관심을 기울이지 않았다. 뿐만 아니라 그는 김구와 관련된 조직에 가입한 적도 있었다. 그는 어렵지 않게 김구가 있던 경교장 2층으로 가서 김구를 암살했다. 오랫동안 김구의 암살을 계획한 흔적들이 보인다.

최근 밝혀진 바에 의하면 안두희는 김구와 아무런 관련이 없는 인물이었으며, 오히려 김구를 '여순 사건을 조정한 빨갱이'라고 주장했다는 것이다. 김구가 빨갱이라니! 타이완의 장제스(장개석)가 이 얘기를 들었다면 한동안 웃음을 멈추지 못했을 것이다. 안두희는 서북청년단과 미군 CIC에 연결되어 있었다고 한다.[25] 안두희는 김구를 '좌파'로 매도했다.

---

25 _ 『한겨레신문』 2001년 9월 5일.

나는 감옥의 죄수를 위해 일하시는 신부님을 통해 한지근[26]에 대해서 들었다. 그는 몇 년이 지나면 감옥에서 나올 수 있을 뿐만 아니라 원하는 지위에서 편안하게 여생을 보낼 수 있을 것으로 믿고 있다고 한다. 암살자들은 그들에게 지시한 사람이 대통령이 될 것으로 믿고 있었다.(「장덕수의 암살」 문서)

이들은 지시하는 사람이 시키면 필요에 따라 김구의 추종자가 되기도 했고, 이승만의 추종자가 되기도 했다. 그리고 이들에게는 두려움이 없었다. 왜냐하면 이들은 미군정이 해체되고 38선 이남에서 정부가 수립되면, 자신들의 배후에 있는 사람과 친분이 있는 지도자가 대통령이 될 것이고, 곧 풀려날 뿐만 아니라 경제적 보상도 받을 수 있다고 믿고 있었기 때문이었다. 실제로 정치가들의 암살범들은 대한민국 정부 수립 직후에 출옥했다고 알려져 있으며, 안두희는 출옥 이후에도 호의호식했다. 상황이 이렇다 보니 장덕수의 암살범은 현역 경찰이면서도 자신의 얼굴을 가리지도 않은 채 암살을 저지를 수 있었다.

나(버치)는 김성수에 대한 암살 시도와 장덕수의 암살이 11월 30일 이승만의 늦은 동의의 결과였다고 보며, 김성수의 정당이 이승만으로부터 떠난다는 사실을 이승만이 알았다는 사실은 매우 중요하다. 장덕수가 이승만의 정책에 대해 무조건적으로 따라가는 것에 대해 반대했다는 사실을 그가 몰랐을 리가 없다.

---

26 _ 여운형의 암살범으로 알려진 인물이다.

나는 처음 암살 소식을 들었을 때 이 암살이 좌파에 의해서 실행되었을 가능성에 대해 생각했다. 왜냐하면 장덕수는 좌파의 정적들 중 얼마 되지 않는 (이론과 신념이) 확고한 지식인이었다. 장덕수의 죽음이 좌파에 큰 도움이 된다는 것을 부인할 수는 없지만, 이제 이러한 가정은 더 이상 가능하지 않다. 경찰복을 입은 사람들이 암살을 했다는 것은 과도정부의 한국인 관료들을 놀라게 하는 효과가 있다. 암살자들은 장덕수의 부인에게 그들의 얼굴을 가리지 않았다. 그들의 얼굴이 알려졌음에도 불구하고, 그들은 서울에서 탈출하려고 시도하지 않았다. 그들은 자신들이 정치적으로 보호받을 수 있다고 생각하고 있었던 것 같다. 실제로 그들은 체포된 후 완전히 보호를 받고 있기 때문에 구속되지 않을 것이라고 말했다고 한다. 그들은 자신감이 넘치고 (경찰에) 경멸적인 태도를 보이고 있다.

테러의 배후로 이승만이 언급되는 것은 그리 놀랍지 않다. 어떤 사건이 일어났을 때 '이 사건으로 인해 가장 많은 이익을 얻는 사람이 누구인가'에 항상 첫 번째 관심이 집중되기 때문이다. 38선 이남에서 미군정의 지원하에 단독정부 수립을 위한 총선거가 실시되기 6개월 전의 상황이었다. 송진우와 여운형은 암살당했고, 김규식의 리더십은 약했다. 이제 남은 지도자는 장덕수와 이승만밖에 없었다. 1948년 3월 5일 버치를 만난 장택상은 "장덕수의 가장 큰 실수는 이승만을 자주 만났다는 것이다. 장덕수는 경멸하는 듯한 웃음을 지었고, 이것이 바로 이승만이 그를 심각하게 증오하는 이유"라고 말했다.(버치 문서 Box 3)

김구의 친구들은 책임을 공산주의자에게 돌리려 하고 있다. 그러나 그렇게 할 수가 없다. 왜냐하면 범인들의 충성심이 너무나 명확하기 때문이다. 박광옥은 엄항섭 바라기이고, 배희범은 이청천이 이끄는 청년단의 성원이라고 한다. 장덕수의 가족과 친구들은 그들의 정체와 동기에 대해서 충분히 알고 있다.

암살의 책임을 김규식에게 뒤집어씌우려는 움직임도 있었다. 이승만의 추종자 중 하나인 서 모 씨 밑에 있는 독촉국민회의 청년 그룹은 다음과 같은 성명을 발표했다.

장덕수는 야심이 많다. 스스로 한국의 대통령이 되고 싶어한다. 김규식도 야심이 있다. 그도 그 자리를 노린다. 그러나 그 자리는 이승만 박사의 것이다. 김규식이 암살을 지시했다고 한다. 이것은 대통령 자리를 노리는 이승만을 겁주기 위한 것이다.

물론 김규식이 개입되어 있을 가능성에 대해서는 아무도 귀를 기울이지 않았다. 대신 갑자기 암살의 배후로 김구를 지목하기 시작했고, 수사는 급진전되었다.

12월 11일 장택상은 추가적인 암살 시도에 대해 언급했다. 테러리스트 그룹을 통제하는 것은 다섯 사람이다. 김구, 조소앙, 조완구, 조경한, 엄항섭. 김석황은 이 리스트에는 없지만, 김구의 충실한 추종자다. 김석황 역시 황해

장택상의 사진에는 "조선 사람들이 제일 무서워하는 사람"이라는 설명이 붙어 있다.

도 출신으로 김구의 가장 가까운 신임을 받는 사람이다. 암살 대상은 김규식,
안재홍, 조병옥, 김성수, 그리고 그 자신(장택상)이라고 한다.

갑자기 암살의 배후가 김구로 방향을 선회하기 시작했다.

재판을 빨리 진행해서 암살범들에게 사형을 선고한다면 김구 역시 일급 살인 혐의로 기소가 가능할 것이다. 이는 미국에게 유리할 것이다. 왜냐하면 러시아가 김구를 미국의 도구라고 하기 때문이다. 이승만 역시 영향력이 줄어들 것이다. 이승만 그룹의 불법적 강탈 행위가 근절된다면, 한국은 진정 사령관과 협조적이며 국제 상황에 그 필요성을 인정받을 수 있는 정치 그룹들에 의해 재탄생할 것이다.

김구가 순교자가 될 것이라는 염려도 있지만, 그럴 리가 없다. 한국인의 기질은 순교자를 만들지 않는다. 많은 한국인들은 김구의 제거를 환영할 것이다.(이상 「장덕수의 암살」, 1947년 12월 12일, 버치 문서 Box 1)

냄새가 진동한다. 김구에게 모든 걸 뒤집어씌우려는 것이 아닌가? 미군정의 법원은 김구에게 재판에 증인으로 출석할 것을 요청했다. 김구는 당연히 이를 일축했다. 미군정은 김구에게 법정에 나와 달라는 트루먼 대통령 명의의 소환장을 전달했다.(『경향신문』, 1948년 3월 12일) 미국 대통령이 아직 독립 정부도 세우지 않은 조그만 지역에서 일어난 한 살인 사건의 재판에 늙은 정치인 하나를 세우기 위해 본인 명의의 '소환장'을 보낸다고? 상식적으로 이해가 가지 않는 일이지만, 결국 김구는 법정에 섰다.

미군정은 김구를 일급 살인 혐의로 기소하고 이것이 소련과의 관계에 도움이 될 거라고 보았다. 신탁통치를 반대하면서 모스크바 삼상회의 결정에 동의하지 않았던 김구를 소련은 비난하고 있었다. 지금까지 장덕수 암살 사건의 배후에 김구가 있는 것으로 몰고 갔던 것은 김구의 남북협상 참여가 정치적으로 가져올 파장을 축소하기 위해 김구의 명성을 깎아내리기 위한 노력의 일환이었다고 해석되었다. 그런데 이러한 주장이 가능하려면 김구를

유엔의 감시하에 단독정부 수립을 바란다는 내용을 사진과 함께 보낸 청원서. 반탁운동의 지도자였던 김구가 단독정부 수립에 반대하고 남북협상에 참여했음에도 불구하고, 반탁운동을 지지했던 청년들의 대부분은 단독정부 수립에 찬성하는 입장에 있었다.

배후로 지목하여 그를 몰아세우는 시점이 최소한 1948년 2월 이후가 되어야 했다. 김구가 남한만의 선거에 불참을 선언하고 남북협상의 제안과 참여를 결정한 것이 1948년 2월이었기 때문이다. 위의 문서는 1947년 12월에 입안되었다. 그렇다면 김구에게 모든 걸 뒤집어씌우려고 한 목적은 무엇이었을까?

기존의 주장과는 달리 버치 문서에 있는 미군정의 '김구 깎아내리기' 계획은 이미 1948년 이전에 존재하고 있었다. 김구가 남북협상을 제안하기 전이며, 남한에서의 총선거에 참여하지 않겠다는 의사를 표시하기 전이었다.

> 김구에 대한 대중적 지지는 점점 더 떨어질 것이다. 장덕수 사건에 대한 김
> 구의 유죄가 분명해질 것이다.(「김석황이 김구에게 보낸 편지」, 1948년 1월 22
> 일, 버치 문서 Box 2)

이제 새로운 시나리오가 가능해진다. 장덕수가 사라진 상황에서 이제 남은 지도자는 이승만과 김구밖에 없다. 만약 38선 이남의 미군정 통치 지역에서 선거를 실시한다면 가장 인기 있는 두 지도자 중 한 사람이 지도자가 될 것이다. 둘 다 마음에 안 든다. 그러나 어쩔 수 없이 둘 중 하나를 선택해야 한다면 누구를 선택해야 했을까?

그 선택은 미군정이 해야만 하는 선택이 아닐 수도 있었다. 미군정이 해체되고 미군이 떠난 후 38선 이남 지역에서 미국과 우호적 관계를 유지할 수 있는 실질적인 지배 그룹의 선택이었을 가능성도 있었다. 바로 경찰과 관료, 그리고 자산가들이다. 일본 제국주의와 군국주의에 협력했던 사람들이다. 김구가 이들을 보호해줄 수 있었을까? 1948년 1월 22일 문서를 보면 김구가 수신인으로 되어 있는 김석황의 편지를 "이승만을 위하여" 신문사에 공개한 것은 경기도 경찰청장 장택상이었다. 피의자의 유죄가 확정되기도 전에 수사 기밀을 언론에 유출하는 기술은 그때나 지금이나 다를 것이 없다.

이승만은 기쁨을 감추지 않았다.

> (이승만은) 김구의 정치적 권위가 완전히 사라졌다고 희망 섞인 말을 했고,
> 더 이상 잠재적 중요성을 갖는 인물이 아니라고 했다. 그러나 그는 김구가 자
> 유로운 시민으로 계속 남아 있는 사실에 대한 실망을 숨기지 못했다. 이승만

은 아직도 김구의 영향력에 대해서 걱정하고 있다. 이승만의 고귀한 지위에 위협이 되는 김구를 제거하기 위한 행동이 실행되기를 원하는 것 같다.(날짜와 제목 미상의, 김구의 법정 출석 직후 작성된 문서. 버치 문서 Box 4)

김구의 암살은 장덕수 암살 사건 직후에 이미 계획되어 있었다. 위의 문서는 대한민국 정부가 수립되기 이전에 작성된 문서다. 안두희의 범행은 우연이 아니었고, 개인적 차원의 범죄도 아니었다. 이미 1년 전부터 철저하게 준비되었을 가능성이 크다.

12

미군정이 믿는 구석은 경찰,
경찰이 믿는 구석은 이승만

미군정에게 뜨거운 감자는 이승만만 있는 것이 아니었다. 경찰 역시 그러한 존재였다. 1946년 가을, 대구에서 시민들이 들고일어났다. 미군정은 이를 '추수폭동'이라고 불렀다. 대구와 경상북도 지역에서 미군정의 쌀 수집에 반대하는 농민과 시민들의 집단행동이 발생한 것이다. 시위는 전국으로 번졌다. 박정희의 형 박상희가 이 시위 도중에 사망했다. 박상희의 딸은 김종필과 결혼했다. 박상희의 친구인 황태성은 5.16 쿠데타 직후 박정희를 만나러 왔다가 그의 얼굴도 보지 못한 채 형장의 이슬로 사라졌다고 알려져 있다.

미군정은 당황했다. 일본군의 항복을 받고 한국을 지원함으로써 궁극적으로 독립 정부를 세우러 왔는데, 미군정에 반대하는 시위가 일어났다는 것은 납득하기 어려운 상황이었다. 가뜩이나 전 세계적으로 지원해야 할 곳이 많은데, 그 와중에 중요도가 떨어지는 한국에서 이렇게 고생할 필요가 있는 것일까? 도와주고 뺨 맞는 꼴인가? 미군정은 이 사건에 대한 철저한 진상 조사에 들어갔다. 대구와 경북의 공무원들은 물론이고 서울에 있었던 경찰과 주요 중도파 정치인들도 이 조사에 함께 참여했다.

STATUS OF RICE COLLECTION PROGRAM AS OF 1 Dec 46

PROVINCE	QUOTA	COLLECTED	PER CENT OF QUOTA
Chungchong Pukto	180,000	76,782	42.65
Chungchong Namdo	470,000	177,190	37.70
Cholla Pukto	798,000	23,640	2.96
Cholla Namdo	750,000	74,997	9.99
Kyongsang Pukto	720,000	220,769	30.60
Kyongsang Namdo	600,000	101,000	16.83
Kyonggi-Do	775,000	134,668	17.37
Kangwon-Do	60,000	57,000	95.00
TOTAL	4,358,000	866,046	19.87

Unit-Polished suk
National Food Administration
1 December 1946

Exhibit 28

Box 3 - G - 110

1946년 12월 미군정의 식량행정처가 작성한 쌀 수집 현황. 역설적이게도 소위 '추수봉기'가 일어났던 경상북도는 상대적으로 쌀 수집 실적이 좋은 지역이었다. 전라북도가 3%도 안 되는 반면, 강원도 지역이 거의 100%에 육박해 있는 것이 눈에 띈다. 당시 제주도는 전라남도에 속해 있었다.

  조사 결과 이 사건은 두 가지 원인 때문에 발생한 것으로 진단되었다. 첫째로 쌀 수집 문제였다. 일본 군국주의자들은 전쟁 시기에 강제로 쌀을 걷어갔다. 해방이 되자 미군정이 자유시장 정책을 쌀 수급에도 똑같이 적용했다. 한국인들은 이제 쌀 공출의 공포에서 벗어날 수 있다는 희망에 부풀었다. 그러나 자유시장이 시작되자 다음 해 봄에 차익을 노린 일부 몰지각한 상인들에 의해 매점매석이 시작되었고, 쌀의 심각한 공급 부족과 이로 인한 인플레이션이 발생했다. 미군정은 다시 쌀 수집을 시작했다. 공급을 통제하기 시작한 것이다. 해방으로 공출에서 벗어나 이제 좀 먹고살 만해질 수 있을까 하는 시점에서 다시 시작된 쌀 수집에 대해 농민들의 반발이 크지 않을 수 없었다.

또 하나의 이유는 친일 경찰의 문제였다. 일본 제국주의의 주구 노릇을 했던 경찰들이 해방 공간에서 다시 권력을 휘두르면서 쌀 수집에 나섰던 것이다. 38선 이북에서 공산주의자들에 의해 쫓겨난 친일 경찰들 역시 38선 이남에 자리잡았다. 미국으로서는 친일이냐 아니냐의 문제보다 경찰로서의 업무 능력이 채용의 가장 큰 기준이 되었다. 특히 반공 정책이 필요했던 미군정의 이해관계와 독립운동을 했던 공산주의자들을 '공비(共匪)'로 때려잡으면서 그들에 대한 정보를 갖고 있었던 경찰의 경험은 정확히 들어맞았다.

이때 그 유명한 프로잡(Pro-Job), 프로잽(Pro-Jap) 논쟁이 나오기도 했다. 경찰의 책임자였던 조병옥은 일본 제국주의에 복무한 경찰은 '친일의 프로잽'이 아니라 '전문 직업인으로서의 프로잡'이라고 주장했다. 직분에 충실히 종사하는 과정에서 불거진 독립운동가 탄압 문제를 모든 경찰에 적용하지 말아달라는 것이었다.

지나가는 개도 웃을 말이었다. 직분에 충실하기 위해서라고 해도 나라의 독립을 위해 노력했던 사람들을 체포하고 고문할 수 있는가? 물론 총독부 직원이었다고 해서 그들을 모두 친일파로 간주하면 안 된다. 일제강점기에 조선인 군수 중 군민들로부터 칭송을 받은 이들도 적지 않았다. 강진 군수였던 윤길중이 그 대표적인 사례였다. 그러나 총독부 경찰과 일본 제국군 장교의 경우에는 일반 하위 관료들과는 차이가 있을 수밖에 없었다. 할 수 있는 일이어도 해야 할 일과 해서는 안 될 일이 있다.

경찰에 대한 항의는 광범위했다. 친일 경찰의 인명을 정확히 명기해서 이들을 경찰에서 내쫓아야 한다는 투서도 이어졌다. 특히 다양한 정치인들을 접했던 버치에게 들어오는 경찰 관련 민원은 끝이 없었다. 불법적인 연행과 체포는 물론 고문과 불법 구금이 자행되었다. 경찰들의 문제는 크게 몇 가지로 나뉘었다.

첫째로 중도파나 좌파 정치인들에 대한 탄압 문제였다. 여운형의 경호원들은 수시로 경찰에 체포되어 조사를 받았다. 여운형을 경호하기 위한 것이 아니라 여운형이 무엇을 하고 다니는지를 심문하는 것 같았다. 1946년 3월 1일에 자행된, 여운형의 경호원에 대한 불법 연행에 대한 청원서들이 버치 문서군에 포함되어 있다. 여운형이 암살된 뒤에 경찰은 암살범과 그 배후를 조사하는 것보다 여운형이 타고 있었던 차의 운전기사와 경호원을 체포 조사하는 데 더 많은 시간을 할애했다.(버치 문서 Box 3~4)

이런 상황에서 최고 지도자가 되어야 한다는 미군정의 제안에 대해 김규식이 "이승만 계열이 경찰과 공무원들을 장악하고 있는 상황에서 자신의 지지자들이 박해를 받는 상황을 원하지 않는다."라고 하면서 이 제안을 거절했던 것도 너무나 당연한 처사였다.(「김규식과의 만남」, 1947년 4월 8일, 버치 문서 Box 5) 김규식은 공정한 시스템이 보장되지 않는 한 그에게는 기회가 없다는 현실을 정확히 이해하고 있었고, 그 핵심에는 경찰 문제가 있었다.

경찰에 의한 체포와 취조 과정에 대해 버치에게 제출된 고발장의 하나를 보자.

경찰 이놈, 폭동을 일으키려고 계획하지 않았어?

피심문자 아무 말도 없이 지냈습니다.

경찰 폭동을 일으키려 무기를 감춰둔 것이 있다더라, 이놈아.

(피심문자의 설명: 너무도 한심해서 입을 닫았습니다.)

경찰 이놈아 여운형이 와서 같이 있지?

피심문자 여 선생님은 없습니다.

경찰 이놈의 자식, 여운형이가 거기 오지 않았어?

피심문자 오셨습니다. 몇 번. 두 번 오셨습니다.

경찰 기일은?

피심문자 한 15일 전과 10여 일 전에 올시다.

경찰 이놈아 그래 여운형이를 지키면서 무기가 정말 없어? 일본도 3자루와 권총 5개가 있다는 보도가 다 들어왔어.

피심문자 글쎄 무슨 보도인지는 모르겠습니다만은, 금일 당장 뒤져보아서 도 다 아시다시피 저는 모릅니다.

경찰 너 그러지 말고 순순히 물을 적에 대라.

피심문자 나는 온 지도 얼마 되지 않고 또 보지도 못해서 모르겠습니다.

경찰 (형사가 나의 머리카락을 잡아 흔들며) 네가 고집을 핀다고 아 이 무기가 안 나올 줄 아냐? 지방에 순사들 같은 줄 알어? 이놈아. 여기 있는 (경기) 도 형사는 적어도 7~8년 경험은 다 가지고 있어. 벌써 네가 생각하고 있는 것을 발끝에서 머리끝까지 다 알아. 네 마음에 들어갔다 나왔어. 응~ 이 자식 정 안 댈 테냐. 너 물 좀 먹구 댈 테냐.

피심문자 모르니까 죽어도 대지 못하겠습니다. (중략)

경찰 이놈아 여운형이도 우리가 잡아다 조사할려면 해. 인민당 놈들 다 잡 아다 죽여야겠다. 야 너는 또 다시 여운형이한테 가기는 글렀어. 그러 니까 어서 대. 대기만 하면 네 신변은 아무 일 없고 인민당 대표가 필요한 것이다.

피심문자 대표고 하졸이고 나는 모릅니다.

경찰 너 그럼 정 안 댈 테냐. 나중에 나오면 너는 총살이야 이놈아.

피심문자의 설명: 그래도 나는 모른다고 하니까 형사가 성을 내며 소사를 시켜서 그 무슨 바오락지를 가져오더니 나의 손을 꼼짝 못하게 매더니 팔을 머리 위로 해서 뒤로 넘기기에 나는 그 흙물 묻은 마루에 주저앉았다. 그리하여 자빠지니까 막 물을 먹이기에 너무나도 숨이 차고 해서 외치며 말하기를 여보 나의 말을 신용 못하겠으면 같이 온 백태우 군한테 물어보시오 했더니, 형사는 백 군한테서 무엇을 보고 무엇을 듣고 왔는지 나의 손을 풀어가지고 2층으로 간 것이었다. 나는 민주주의를 부르짖고 악귀적인 일제 관헌의 손에서 해방당하여 그 무섭고 강압적이었던 과거를 증오하며 3천만의 선두에서 이 나라 인민의 복리를 위하여 용감히 싸워야 할 신생 조선의 경찰관들이 이 다지도 무질서하고 무정견하고 비인도적인 데 한편 놀라고 한편 슬픔을 금치 못했다.(백낙승의 경호원이었던 김순석의 진술, 버치 문서 Box 4)

둘째로 경찰들의 불법적인 행위였다. 특히 경찰의 힘을 이용한 강탈이 문제가 되었다.

이름을 밝히지 않은 경찰 내의 제보. 장택상의 지시로 부자들에 대한 강탈 행위가 점점 더 많아지고 있다. 최근 지명된 사람은 방규한으로 25만 엔을 냈다. 그는 레커링 장군의 숙사 북쪽인 방기호 집 근처의 서양식 맨션에 살면서 친일파로 알려져 있고 주식으로 돈을 벌었다. 운좋게 지금까지 정치적으로 연루되지 않고 살았던 보수주의자다.

몇 주 전 처음에 기부를 거부했다가 체포되었다. 구속될 것이라고 했는데도 그는 돈을 내지 않았다. 경찰은 그에게 모임을 문제 삼기도 했고, 집을 수색하기도 했다. 집에서 미국 담배를 찾으려고 한 것이다. 그런데 담배가 나오

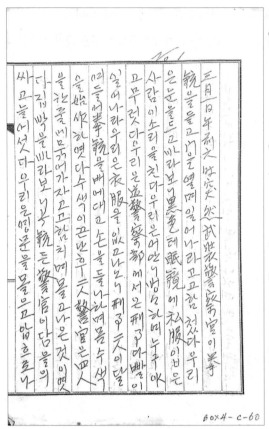

백낙승의 경호원이었던 김순석의 진술서 원문.

지 않았다. 그런데 오래된 일본도가 나왔다. 그래서 그에게는 불법 무기 소지 죄가 적용되었다. 그는 풀려나기 전까지 40여 일을 감옥에 있었다. 그는 결국 한국을 떠났다.

두 번째 사례는 조준호다. 그는 1946년 3월 2천만 엔 펀드의 보증인 10명

중 하나였던 잘 알려진 백만장자다.[27] 그는 장택상으로부터 10월 1일 할당액이 10만 엔이라는 소식을 전달받았다. 그는 집에 현금이 없어서 일단 5만 엔을 보냈고 나머지는 면제해달라고 했다. 경찰이 다시 찾아왔을 때 그는 10만 엔의 어음을 주었다.

직접 당사자들에게 확인을 하지는 않았다. 이런 얘기들이 계속해서 제3자를 통해서 들어온다. 부자인 그들은 장택상이 자리를 지키고 있는 한 증언을 하지 않으려 할 것이다.

김현국의 사례는 이를 더 잘 보여준다. 그는 부자 보석상이다. 그는 지역 은행에서 보석들을 감정해주는 자문 역할을 맡고 있으며 지난 20개월간 (나는) 그를 알고 지냈다. 나는 지난 주에 PX에서 산 은을 세공하기 위해 그의 가게에 들렀다. 그는 경찰의 모금원들이 매달 내는 돈을 수금하기 위해 방금 다녀갔다고 했다. 그는 이것은 상대적으로 얌전한 기부라고 했다. 서울의 상인들 사이에서 이런 식의 강요된 기부는 일반적이라고 했다. 돈에만 한정된 것이 아니라 선물을 주기도 했다고 한다. 그에게 600만 엔 정도의 땅이 있었는데, 경찰 간부의 친구가 거기에 빌딩을 짓고 소유권을 빼앗아갔다고 한다. 그는 어디에도 불평을 하거나 호소하지 못했다. 버치가 도와주겠다고 했지만, 그는 어디에도 이 사실을 알리지 않겠다고 했으며 그때까지 말한 것을 모두 부인했다.

조병옥은 최소한 최근에는 이런 강탈을 하지 않는 것 같다고 말했다. 경기도 경찰청에서만 일어나는 일이다. CIC도 제어하지 못하고 있다. 특별 조사관이 임명되어야 할 것으로 보인다.(「경찰의 강탈」, 1947년 10월 17일, 버치 문서 Box 2)

---

27 _ 굿펠로의 공작으로 이승만의 정치자금을 지원한 돈이다.

Communism (Continued from Page 1)

Actually, Dr. Rhee and Mr. Kim Koo are not rightists but are opportunistic-reactionaries, out to gain personal power and position, regardless of the nation's interest. In order to draw American sympathy, these opportunists cry loudly against communism, but had they been situated in Northern Korea, they might have been the champions of communism. Since they are in South Korea, we call them reactionaries. These men are surrounded and supported by former high-ranking collaborators of the Japanese regime, profiteers, and their fellow travelers, whose only concern is for their own personal future. They are allegedly fighting communism, but in reality they are driving the Koreans into the communists' arms. To them anyone who does not agree with them is an enemy and a communist. They are the creators of communists in South Korea. They promote dissention and disunity. They are not trying to practice American principles but Hitlerism and Samuraism. The lives of some of the legislators have been threatened for supporting the passage of certain laws which are not favorable to the extremists group. As long as the vicious activities of the cruel reactionaries go unchecked, there is no immediate hope for Korean freedom—but only chaos and violence. No one's life or property is safe while this cowardly treachery prevails.

The old egomaniacs maintain "strong-armed" coercion and threats. The last election of the South Korean Interim Legislative Assembly was carried out in such an improper manner that even some of the officials were not aware that an election was being held. If such will be the case in the next election, South Korea will be delivered to the communists as a reaction and resentment of the majority of Koreans to these abuses.

It is highly erroneous to believe that an election would be a panacea for Korean troubles. No good will come out of an election held under the present conditions of lawlessness and violence. It would only amount to fanciful dreaming and buck passing, regardless of the outcome. We have to be realistic. Establishing a separate, independent government for South Korea will not solve Korea's difficulties. This idea has been insistently put forth by the extreme reactionary leaders to preserve their own position and power. Businessmen and industrialists told me that South Korea can not become economically independent. United Korea can stand, but divided she will fall!

Communists Very Happy

The American Command is well aware of the fact that it unintentionally made a few dragons out of snakes which are now circling to strike. Apparently the Command is aggravated, but, nevertheless, it is still vainly attempting to charm these reptiles in spite of its authority and power to terminate their menace.

This is the central YMCA building in Seoul. On July 7, 1947, the windows were knocked out of this building by students and hoodlums who belong to an extreme rightist young people's organization. Rocks and bricks were flung through the windows at so-called leftist students who were in the building attending a lecture. Score of students were injured and the damage to the building was estimated at several hundred thousand yen. Why didn't the police prevent this violence?

hoodlums, under the high-sounding names of various young men's organizations, who often act as extra police. The terrorist chiefs are instituting a system no less than that of Hitler's S. S. troops, which makes success impossible for moderates and other groups who are struggling to establish a truly democratic Korean government.

Impractical Scheme

If the proposed election is held in South Korea under the present circumstances and under the conditions demonstrated in the last election, the corrupt extremists might obtain nominal victory through

It is only inviting bloodshed for both the Koreans and Americans. Instead of taking the bull by the horns and fighting intelligently, the Command seems to be frozen by its communist-phobia.

Some of the able American officers and civilian personnel understand the intolerable situation and are endeavoring to correct the existing conditions but they have neither the power nor the authority to act.

Foodstuff, medical supplies, and some materials have been provided South Korea to prevent disease

(Continued on next page)

창문이 깨진 YMCA 건물. 좌익 학생들이 모임을 가질 때 극우 학생들이 돌을 던지고 습격해서 수십만 엔의 피해를 입었다고 『한국의 소리』 신문은 보도했다. 그리고 이 사진에 "경찰은 왜 이들을 체포하지 않는가"라는 논평을 달았다.

아이들을 지방에 버리기도 했다.

경찰들이 비행소년들을 다루는 데 있어서 새로운 방식을 택한 경우가 많
다는 점이 최근 주목되고 있다. 방랑하는 것으로 보이는 소년들을 도시 밖
50~60마일까지 태우고 나가 거기에 내버려두고 온다.
버치는 9월 18일 오후에 한 여인이 경찰서에서 항의하는 것을 발견했다.
꽃 가게에 갔다가 6살 된 아들을 밖에 두었는데, 나와서 보니까 경찰에 끌려
가 지방으로 간 상태였다.(브라운 장군에게 보낸 편지, 「소수자들에 대한 경찰의
행동」, 1947년 9월 30일, 버치 문서 Box 2)

그래도 여기까지는 괜찮다. 최소한 사람을 죽이지는 않았다. 문제는 경찰
의 세 번째 특징이었다. 바로 전국 방방곡곡에서 경찰이 극우 테러 청년단과
연결되어 있었다는 점이다. 이렇게 경찰 문제가 불거져도 미군정은 친일 경
찰들을 버리지 않았다. 왜? "반탁운동 세력의 쿠데타 시도는 경찰이 군정에
충성하는 쪽으로 남음으로써 신속하고 효과적으로 막을 수 있었다." 경찰만
이 유일하게 믿을 수 있었기 때문이다.(버치 문서 Box 3)

13

'한민당 코트'라는 말은 왜 나왔을까

　미군정은 정치적 사안에 관계없이 자신들을 지켜줄 수 있는 것은 경찰밖에 없다고 믿었다. 1945년 12월 30일 군정청을 마비시켰던 반탁운동 세력의 총파업에서 경찰만이 동참하지 않았기 때문이다. 미군정은 가장 충성심이 강한 경찰이 있기에 공산주의자들의 활동을 제어할 수 있을 뿐만 아니라 정부의 운영도 가능하다고 판단했다.

　경찰에게는 이승만밖에 없었다. 송진우도, 여운형도, 장덕수도 모두 암살되었지만, 이들이 암살되기 이전부터 경찰의 희망은 이승만이었다. 1952년과 1953년 유엔군 사령부가 부산에서 한국군을 동원한 쿠데타를 통해 이승만을 제거하고자 하는 작전을 세울 때도 이승만은 이를 알고 있었다. 군 내에도 이승만에게 충성하는 세력이 없지 않았지만, 유엔군 사령관이 작전 통제권을 갖고 있는 상황에서 이승만이 군을 100% 신뢰할 수는 없었다. 이승만에게도 믿을 수 있는 물리력은 경찰밖에 없었으며, 이승만이 대통령으로 있는 기간 동안 진정한 의미의 '경찰국가'가 가능했던 것도 이 때문이었다.

　물론 이러한 이승만과 경찰의 관계만으로 그가 집권을 했던 이유를 모두 설명할 수는 없다. 왜냐하면 김구의 조건도 크게 다르지 않았기 때문이다. 친일 경력의 경찰들은 이승만과 함께 김구를 그들의 경력을 은폐할 수 있는 지도자로 생각하고 있었다. 그래서 미군정 때 각 지방의 경찰서에는 이승만과 김구의 초상화가 붙어 있었다고 한다. 서울의 미군정청에서 지방 경찰서에 두 사람의 초상화를 붙이지 말라고 했음에도 불구하고, 두 초상화는 1948년 대한민국 정부가 수립될 때까지 지방 경찰서의 중앙 벽면에 붙어 있었다.(「코넬리 소령에게 보내는 1947년 9월 10일부터 26일까지 전라남도, 전라북도, 충청남도에 대한 정치적 조사」, 1947년 9월 29일, 버치 문서 Box 2)

버치의 문서군에는 1946년 이후 지방의 상황 변화에 관한 다양한 문건들이 포함되어 있으며, 여기에는 경찰과 청년단, 그리고 정치조직의 상황에 대한 분석이 포함되어 있다. 이 중에서도 1947년 3월의 조사 문건이 가장 눈에 띈다.(1947년 3월 22일, 사령관에게 보낸 「3월 5일부터 20일까지 남한 지방의 정치조직과 지도자에 대한 보고」, H. Habson, advisor, Political Analysis section, 버치 문서 Box 2) 여기에서 이승만과 김구 사이에는 아직 큰 차이가 나타나지 않고 있음을 확인할 수 있다.

일반적 상황에 대한 보고

한국의 정당 평가를 위해서는 왜 한국의 정당이 미국과 다른가를 이해해야 한다. (1) 한국인들은 3개 또는 그 이상의 정당들이 인민에 의해 자유롭게 구성된 상황을 경험하거나 관찰했던 적이 없으며, 표현의 자유 역시 없었다. (2) 현재 한국의 정치에는 정치적 책임이 없다. 사람들과 당원들은 지도자들이 그들에게 책임져야 한다고 여기지 않으며, 관리와 지도자들은 그들의 주장이나 행동에 대해 책임감을 느끼지 않는다.

미군정 시대로부터 수십 년이 지났고, 한국 사회는 그 기간 동안 수많은 정당을 경험했음에도 불구하고, 왜 아직도 정치인들은 변하지 않는가? 그들은 예나 지금이나 국민들을 이용하고, 어떤 일에도 책임을 지지 않는다. 모든 잘못은 다른 정당에 돌린다.

2개의 캠프로 나뉘어 있다. 군정을 지지하는 것은 우익, 아닌 쪽은 러시아에 의해 이용당하는 쪽이다. 어느 쪽도 사회 개혁이나 경제 재건 또는 정치적 권리나 자유에 대해 고려하지 않고 있다. 항상 권력만을 생각한다. 서울과 평양의 정당 본부는 교육받지 못한 사람들을 시위에 동원하려고 하고 있으며, 상명하복의 구조를 갖고 있다. 노동자나 농민의 복지에 대해서는 신경쓰지 않으면서 소수 지도자의 특권과 권위에만 신경을 쓰고 있다.

예외적으로 아주 잘 교육받은 지식인들이 있는데, 이들은 담장 위에 앉아서 상황을 지켜보고 있다. 그들 중 정치에 적극적으로 참여하고 있는 사람들은 현명한 사람들이지만, 군사정부를 신뢰하지 않고 있기 때문에 현재의 한국 상황에 대해서 반대 의사를 갖고 있으면서 위험을 느끼고 있다.

한국에서 미군정이 수립되었던 1945년 9월, 하지 사령관의 정치 담당 고문은 "한국에서 유일하게 고무적인 사항은 해외에서 교육받은, 그러나 친일의 오명이 있는 소수의 보수적인 사람들이 있다."라는 내용의 문서를 국무부 장관에게 보냈다. 그로부터 20개월이 지난 시점에서도 상황은 그리 나아지지 않았던 것 같다. 특히 지방에서의 상황은 더더욱 그랬다.

두 번째로 인상적인 사실은 미군 관계자들이 한국의 정치와 정치인들에 대해 완전히 무지(또는 무시)하다는 사실이며, 일반적인 미국 정치의 순진함과 언어적 장벽에 의해 문제가 되고 있다. 미군정 관리들은 우리 지역에서는 정치적 행위가 없다고 알려주거나 공산주의자들을 눌렀다고 말하고 있을 뿐이다. 지난 5개월 사이에 공산주의자들은 지하로 사라졌고, 한국인 관리, 사업가, 정치인들에 대한 조사와 토론이 있을 뿐이다. 이들은 서울에서 온 미국인 관리가 자신들과 그들의 조직에 대해 관심을 갖는 것에 대해 우쭐해 했다.

1946년 가을의 '추수봉기'는 지방에서 좌우익 사이의 세력 관계가 역전되는 계기가 되었다. 이 문서뿐만 아니라 지방의 상황을 조사한 대부분의 문서들은 1947년 이후 우익 세력이 상황을 장악하고 있다는 내용의 결론을 내리고 있다. 지금까지 미군정 시기에 대한 많은 연구들이 지적하고 있듯이 1946년 가을의 봉기는 미군정의 정책 실패에 항의하는 전 사회적 차원에서의 의사 표시였다. 그러나 이로 인해 각 지역에서의 좌파 조직이 대부분 노출되었고, 많은 공산주의자들이 체포되었다. 물론 서울에서는 이미 그 이전에 위조지폐 사건으로 인해 공산주의 지도자들이 수배되었으며, 일부 좌파 신문들은 발간이 금지되었다. 박헌영을 포함해 공산주의 지도자들은 38선 이북으로 도피했다.

100명 정도의 한국 정치인과 사업가들, 50명의 미군정 관리, 그리고 많은 노동자, 농민들과 인터뷰를 한 결과 다음과 같은 일반적인 상황을 알게 되었다.
우익의 생각은 (1) 지금 독립을 원하며, 러시아인들이 미국인들처럼 신탁통치를 이해하지 않는다는 전제하에서 반탁운동을 강하게 하고 있다. (2) 만약 군정이 현재의 정부를 망명 임시정부에게 넘긴다면, 현재의 문제는 해결될 것이다. 사람들은 민주주의를 무시하고 있지만, 이 정부는 안정을 가져다줄 것이고, 이 그룹에 의해 조심스러운 계몽이 있은 후에 자유선거가 미래에 있을 것이라고 생각하고 있다. 그들은 1919년 수립된 임시정부가 북한을 포함한 모든 한국인에 의해 받아들여졌다고 주장한다. 90%의 한국인들이 이승만과 김구, 김규식을 따르고 있다고 주장한다. (3) 우익은 북쪽의 50만 군대를 걱정하고 있으며, 미군이 러시아로 하여금 그 군대를 해체하거나 비슷한 규모의 남한군이 결성되어야 한다고 주장한다. (4) 우익은 극단적으로 민족주의적이다. 그들은 미군들이 한국인들을 배신했다고 느끼고 있다.

운동장이 우익으로 기울고 있는 상황에서 더 이상 좌익에 대한 얘기는 없다. 단지 북한에 50만의 군대가 있다는 가짜 뉴스만이 돌고 있다. 1950년 북한이 남침을 할 때도 북한 군대의 규모는 15만도 되지 않았다. 그런데 더 주목되는 점은 임시정부에 대한 기대가 여전히 크다는 사실이다. 물론 여기에서 임시정부는 김구 한 사람만을 중심으로 한 세력이 아니었다. 이승만과 김규식 역시 임시정부의 지도자로 여겨졌다.

지방에서는 "한국민주당 코트"라는 농담이 있는데 좋은 털을 목에 두른 코트를 말한다. 이것은 부자들이 일반 사람들을 위해 자발적으로 자신들의 재산을 포기하는 일은 없을 것이라는 것을 의미한다.

1948년 5월 10일 한반도의 38선 이남에서 첫 보통선거가 실시되었다. 일제강점기에도 지방의회를 위한 선거가 있었고, 1946년 말 과도입법의원들을 선출하기 위한 선거도 있었다. 그러나 그 선거들은 간접선거였다. 일정한 액수의 세금을 냈거나 지방의 유지인 사람들만이 참가했다. 1948년의 5월 10일의 선거는 한반도 전체에서 실시되지 못했다는 아쉬움은 있지만, 한국 역사상 첫 보통선거라는 점에서 역사적으로 중요한 의미를 갖는다.

이 선거에 한국민주당은 유일하게 정당으로서 참여했다. 해방 정국을 호

1948년 5월 10일의 투표장. 투표장 안에 후보자의 사진과 이름이 붙어 있다.

령했던 조선공산당, 조선인민당, 조선독립당, 국민당 등은 개인적인 참여를 제외하고 정당 차원에서는 모두 불참했다. 한국민주당이 이 선거에서 프리미엄을 가질 수밖에 없었고, 미군정 역시 이를 기대했다. 1947년 12월의 장덕수 암살 사건을 미군정이 뼈아파했던 것도 이 때문이었다. 미군정 시기 여당이었던 한국민주당이 다수당이 되면 미국에 우호적인 의원내각제 정부가 들어서는 것이 가능했기 때문이다. 그것만이 우익의 고집쟁이들을 피할 수 있는 유일한 길이었다고 생각했다. 그런데 결과는 예상과 달랐다.

　한국민주당은 참패했다. 득표율은 12.17%에 그쳤으며 전체 200석 가운데 29석을 얻는 데 그쳤다. 전체 의석의 15%에도 못 미쳤다. 정당도 아니었던 독촉국민회가 55석, 무소속이 85석을 얻었다. 한민당은 유일한 정당이었고 다수당이었지만, 전체 의석의 20%에도 미치지 못했기 때문에 국회를 주도할 수 없었다. 여기에는 여러 가지 이유가 있었을 것이다. 그러나 무엇보다도 한국민주당에 대한 한국인들의 인상이 중요했다. 즉, 그들은 일본 제국주의에 협력했다는 '오명'을 갖고 있으며, 동시에 자산가들이 그 중심이라고 여겨졌다. '한민당 코트'는 지방에서의 이러한 인식을 잘 보여주는 표현이었다.

초기 한국민주당에는 김병로와 이인, 김약수와 원세훈 같은 독립운동가들이 참여했다.[28] 해방 직후 독립운동가들이 한국민주당이라는 공간에서 친일 경력의 인사들과 손잡은 이유는 지금도 의문이지만, 당내에서 이들의 목소리가 적지 않았다. 그런데도 한국민주당은 계속 친일파 정당으로 인식되었다. 정당 마케팅이 실패한 것인가?

한국민주당은 우익이었고, 이승만을 뒷받침하는 중요한 세력이었다. 장덕수 암살 사건에서 볼 수 있듯이 선거를 앞두고 한국민주당이 이승만과 갈라선 것은 사실이지만, 한국민주당의 지원이 없었다면 이승만의 정치 활동은 불가능했을 것이다. 그러나 사람들은 이승만과 한국민주당을 서로 분리해서 생각하고 있었다. 이승만은 독립운동을 한 지도자, 한국민주당은 친일 부자들의 정당. 특히 이러한 인식을 반영하는 '한민당 코트'라는 용어가 서울이 아닌 지방을 조사하는 문건에서 나왔다는 점은 1948년의 선거 결과를 어렵지 않게 예측할 수 있도록 하는 것이었다.

---

28 _ 박태균, 「해방 직후 한국민주당 구성원의 성격과 조직개편」, 『국사관논총』 58, 1994.

14

이승만으로 기울어진 운동장

— 경찰과 청년단

제2차 세계대전 이후 식민지에서 해방된 신생국가들은 예외 없이 독재를 경험했다. 이는 결코 그들이 원했던 체제가 아니었지만, 식민지와 냉전은 독재가 형성될 수 있는 조건을 만들었다. 스스로의 힘이 아닌 식민지를 통해 형성된 근대화의 과정으로 인해 정상적이지 않은 정치적, 사회적 구조를 갖추게 되었다. 비정상적 사회 구조는 식민지에서 "분열시켜 지배하기(divide and rule)"라는 정책으로부터 발생한 것이며, 이로 인해 그 사회의 구성원들 사이에서 커다란 균열이 발생했다. 그리고 그러한 균열은 예외 없이 독재 체제가 형성되고 오랫동안 지속될 수 있는 중요한 동력이 되었다.

'동화와 배제' 정책은 한 국가나 지역 내에 살아가고 있는 사람들 사이에서 경제적으로뿐만 아니라 생각하는 방식, 살아가는 방식, 그리고 이들이 그리고 있는 미래 사회의 모습 사이에 큰 편차를 만들어냈다. 제국주의 국가들에 의하여 임의로 국경선이 그어졌던 아프리카나 남아메리카 지역에 비하면 좀 나았다고도 할 수 있지만, 식민지 조선이라고 해서 그 편차가 적은 것은 결코 아니었다.

A Korean farmer weeds his rice paddy. Rice is the most important food to the Korean and can be seen growing in water-soaked paddies anywhere in the country.

Little Mr. Kim gets checked over by a Seoul doctor in his modern office. Unfortunately, there are very few such facilities throughout Korea. Hospital facilities supply only 2.7 beds per 10,000 Koreans, a contrast to the 34 beds per 10,000 in Japan and 100 beds for the same number in the United States. Among the native population, common diseases are dysentery, amoebic abscess, typhoid fever, paratyphoid, diarrhea, malaria (most prevalent in the south), typhus, venereal and skin diseases. In view of the general infestation of the Koreans any occurrence that causes movement of population groups or over-crowding is likely to set off an epidemic. Small pox is one of the most dreaded diseases. Although it sometimes reaches epidemic proportions in Korea, the Army has kept it to a minimum through immunization and preventive medicine.

Skillful women separate silk worm cocoons by quality before they are unwound in a Korean silk factory. A very valuable export item, silk will bring trade to Korea.

Surrounded on three sides by water, Korea takes advantage of her position to reap a wealthy harvest of fish. These fishermen are landing a haul of sardines.

The XXIV Corps Theater, in downtown Seoul, provides movies, plays, games, refreshments, recreation for servicemen and dependents.

6

한국을 방문하는 미국인들을 위해서 미군정이 만든 책자 『당신과 한국』에 있는 비도시 지역과 도시 지역을 대표하는 사진. 비도시 지역에서는 쌀농사와 면화 재배, 어업을 대표적인 산업으로 보여주고 있다. 이 책자는 한국이 매우 불편한 곳이니 많은 기대를 갖고 방문하지 말라는 내용이 주를 이루고 있다.

최근 많은 연구자들이 제국에 편입되면서 나타났던 식민지 근대화론에 대해 얘기하고 있다. 그것이 왜곡되었든, 아니면 강제적으로 주입되었든 간에 그 결과가 '근대'와 '자본주의 시장'이라는 모습으로 현대 한국 사회의 기원을 형성한 것은 부인할 수 없는 사실이다. 그러나 이들은 이보다 더 큰 그림을 그리지 못하고 있다. 제국의 한 모퉁이에서나마 식민지적 근대의 단맛을 느낄 수 있었던 대도시, 그리고 전통 시대의 모습으로부터 크게 벗어나지 못한 지방 사이의 차이가 해방 후 한국 사회의 정치적, 사회적 구조에 미친 영향은 전혀 주목하지 않고 있다.

식민지 시기를 통해 근대 엘리트 교육을 받은 사람들과 과거에는 경험하지 못했던 시장에 편입되었던 자본가와 상인들이 한편에 있었다면, 다른 한편에는 조선시대 이래로 계속되고 있었던 지주와 소작인 관계 속에서 살아야 하는 사람들이 있었다. 서로 다른 수준의 교육을 받았고, 사회경제적 지위와 살고 있는 지역이 달랐던 사람들이 원하고 있었던 사회는 같을 수 없었고, 이들에게 당장 필요한 것 역시 다를 수밖에 없었다.

대부분의 연구들이 서울을 비롯한 대도시에만 초점이 맞추어져 있지만, 실상 독재 체제가 어떻게 지속되었는가를 살펴보는 데 있어서는 지방을 살펴보는 것이 중요하다. 왜냐하면 1945년 이후 제국이 무너지면서 한국을 비롯해 많은 신생국들이 탄생했고, 이들은 예외 없이 미국이나 유럽식 민주주의 체제를 도입했기 때문이다. 서구식 민주주의는 직능이나 계층을 중심으로 대표를 뽑는 것이 아니라 지역과 인구수가 기준이 되어 보통선거로 대표를 선출하는 제도에 기반하고 있었다.

도시보다 지방에 많은 사람이 살고 있으면서 지방 분권이 존재하지 않는 신생국에서 서구식 민주주의 제도가 갑자기 도입되자, 농촌을 비롯한 비도시권이 정치적으로 중요해질 수밖에 없었다. 왜냐하면 제국주의로부터 독립하는 시점에서 대도시가 아닌 지방에 거주하는 사람들의 수가 압도적으로 많았기 때문이었다. 도시는 아직 대규모 인구를 흡수할 수 있는 직장도, 거주시설도, 교육기관도 갖추지 못한 상황이었다.

인구의 대다수가 거주하는 비도시 지역에서 지주들의 일부는 일본인으로 바뀌었고, 과거의 지주와는 달리 시장을 통해 일본으로 쌀을 수출하는 광의의 무역 시장에 편입된 사람들도 있었지만, 지주와 소작인 관계는 크게 변하지 않았다. 근대화를 강조하는 사람들이 사례로 드는 대도시의 모습보다 전통 시대로부터 크게 변하지 않은 상태에서 식민지 시기의 억압과 모순을 피부로 느낄 수 있었던 지방 사회의 모습이 당시 한국 사회의 더 일반적인 구조였다. 왜냐하면 당시 전체 인구의 80% 이상이 대도시가 아닌 농촌에 살고 있었기 때문이다.

이러한 사회구조하에서 서구식 민주주의와 보통선거제도를 적용한다면, 결정적인 키를 쥐는 것은 비도시 지역이 될 수밖에 없다. 도시보다 비도시 지역에서 더 많은 대표를 뽑을 수밖에 없는 정치 구조가 되기 때문이다. 대한민국 정부가 수립될 당시 제헌헌법에서는 대통령중심제임에도 불구하고 국회의원들의 투표로 대통령을 선출하는 특이한 형태의 정부 구조를 규정하고 있었기 때문에, 더 많은 수의 국회의원 선출을 좌우할 비도시 지역의 중요성은 그만큼 더 큰 것이었다. 1952년 개헌을 통해 대통령 직선제로 바뀐 이후에도 도시보다 비도시 지역에서 선출되는 사람들의 표심이 더 중요할 수밖에 없었다.

독립촉성국민회[29]는 가장 잘 조직된 정당으로 성원도 가장 많고 영향력도

---

29 _ 이승만의 핵심 조직이고 '독촉'으로 약칭한다.

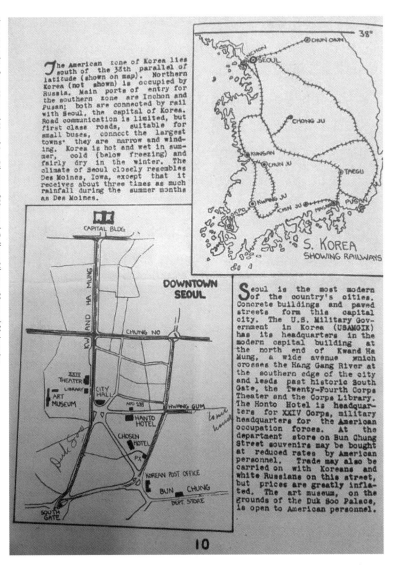

The American zone of Korea lies south of the 38th parallel of latitude (shown on map). Northern Korea (not shown) is occupied by Russia. Main ports of entry for the southern zone are Inchon and Pusan; both are connected by rail with Seoul, the capital of Korea. Road communication is limited, but first class roads, suitable for small buses, connect the largest towns' they are narrow and winding. Korea is hot and wet in summer, cold (below freezing) and fairly dry in the winter. The climate of Seoul closely resembles Des Moines, Iowa, except that it receives about three times as much rainfall during the summer months as Des Moines.

38°

CHUN CHUN

SEOUL

CHONG JU

KUNSAN

CHUN JU

TAEGU

KPO

KWANG JU

CHUN JU

PUSAN

S. KOREA
SHOWING RAILWAYS

DOWNTOWN SEOUL

CAPITAL BLDG.

KWAND HA MUNG

CHUNG NO

XXIV THEATER
LIBRARY
ART MUSEUM
CITY HALL
APO 235
HWANG GUM
Duk Soo
HANTO HOTEL
CHOSEN HOTEL
PX
KOREAN POST OFFICE
BUN CHUNG
DEPT. STORE
SOUTH GATE

Seoul is the most modern of the country's cities. Concrete buildings and paved streets form this capital city. The U.S. Military Government in Korea (USAMGIK) has its headquarters in the modern capital building at the north end of Kwand Ha Mung, a wide avenue which crosses the Hang Gang River at the southern edge of the city and leads past historic South Gate, the Twenty-Fourth Corps Theater and the Corps Library. The Honto Hotel is headquarters for XXIV Corps, military headquarters for the American occupation forces. At the department store on Bun Chung Street souvenirs may be bought at reduced rates by American personnel. Trade may also be carried on with Koreans and white Russians on this street, but prices are greatly inflated. The art museum, on the grounds of the Duk Soo Palace, is open to American personnel.

10

『당신과 한국』에 있는 38선 이남과 서울시의 교통망을 보여주는 지도. 한국에 들어오는 관문은 인천과 부산으로 설명하고 있으며, 서울에서는 덕수궁과 미군정이 사용하고 있었던 반도 호텔 등이 소개되고 있다. 서울의 모든 지명은 일본어로 되어 있다. 퇴계로에 미국인들을 위한 백화점이 있다고 소개하고 있는 부분이 흥미롭다. 서울 지도의 아래쪽에 있는 백화점 위치가 신세계 백화점 자리가 아닌 것으로 보면 그 당시에 다른 백화점이 있었던 것 같다.

크다. 모든 지역과 타운(town)에서 지부가 발견된다. 단지 제주도에서만 그 영향력이 약하다. 또한 전라남도에서도 영향력이 강하지 않은 편이다. 독촉 청년회는 도시에서도 활발하며 우익에 의해 자행되는 테러에 책임이 있다. 그들은 자신들이 정당이 아니고 애국 조직이라고 말한다. 어떤 특별한 활동을 하느냐고 했을 때 그들은 답변하지 않았다.

한국민주당과 한국독립당은 독촉이 비정치적 성격을 보이는 곳에서 강하다. 한국독립당은 광복재건회로부터 지지받고 있다. 농민과 노동자의 조직은 작고 약하다. '대한(노총)'은 전평(조선노동조합전국평의회)과 철도 중심지인 대전과 대구에서 싸우고 있다. 애국부인회는 조직과 성원을 늘려가고 있다. 이승만을 지지하고 있다.(1947년 3월 22일, 사령관에게 보낸 「3월 5일부터 20일까지 남한 지방의 정치조직과 지도자에 대한 보고」, 버치 문서 Box 2)

이승만의 라이벌이 될 수 있는 정치 지도자들은 암살당하거나 월북하거나 김구나 김규식처럼 1948년의 단독정부 수립을 위한 선거에 불참했다. '한민당 코트'를 입은 한국민주당은 대중들로부터 지지를 받지 못하고 있었다. 이승만은 비록 미군정과 불화를 빚고 있었지만, 지방에서의 영향력을 점차 확대하고 있었다. 정병준이 『우남 이승만 연구』(543~563쪽)에서 지적하고 있는 바와 같이, 1946년 5월의 지방 순회 이후 그의 영향력은 점차 확대되었고, 이는 위의 보고서를 통해 잘 드러나고 있다. 1989년 천안문사건으로 위기에 빠졌던 덩샤오핑이 1992년 남순강화를 통해 개혁과 중국공산당의 권력을 재확인했던 상황을 보는 듯하다.

인민위원회를 통해 영향력을 확대했던 좌익으로 기울어졌던 운동장은 1946년 대구 경북 지역에서 발생한 소위 '추수폭동(대구항쟁)'을 통해 우익으로 현격히 기울어지기 시작했다. 우익의 우위 속에 이승만과 김구 사이에서

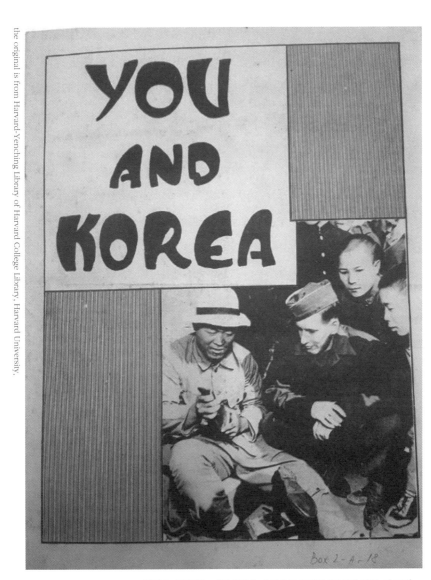

한국을 방문하는 미국인들을 대상으로 발간한 『당신과 한국』의 표지.

균형을 맞추고 있던 운동장은 경찰과 청년 단체의 적극적 활동으로 다시 이승만에게 기울기 시작했다. 1947년 초의 상황이었고, 미군정의 지방 정세 보고에 의하면 같은 해 가을이 되면 비도시 지역은 거의 이승만 지지 세력에게 장악되었다.[30]

익산군의 경우 청년단이 매우 활동적이며, 경찰과 긴밀한 관계를 맺고 있다. 다른 정치조직은 보이지 않는다. 청년단과 공무원과 경찰은 연합적으로 일하는 집단이다. (중략) 전체적으로 봤을 때 이 지역은 극우 세력들이 장악하고 있다. 다른 그룹은 보이지 않았다.(미군정 공보처, 「전라북도에 대한 세 번째 현지 조사」, 1947년 8월 20일부터 25일까지, 버치 문서 Box 2)

순천의 검사장에 의하면, 이승만 그룹의 리더가 송광면에서 우익의 반대파인 장인숙을 납치해서 20일간 창고에 구금하는 사건이 발생했다. (중략) 이승만과 김구의 조직들은 민족청년단, 광복청년단, 서북청년단, 그리고 경찰 등 4개 조직을 돕고 있다. 청년단은 광주에 사설 감옥을 갖고 있으며, 정치적으로 반대하는 사람들을 불법적으로 구금하고 있다. 서북청년단은 광주, 목포, 순천, 여수 등에 지부를 두고 있다. 이들은 주로 좌익에 반대하면서 경찰의 정보원 역할을 하고 있다. 지역 경찰 감찰관인 이종수는 광복청년단과 서북청년단은 어떠한 나쁜 짓도 안 하고 있으며, 경찰과 협력하고 있다고 말했다. 미군정 요원인 쿨리와 위스머는 이 말에 동의하지 않았

---

30 _ 그렇기 때문일까? 버치 문서군에는 미군정이 1947년 3월부터 12월까지 지방을 조사한 자료들이 포함되어 있다. 조민지의 「미군정기 후반전, 현지조사와 지방여론」(정용욱 엮음, 『해방의 공간, 점령의 시간』, 푸른역사, 2018)에 1947년 7월 이후의 자료에 대한 전반적 소개가 되어 있다.

다. (중략) 서북청년단은 광주에서 일본인들이 남기고 간 적산을 자신들의 숙소로 사용하고 있다. 적산관리청에서 이들에게 나가라고 했지만 그것 자체가 불가능한 상황이다. 현재는 이승만 그룹이 완전히 장악했다. 이승만을 반대하는 우파들은 거의 다 제거되었다.(「코넬리 소령에게 보내는 1947년 9월 10일부터 26일까지 전라남도, 전라북도, 충청남도에 대한 정치적 조사」, 버치 문서 Box 2)

이승만 그룹에게 있어서 그들의 이데올로기에 반대하는 모든 사람들은 좌파로 여겨지고 있으며 제거되어야 한다고 주장되고 있다. 이승만 그룹의 힘은 정읍에서 가장 잘 나타나고 있다. 주로 법원 판사와 검찰에 의해서 그 힘이 드러나고 있다. 10개의 정당 사무실이 타운(town)에 있는데 9개가 이승만, 1개가 김성수 소속이다. 김성수의 조직은 점점 더 줄어들고 있다. 군산도 1946년 10월 이후 이승만 쪽으로 기울었다. 민족청년단과 서북청년단의 세력이 가장 크다. 전주의 미국 경찰 고문인 퍼거슨은 그의 통역관이 그를 절름발이로 만들고 있다고 주장했다.(토마스 캠벨, 「9월 22일부터 26일까지 전라북도 상황: 이리, 군산, 남원, 정읍」, 버치 문서 Box 2)

이승만을 중심으로 기울어져가고 있던 한국의 운동장은 미군정에게도 어쩔 수 없는 상황을 만들었을 가능성이 크다. 우방국 중 신생독립국가에 대해서 내용에 관계없이 민주주의라는 형식을 강조하고 있었던 미국이었기에 이승만을 중심으로 재편되고 있었던 지방의 상황은 보통선거 실시라는 조건 하에서 미군정 역시 손쓸 수 없는 결정적 조건이 되었다. 그래서 미군정 조사관 스스로 이렇게 불합리한 상황에 대해 문제를 제기하기도 했다.

정당들이 적산을 본부로 사용해야 하는가? 서북청년단이 적산을 사용해야 하는가? 경찰이 광복청년단과 서북청년단, 그리고 민족청년단을 정보원으로 써야 하는가? 이승만과 김구의 사진과 어록이 모든 경찰서에 붙어 있어야 하는가? (「코넬리 소령에게 보내는 1947년 9월 10일부터 26일까지 전라남도, 전라북도, 충청남도에 대한 정치적 조사」)

1948년 대한민국 정부 수립 이후 1960년 선거에 이르기까지 대통령 선거의 결과는 크게 다르지 않았다. 공개적으로 관권이 개입하기 힘든 도시 지역에서 야당을 지지하는 표가 나올 여지가 있었지만, 감시의 눈이 미치지 않는 비도시 지역은 경찰과 공무원, 그리고 청년단의 연합으로 만들어진 강고한 카르텔이 계속 작동하고 있었다. 여촌야도(與村野都)란 말도 이러한 배경에서 나왔다.

15

서북청년단이 못마땅했던 미군정

　해방 직후 많은 청년단이 있었지만, 그중 서북청년단은 지금도 그 명성을 잃지 않고 있다. 서북이라 함은 한반도의 서북쪽 평안도 지역을 가리킨다. 해방 직후 38선 이북 지역은 행정구역상 평안도와 함경도 그리고 황해도, 그리고 경기도와 강원도의 일부로 구성되어 있었다. 그런데 특히 평안도인 '서북'이 유명했던 이유는 무엇일까?

　서북 지역은 몇 가지 점에서 조선시대부터 특징이 있었다. 중국의 북경으로 가는 길목이었기 때문에 다른 지역에 비하여 상업이 발달했다. 그리고 중국과의 사이에 사신들이 왕래하면서 중국의 선진 문물과 정보가 가장 먼저 들어오는 지역이었다. 또한 중국을 거쳐서 들어오는 기독교가 일찍부터 자리잡은 곳이기도 했다. 그럼에도 불구하고 함경도에 비하여 농사를 지을 수 있는 지역이 넓었기 때문에 지주 – 소작인의 계층 관계도 형성되어 있는 지역이었다.

　선진 정보가 들어오는 곳이면서 유산 계층이 거주하고 있는 곳이기 때문에 교육열도 높았다. 19세기 초 '홍경래의 난'이 일어난 것도 이러한 지역적 특징과 관련이 있었다. 교육열도 높고 가르칠 돈도 있는데, 이 지역 출신은 과거에 합격해도 고위 관료로 성장하지 못했다. 높은 경제력과 교육열에 비하여 사족이 없는 지역이 평안도였다.[31] 18세기를 통해 경상북도 지역과 함께 서북 지역에서 차별 철폐를 위해 올린 상소가 적지 않았다.

해방 후 서북 지역에는 비상이 걸렸다. 소련군이 들어온 것이다. 다른 지역에 비하여 상업자본이 융성하고, 지주도 적지 않으며, 기독교가 가장 강한 지역이었다. 숭실과 오산처럼 역사 깊은 기독교 학교가 자리를 잡은 것도 이 때문이며, 김일성의 외가가 기독교와 관계가 있었던 것도 지역적 특징과 관련이 있었다. 소작인들이 주가 되는 농민조합이 활발했던 남쪽을 소련군이, 기독교인과 상업자본가가 많았던 북쪽을 미군이 점령했다면, 해방 직후의 소용돌이가 심각하지 않았을 가능성도 있었다는 주장이 설득력 있는 이유도 이 때문이었다.

자산가 계층과 기독교인들은 1946년 토지개혁을 기점으로 해서 남쪽으로 대거 내려오기 시작했다. 그리고 그중 일부가 공산주의자들에게 복수하기 위해 반공 청년단을 조직했고, 자신들의 출신 지역을 조직의 이름에 넣었다. 북쪽에서 이들에게 소련군이 공포의 대상이었다면, 남한에서는 이들이 공포의 대상이 되었다. 공산주의자들에게 모든 것을 잃고 온 이들에게 공산주의자로 찍히면 그 어떤 자비도 없는 듯했다. 그런데 주목되는 점은 서북청년단에 적극적으로 활동한 사람들은 지주가 아니라 아무런 물적, 지적 재산을 갖고 있지 못한 사람들이었다는 점이다.

서북청년단을 비롯한 다양한 청년단이 경찰의 비호 속에서 많은 문제를 일으키자 미군정도 그냥 바라보고만 있을 수는 없었다. 그래서 1947년의 지방 조사를 통해 이들의 활동에 대해 자세한 조사에 들어갔다. 미군정의 지방

---

31 _ 오수창, 「조선후기 경상도, 평안도 지역차별의 비교」, 『역사비평』 59호, 2002.

조사 중 서북청년단의 임원 한 사람을 경주에서 우연히 만나 인터뷰를 하게 되었다.

경주의 서북(청년단) 본부를 방문해서 두 시간의 회담을 가졌다. 서북 지도부의 답변은 놀라운 것이었다. 김기승(35세)이라는 본부 담당자는 2년 전까지 중국에서 상업에 종사했다. 그는 북쪽에서 내려오지 않았기 때문에 서북청년단에 적절치 않다고 말했다. 그의 보좌관 두 명은 30대로 역시 서북 구성원으로서 적절하지 않은 사람들이었다. 그들은 그 지역 사람이었다. 넘버 포(4) 맨은 22세였고 38선 남쪽에 온 지 6주가 되었다고 했다. 북쪽에서는 기차역의 이등 보조 역장이었다고 한다. 그는 병장 복장을 하고 있었다. 아래는 김기승과의 면담 내용이다.

문 경주의 당신 조직에 몇 명이 있는가?
답 90명이다. 25명은 본부에 살고, 65명은 경주군의 다양한 면에서 우익 친구들과 함께 살고 있다.
문 경주에서 조직한 지 얼마나 되었는가?
답 6주 되었다.
문 당신은 조직의 성원인가?
답 아니, 나는 자문위원이다. 북쪽에 살았던 사람만 성원이 될 수 있다. 나는 한국에 오기 전에 중국에서 상인이었다.
문 당신 조직의 성원 중에 서북이 조직되기 전 이 지역에 살았던 사람이 있는가?
답 없다. 그들 중 누구도 6주 이상 38선 남쪽에 없었다.

문 그들 90명이 6주 전에 한꺼번에 왔는가?

답 아니다. 몇 명만 왔다. 그들 대부분은 그 이전에 왔다. 우리는 항상 커지고 있다.(중략)

문 누구라도 일자리가 있는가?

답 없다.

문 어떻게 사는가? 누가 도와주는가?

답 우리는 한국 독립촉성국민회 관계자들에 의해 지원받고 있다.

문 이승만의 조직인가?

답 그렇다.

문 어떠한 정치적 정책을 따르는가?

답 이승만이 내린 정책을 따른다. 그는 우리의 지도자다.

문 어떻게 그 정책을 따르는가?

답 38선 이북의 놀라운 상황에 대해 사람들에게 말한다. 러시안들이 얼마나 한국인들을 능욕하는지, 어떻게 모든 자유가 사라졌는지, 러시안들의 법 아래에서 북한 사람들이 어떻게 사는지. 우리는 공산주의에 반대해 싸우는 세계에 종사하고 있다.

문 당신들은 단지 설득하는 방법만 쓰는가? 말로만 하는가? 아니면 테러 행위를 하는가?

답 우리는 말로만 한다. 우리는 테러 안 한다.

문 서북 성원들의 나이가 어떻게 되는가?

답 평균 21.5세다. 우리는 25세가 넘는 사람이 없다.

문 왜 25세로 제한하는가? 나이든 사람들이 사람들을 설득하는 데 더 좋지 않을까?

답 대답하지 않겠다.

(이하는 우리에게 한) 김기승의 질문이다.

문 우리가 일반 시민들을 선거에 등록하도록 해도 되는가?

답 그렇다. 만약 그들이 당신과 함께 가겠다고 한다면. 그러나 만약 당신이
무력을 쓰면 문제가 생길 것이다.

문 시민들을 여론조사에 투표하도록 해도 되는가?

답 그렇다. 그러나 무력을 쓰지 마라. 만약 당신이 무력을 쓰거나 위협을 한
다면 우리는 당신의 잘못을 밝힐 것이라고 경고한다."

답변에는 논란의 여지가 컸다. 조사관이 먼저 만난 사람은 모두 서북이
아닌 지역에서 왔거나 해당 지역의 청년들이었다. 서북 출신의 청년들만으
로 전국적 조직을 운영하는 것은 쉽지 않았을 것이다. 그리고 앞으로 다가올
선거에 적극적으로 개입할 의사를 밝혔다. 유권자를 데리고 투표소에 간다
는 것이다. 투표가 공정하게 이루어질 수 있을까?

서북은 분명 스스로를 민병으로 여기고 있는 것으로 보인다. 그러나 그들
은 히틀러의 브라운 셔츠[32]와 KKK를 합친 것과 비슷한 모습을 보이고 있다.
경주에서 인터뷰를 하는 동안 20명의 이상한 젊은이들이 모여 있는 것이 보
였다. 그들은 연설에 의해서 변화를 얻을 수 있는 타입이 아니었다. 그들은
주먹과 무기가 가장 효과적인 타입이었다. 그들과의 문답에서 중학 교육 이

---

32 _ 나치의 준군사 조직인 돌격대가 브라운색 유니폼을 입었기 때문에 브라운 셔츠라고 불렸다.
무솔리니의 준군사 조직이었던 검은 셔츠와 대비하여 브라운 셔츠로 불렸다고 한다.

상을 받은 사람이 없다는 것을 알았다. 그들의 대부분은 단지 소학교를 다녔던 경험을 갖고 있었다. 부잣집의 아들이거나 성공한 집안의 자손은 없었다. 북한에서 그들은 머슴 일을 했을 뿐이다. 그들은 정치적 이익보다는 경제적 이유를 위해 남한에 온 것이 명백했다.

어찌 보면 조사관도 편견에 가득 차 있는 것 같았다. 그들의 겉모습을 보고, 단지 몇 마디를 나누어본 후 그는 모여 있는 청년들의 정체에 대해 확신하는 듯한 보고서를 냈다. 교육도 제대로 받지 못한 가난한 집안 출신의 청년들이 모여 있다고 했다. 지주와 기독교인들이 주로 월남했다는 기존의 연구는 잘못된 것인가? 그들은 설득이나 통제가 될 수 없겠다는 결론을 내렸다. 청년단은 25세 이하의 열혈 청년들을 정치적으로 세뇌시키고 이용하려고 했다. 어쩌면 그들도 정치적으로 이용당한 피해자들일 수 있었다.

이 조직의 또 다른 본부는 영일군의 포항과 영덕군에 있었다. 둘 다 모두 6주도 채 안 돼 시작되었다. 영덕군 검사 정영조에 의하면 영덕군 본부에는 35~36명의 구성원이 있다. 상당수가 주변 면에 나뉘어져 있었다. 그는 정확한 숫자를 몰랐다. 영덕 본부는 영덕경찰서의 바로 길 건너편에 있다. 이 세 개의 군에서 경찰과 법원 관리들은 서북청년단의 테러를 부인했다. 그러나 그들이 충청북도 충주에서 분명히 경찰의 비호 아래 테러를 행했다는 것은 이미 알려져 있다. 그리고 서북 성원들은 경찰 보조로서 1947년 8월 15일 그 지역에 경비를 섰다. 경주에서의 회담에서 김기승은 38선 이북으로부터 이용 가능한 사람들이 충분해지는 대로 서북이 남한의 모든 군에서 조직될 것이라고 밝히기도 했다. 서북청년단은 좌우 힘의 균형이 불분명한 지역에서 자신들의 세력을 확장하고 있다.

광복청년단은 서북의 친구 조직이다. 모든 광복 성원들은 38선 이남 출신
이다. 이들은 자신들의 고향에서 활동하고 있기 때문에 서북 본부가 있는 곳
에서 살고 있다. 광복과 서북은 가까운 연결과 협조를 유지하고 있다. (중략)
우리가 인터뷰한 경찰, 검찰, 판사들은 모두 서북과 광복에 호의적이었고,
그들을 보호하려고 했다. 영덕 검사는 "서북은 진정 훌륭한 일을 하고 있다.
이들은 공짜로 길을 고치고 있다."라고 말했다.

다른 지역의 조사에서도 비슷한 내용이 담겨 있다.

서북청년단은 대부분 20~26세 사이의 사람들이다. 이들은 북에서 내려
왔는데, 직업이 없으며 앞으로도 직업을 가질 가능성이 없다. 최광준(29세)
은 "민주국가를 세우기 위해서 테러리즘의 행동은 필요하다. 어떠한 민주주
의도 피 없이 태어나는 것은 불가능하다. 너희 미국도 전쟁이 있지 않았는
가?"라고 말했다. 대전에 서북이 400명 있다. 이들은 주로 경찰 정보원으로
활약하고 있다. 이들은 경북과 전북의 기지로 대전을 이용하고 있다. 서산에
서는 서북이 매우 강하다. 30명의 서북 대원들은 나이가 많은 사람들로 모두
수원 사람들이다.(「코넬리 소령에게 보내는 1947년 9월 10일부터 26일까지 전라
남도, 전라북도, 충청남도에 대한 정치적 조사」)

청년단에 대한 조사는 마치 미군정이 아무런 책임도 없는 제3자로서, 오
히려 이들을 통제하려고 했던 것처럼 보이도록 한다. 그러나 과연 그랬을까?
2017년 미국에서 블레인 하든의 『스파이의 왕(King of Spies)』이라는 흥미로
운 저서가 발간되었다. 1946년부터 1957년까지 이승만의 양아들로 불리울
정도로 전폭적인 지원을 받은 첩보 부대 책임자 니콜스에 대한 이야기다. 그

『스파이의 왕(King of Spies)』에 실려 있는 사진. 한국 경찰과 미군 관계자들이 처형된 게릴라 지도자 김지회를 지켜보고 있다. 왼쪽 인물이 니콜스로 보이며, 김지회는 여순사건의 반란군 측 지도자였다. 청년단은 여순사건과 제주도 4.3사건에도 깊숙이 개입한 것으로 알려지고 있다.

는 이승만의 지원으로 어떠한 간섭도 받지 않는 첩보 부대를 오류동에서 창설했다. 니콜스의 부대는 한국전쟁 이전부터 공산주의 조직들을 파괴하는 임무를 맡았다. 그는 1947년 이후 남조선노동당 지도자들의 체포와 심문 그리고 고문, 1949년 한국군 내 공산주의자들의 숙청과 처형, 그리고 북에서 내려오는 사람들을 스파이로 훈련시키는 임무를 수행했다. 이러한 니콜스의 활동이 청년단과 연결되어 있었을 것이라는 점은 어렵지 않게 추측할 수 있다.

그렇다면 버치는 왜 이러한 내용에 대해서는 전혀 언급하지 않았을까? 일부러 감춘 것일까? 버치가 활동하고 있었던 정치 고문단과 군 정보국(CIC), 그리고 미 공군 소속 니콜스의 첩보 부대는 서로 분리된 활동을 하고 있었을 것

Nichols (far right) at the execution of thirty-nine alleged South Korea
April 19, 1950, two months before the start of the Korean War. To aid t
Korean military police tied victims to stakes and pinned targets to thei
then "hauled away to destinations unknown," Nichols ʌ

『스파이의 왕(King of Spies)』에 있는 또 다른 사진. 1950년 군내 숙청 시 처형 장면을 담은 다큐멘
터리는 이미 방송을 통해 몇 차례 방영되었다. 그러나 그 장면의 반대 쪽에서 이를 지켜보고 있었
던 미군과 한국군의 모습은 공개된 적이 없다. 사진 설명에는 니콜스가 맨 오른쪽에 있다고 되어
있는데 인상착의로는 가운데 있는 인물로 보인다.

이다. 그래서 이들 사이에는 갈등도 적지 않았다. 버치의 문서군 속에서는 그
의 다양한 활동에 대해 다른 부서에서 불만을 표시하는 경우가 적지 않았다.
정보국이나 첩보 부대의 활동 대상이 되는 사람들이 버치의 정치 고문단에
게는 오히려 포섭 대상이 될 수 있었다. 버치의 문서군에 있는 청년단 관련

문서들은 마치 제3자의 입장에서 중립적이고 객관적인 관찰자처럼 보이지만, 당시의 실상은 문서의 내용과 반드시 일치하지는 않았다. 버치도 그 점을 잘 알고 있었을 것이다.

16

친일파의 악행을 고발한다

1947년 한국독립당으로부터 민주한국독립당이 분리되어 나왔다. 한국독립당은 김구를 지도자로 하는 정당이었지만, 그 안에 있었던 중도 우파 세력들이 분당해서 나온 것이다. 이들은 강력한 반탁운동에 반대하면서 좌우의 합작을 강조하는 세력으로 핵심 인사 중 한 사람이 권태석이었다. 일제강점기 신간회에 참여했던 그는 해방 이후에는 한국독립당의 조사부장을 역임했고, 1948년 남북협상에 참여하기 위해 평양으로 가던 중 해주에서 사망했다.

권태석이 1947년 9월 버치에게 건의서를 올렸다. 일본 제국주의로부터 해방된 한국에서는 있을 수 없는 일이 충청도에서 벌어졌고, 이를 해결해달라는 내용이었다. 이 사건은 14장의 서북청년단 관련 문건에도 나오는, 당시에 널리 알려져 있었던 테러 사건이었다. 사건의 배경은 일제강점기로 거슬러 올라간다.

종래 조선 농촌 지방의 대부분이 일제의 지배 과정에 있어서는 친일파들의 강압적 영도하에 있었던 것이 일반적인 사실이었다. 그러나 청산 지방은 일제 지배 후 종래부터 사회적 지위와 명망에 있고 경제적 기초를 가진 조만

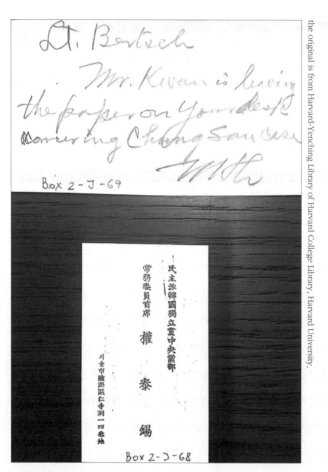

Box 2-J-69

Box 2-J-68

권태석이 건의서를 올렸다는 메모와 권태석의 명함.

하, 조준하(미국 오하이오주 오벌린대학 졸업), 이세영, 김윤중, 안주철, 박희태 등 다수의 반일 애국지사들이 은거 생활을 하고 있었던 관계로 청산 지방 농민들은 일제강점기에 있어서나 또는 8·15 해방 전후를 통하여 일부 극좌적 청년들을 제외하고는 전면적으로 그들의 영향을 직간접으로 받아왔다.

그 영향력으로 인해 악독한 일제까지도 그들의 양해를 구함이 없이는 농민들을 마음대로 사역하기 곤란했다. 이러한 상황으로 인해 청산 지방에 있어서의 유일한 전 일제 주구인 원○○는 해방 이후 자신이 하고 싶은 일을 할 수 없었다. 원○○는 일제강점기에 있어서는 항상 일제 세력을 배경으로 하여 조, 이, 전, 안, 박 등 다수의 애국지사들과 대립했을 뿐 아니라 여러 방향으로 무고(誣告)하여 그들의 평화적 생활을 박해 또는 위협했고, 해방 후는 친일파로서 출입조차 못했을 뿐 아니라 농민들 앞에 나서지 못했다. 그러한 제 관계는 원○○가 해방 전후를 일관하여 그의 사감(私感)에 의한 청산 지방의 평화적 질서를 파괴하는 악랄한 행동을 감행하게 된 것이며, 그것은 청산 지방 인사들의 정치적 중립 태도와 농민들의 자연 발생적인 좌익 추수 경향이란 부작용을 가져왔다.

청산 지역의 경우는 해방 직후 많은 지역에서 나타나고 있었던 친일 부역자와 지식 청년들, 그리고 농민 사이의 갈등을 보여주는 전형적인 사례다. 일제의 강압 때문에 서울에서는 아무것도 할 수 없었던 지식인들은 농촌에 내려가 다양한 형태의 계몽운동을 했다. 소비조합도 만들고 농민조합도 만들면서 식민지 권력을 등에 업고 있었던 지주들로부터 농민들의 이익을 지키려는 노력을 했다. 그리고 이들은 당연히 해방 이후 해당 지역 건국준비위원회와 자치위원회의 주도 세력이 되었다. 소설 『태백산맥』의 주인공인 김범우도 이러한 범주의 지식인이었다.

이러한 조직들은 친일 지주들과 대립할 수밖에 없었다. 지역의 청년과 농민들은 해방 이후 친일 지주들을 압박하기 시작했다. 그렇다고 지주들의 땅을 몰수할 수 있는 것은 아니었지만, 편파적인 지주-소작 관계를 청산하고자 했다. 미군정이 시행한 3.7제 소작료도 철저하게 시행하고자 했다. 소작료도 마음대로 하고 비료값마저 소작인에게 전가하면서 이들을 머슴같이 부리던 지주들로서는 이러한 상황이 결코 편안할 수 없었다.

이 건의서에 나오는 원○○라는 사람은 해방 직후 자치위원회의 활동을 고깝게 바라보고 있었다. 그러던 그가 자치회 청년으로부터 매를 맞는 사건이 발생했다. 얼마나 모욕스러웠겠는가? 이 지역 최고의 갑부이자 유지인데, 새파란 젊은것들에게 매를 맞다니. 그러던 그에게 최고의 선물이 날아왔다.

이승만 박사가 대한독립촉성국민회를 조직하고 친일파를 용허한다는 선언을 하자, 원○○는 곧 재빠르게 독립촉성국민회 청산 지부를 조직하여 자칭 지부장이 되어 국민회를 확대 강화하려 했으나, 원○○가 중심이 된 관계로 지방 인사들이 불참가는 물론이며 농민들의 지지를 받지 못했다. 이것이 다음과 같은 원○○의 반감적인 평화 질서 파괴 행위를 불러왔다.

(1) 1946년 4월 17, 18, 19일 3일간 계속적으로 영동으로부터 태극폭력단을 인입하여 야간 주택 침입 구타(김갑룡) 등을 감행했고, 계속하여 관내에 있는 사설 테러단인 백골단 주먹 동맹 등을 청산에 불러들여 지방 신사들과 농민들을 위협했다.

(2) 1946년 7월에 해방 직후 청년들이 자신을 징계한 사실과 관련 옥천경찰서에 해방 직후의 자치위원회에 대한 고소를 제기했으나 거절을 당했고, 오병우 서장의 내임을 기회로 새로이 재차 해당 사실을 고소하여 김윤중, 안주철, 박희태, 송행순 외 20여 명의 지방 유지를 구금하여 40일간 취조케 한 후 오 서장과의 합의로 검사국으로 송치한 사실.(그러나 곧 전부 석방되었다.)

친일 지주는 지역을 장악하기 위하여 청년단을 불러들였다. 서북청년단과 광복청년단이었다. 이들은 그 지역 출신이 아니었다. 조용했던 마을은 삽시간에 전쟁터로 변하기 시작했다.

1946년 9월 2일 제1차 사건의 진상

(1) 9월 2일 오후 5시경 테러단 약 40여 명은 트럭으로 옥천군 청성을 경유하여 청산에 들어와서 청산경찰서 앞에서 내리는 즉시 3대로 편성하여 1대는 지서에 대기, 1대는 초등학교로, 1대는 교평리로 분산되어 테러를 감행했으나 동민들의 자위적 대항에 의하여 실패했다.

(가) 초등학교에 파견된 테러단은 그들의 고성 소리에 놀라서 도망한 교직원 외 아직 도망하지 못한 송득현 교장을 체포하여 의식불명에 이르기까지 구타한 후 사체와 같은 중상을 입혀 교외로 나갈 즈음에 교평리로 파견된 테러대는 다수 동민들의 대항에 의한 충돌 중에 2명이 죽는 불상사가 일어나고 기타는 분산적으로 지서로 도피했다.

(나) 이에 테러단을 뒤따라 간 동민들은 송교장 타살이란 소식을 듣고 학교로 가서 송교장의 참상을 발견 구호했으며, 테러단이 지서로 결집되는 것을 본 다수 동민들이 지서에 모였다.

(다) 이때 테러단들은 격분되어 있는 동민들에 대하여 욕설을 하여 서(署)로 들어오라는 등으로 조롱했다. 이에 동민들은 경찰에게 테러단의 인도를 요구했고 경찰이 불응하자 일부 동민은 테러단을 향하여 약간의 투석이 있었고 다른 일부 동민들은 서로 들어가려 했다. 경찰은 사태를 수습하기 위하여 총을 발사했으며 동민 중 문규창 1명이 좌흉부에 관통상을 당하고 일시 수습되어 곽정식 지서장 교시(금번 사건은 외부 테러단의 폭행이 원인이었다는)에 의하여 동민들은 해산되었다.

주목되는 점은 초등학교 교장이 피해를 입었다는 점이다. 1948년 여순사건에서도 가장 큰 피해를 입은 사람 중 하나가 여수여자중학교 송욱 교장이었다.[33] 당시 지역 사회에서 학교 교장이 갖는 중요성을 보여주는 것이었다. 당시 지역 사회의 교장들은 진정한 교육자로서의 자세를 갖고 있었던 것 같다. 정치적 견해에 관계없이 모든 일을 공정하게 처리하고자 했고, 이는 극우 세력들에게 공산주의자들을 두둔하는 것처럼 보였을 가능성이 크다.

청산 지역의 사건은 여기에서 끝나지 않았다. 1년 후 더 심각한 상황이 발생했다.

1947년 9월 2일 하오 9시경 옥천으로부터 기동부대가 청산에 도착하여 농민들에게 평상시 상태로 회복하라고 선포한 후 총소리와 아울러 총검거가 개시되었다.

(가) 가옥 내외를 불문하고 남자는 발견되는 대로 무조건 검거하여 옥천서로의 압송이 개시되어 다수의 농민들이 산중 기타 각지로 도망 또는 피신했다.

(나) 하서리 부근에서는 14세 정도의 목동이 소를 몰고 가다가 공포로 도망하는 중 무참히 총탄에 절명되어 사망했다.

이로부터 4일 후 청년단이 재차 들어왔다.

1947년 9월 6일 하오 5시경 테러단은 청주로부터 또다시 청산에 들어왔다. 그들은 즉시 수대로 분산하여 하오 8시경까지 구민회(區民會) 완장이 없

---

33 _ http://www.ohmynews.com/NWS_Web/View/at_pg.aspx?CNTN_CD=A0001778807.(2019년 2월 26일 검색)

는 사람이면 보는 대로 또는 부락 가호를 침입하여 테러를 가했고 하오 8시 후는 가옥 가구의 파괴와 구타를 병행했다.

1. 가옥 파괴 및 구타의 진상

(1) 이기만(기독교 장로이며 명망이 있는 교역자)의 가옥을 파괴하며 의식불명에 이르기까지 구타했다.

(2) 김범중의 상점은 상품이 전부 파괴됐고 이세영, 조준하, 조만하의 가옥도 전부 파괴되었고, 김윤중은 가옥의 파괴뿐 아니라 시계, 라디오, 미싱, 양복장, 식기, 농구, 가구 일체를 파괴하고 그중 손목시계 한 개, 와이셔츠, 레인코트, 기타 사상 정치와 여하 관계없는 문서 등이 없어지고, 이능종의 가옥파괴와 토지문서를 압수해갔고, 김영환의 가옥과 금고를 파괴한 후 현금 만원을 가져갔고, 기타 김영환, 김갑룡의 가옥과 송교장 관사 등은 일부만을 파괴하는 등 일대 수라장으로 변했다. 이 사건에 있어 특히 주목해야 할 것은 인도자가 (독촉)국민회원인 것이었다.

2. 다음 날 7일은 아침 일찍부터 국민회원의 강제 모집과 이세영 씨의 국민회의 지도에 대한 강제 승낙을 받은 후 면장의 참석 강요하에 독촉국민회의를 개최하여 이능종 부인 권영순 씨에 대하여 테러단들이 무수한 모욕과 난행을 가한 후 삭발이라는, 조선 여성에 대한 최대의 모욕을 가했다.

3. 이러한 상황을 남기고 테러단은 국민회의 간단한 송별연이 있은 후 원○○의 여송을 받으며 옥천으로 돌아갔다.

사건은 여기서 그치지 않고 다시 4일 후 또 발생했다. 3차 사건이 이어진 것이다.

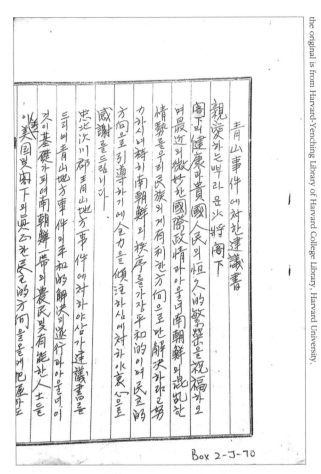

Box 2-J-70

권태석이 작성한 건의서 원문.

1947년 9월 11일 또다시 테러단은 옥천으로 입청하여 20일까지 하면리, 지전리 등 수부락에 대한 가옥 파괴와 구금을 감행하여 농민들은 전전긍긍하고 있는 중 30일에는 유지 이세영, 김원중, 권영식, 원영희 등 제씨(중립적인 신사)를 옥천서로 압송했다.

건의서를 작성한 권태석은, 테러는 좌익이 아니라 우익에 의해 이루어졌으며, 우익이나 중립적인 사람들 그리고 기독교 장로까지도 테러의 대상이 되었다고 결론을 내렸다. 그리고 친일 지주가 청년단을 통해 테러를 자행하는 것에 대하여 경찰의 지원 혹은 묵인이 있었다고 주장했다. 이들은 좌익 척결이라는 명분하에 자신의 사적 이익과 감정에 따라 아무런 죄도 없는 사람들을 무자비하게 체포하고 박해했다. 그리고 이러한 상황은 농민들이 좌익을 옹호하도록 만드는 상황을 초래했다.

마치 소설 『태백산맥』에 나오는 한 장면을 보는 듯하다. 아마도 해방 직후 대부분 지역에서 이런 갈등과 테러가 발생했을 것이다. 그리고 이를 통해 일제에 부역했던 사람들이 다시 권력을 잡았다. 좌익을 척결한다는 명분하에 중도적인 인사들, 독립운동의 일환으로 지역에서 계몽 사업을 했던 지식인들이 모두 테러의 대상이 되었다. 훗날 한국전쟁을 통해 강화된 '반공' 권력은 '부역자 청산'이라는 미명하에서 이들의 영향력을 공고히 만들었고, 이러한 과정을 통해 지역 사회는 재편되었고, 이는 결국 이승만이 1948년부터 1960년까지 12년간 대통령으로 당선될 수 있었던 가장 기본적인 동력이 되었다.

17

우익의 정치자금은 어디에서

자본주의 사회에서 돈 없이는 정치를 할 수 없다. 해방 직후 미군정하에서나 민주화가 된 이후의 한국 사회나 돈은 통치 행위뿐만 아니라 정치에서 가장 중요한 조건이 된다. 선거에서 가장 문제가 되는 것이 돈이며, 이로 인해 당선 무효형을 받는 사람이 적지 않다. 불법임에도 불구하고 돈을 쓰지 않고는 선거에서 승리할 수 없기 때문에 선거 때마다 정치자금을 둘러싼 잡음이 끊이지 않고 있다.

좌익에게도 돈이 필요했다. 민주주의를 기치로 내걸고 한반도에 수립된 미군정은 초기에는 공산주의자들의 정치 활동을 금지할 수 없었다. 그러나 1946년 소위 정판사 위조지폐 사건이 발생하면서 조선공산당 수뇌부는 월북했으며, 조선공산당은 남조선노동당이라는 대중정당으로 전환했다. 물론 정판사 사건의 진상을 둘러싼 논란은 현재 진행형이다.[34] 북한 역시 70년 동안 미국의 경제제재를 받으면서도 버텨왔지만, 오바마 행정부 시기 방코델타은

---

34 _ 임성욱, 「조선정판사 '위조지폐' 사건의 재검토 : 제1심 판결의 모순점을 중심으로」, 『역사비평』 114호, 역사문제연구소, 2016.

행 자금을 동결한 미국의 정책이 북미 간의 갈등을 증폭시키는 중요한 계기가 되기도 했다.

이승만을 중심으로 한 우익 세력들이 지방에서 권력을 장악하는 과정에서도 많은 돈이 필요했을 것이다. 독촉국민회의 지부를 꾸리기 위해서 사무실이 필요했고, 사무실에서 일할 사람이 필요했다. 독촉국민회의 회원들이 지방 유지라고 할지라도 사무실에서 일하는 사람들까지 모두 돈이 충분한 사람들은 아니었을 것이다. 이들과 연결되어 있었던 청년단에게는 더더욱 물질적 혜택이 필요했다. 특히 소련군 치하에서 내려온 청년들에게 일할 수 있는 직장을 제공할 수 없었기 때문에 돈 없이 이들을 포섭하는 것은 불가능했다.

물론 우익 계열의 조직에는 많은 지방 유지와 자산가들이 참여했기 때문에 좌익에 비해서는 상대적으로 물질적 여유를 누릴 수 있었다. 그럼에도 불구하고 자산가들이라고 해서 무한대로 자금을 지원하기는 어려웠다. 경찰의 횡포에 대해 항의한 것은 시장의 소상인이나 일반인들만이 아니었다. 자산가들 역시 정치자금이나 경찰들이 요구하는 금품에 대해 불만이 적지 않았다.

그렇다면 정치인들은 어떻게 자금을 마련했을까? 1차적인 자금의 재원은 미군정이었다. 본국에서 충분한 원조를 하지 않았기 때문에 미군정에게 충분한 재정적 여유가 있었던 것은 아니었지만, 미국의 대한 정책에 도움이 되는 정치인들을 후원하기 위한 재정적 지원을 해야만 했다. 특히 해방 직후 강력한 좌익 세력으로 기울어져 있었던 운동장의 기울기를 우익 측으로 바꾸기 위해서는 일정한 지원이 필요했다.

좌익 측의 연합체였던 민주주의민족전선(민전)에 대해서는 일절의 지원도 없었지만, 이승만의 친구이자 미군정의 정치 고문으로 입국한 굿펠로의 공작에 의해 조직된 우파 민주의원에게는 재정적 지원을 아끼지 않았다. 민주의원의 성원들뿐 아니라 그 비서들에게까지 월급이 지급되었다. 또한 굿민주의원 소속 위원들에 대한 거마비 내역서. 한국 보수 우익의 원조라고 할 수 있는 거물들의 이름이 보인다.

펠로의 조정 아래 자산가들에게 돈을 걷어 사용하기도 했다.[35]

이와 관련하여 버치 문서군에 있는 1946년 6월 14일 버치의 개인 메모에는 미군정이 지원한 정치자금 액수가 적혀 있다. 총 1,400만 엔의 자금 중 이승만에게 1천만 엔(5월 24일 전달), 민주의원 1백만 엔, 독촉에 15만 엔, 여자국민당에 5만 엔, 민족청년단에 10만 엔이 전달된 것으로 되어 있다. 이 돈은 자산가들

---

35 _ 정병준, 『우남이승만 연구』, 역사비평사, 2005, 580~600쪽.

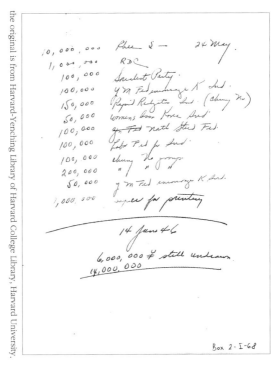

버치 문서 박스 2에 있는 정치자금 관련된 버치의 메모. 2천만 엔이 어떻게 쓰였는가에 대한 메모로, 아직도 6백만 엔은 어떻게 쓰여졌는지 알 수 없다고 적혀 있다. 정병준 교수가 인용한 미군정 자료와는 달리, 이 메모에는 신문사에 전달된 자금이 적시되어 있지 않다.

로부터 모금한 것으로 보인다. 버치에 의하면 굿펠로는 돈을 낸 자산가들에게 한국 정부가 수립되면 이 돈을 다시 돌려받을 수 있을 것이라고 약속했다.

「2천만 엔」이라는 제목으로 되어 있는 날짜 미상의 문서에 의하면 굿펠로가 먼저 제안한 것은 1천만 엔이었다. (버치 문서 Box 2) 이승만은 자금을 제공한 사람들에게 영수증을 써주었다. 문서에 의하면 자금을 제공한 사람들은 자금이 사적으로 사용되지 않도록 하기 위하여 10인으로 구성된 위원회의 구성을 제안했지만, 이승만은 이를 받아들이지 않았다. 자금 지원자들의 생각과 달리 이승만에게 제공된 돈은 그의 개인 계좌에 입금되었다. 그리고 굿펠로 대령은 버치 중위가 동석한 자리에서 자신이 한국을 떠나기 전에 입금을 독촉했고, 이로 인해 자금 모금이 빠르게 진척되었다.

자산가들의 입장에서 보면 친일파들을 감싸주고 있던 이승만을 지원하는 것은 정부 수립 이후 보험을 들어놓는 것과 같다고 할 수도 있다. 그러나 이승만이 향후 수립될 정부의 수반이 될 것이라는 보장은 없었다. 따라서 하지 사령관의 정치 고문 굿펠로 대령과 정치 고문단 버치 중위의 중재가 없었다면 자금 모금은 이루어질 수 없었다. 유일한 정부였던 미군정이 보장해주는 것과 같은 느낌을 받지 않았을까?

미군정이 민주의원에 지원한 돈인데, 그것을 아무런 회의도 없이 이승만에게 제공했다가 문제가 된 사건도 있었다. 민주의원에서 이승만의 미국 방문을 위해 아무런 의결도 없이 50만 엔을 지원한 것이다. 그러나 미군정은 민주의원의 해산을 명령했다.(「민주의원」, 1946년 12월 5일, 버치 문서 Box 2)

물론 1946년 가을 이승만에게 뒤로 물러나 있으라고 한 이후 미군정의 자금 지원은 좌우합작위원회를 향했다. 그러나 그 액수는 이승만에게 지원했던 것과는 비교도 안 될 정도로 적은 액수였다. 하지 사령관은 1946년 10월 14일 좌우합작위원회에 3백만 엔의 자금을 지원할 것을 지시했다.(버치 문서 Box 4) 그러나 바로 지급되지 않았다. 좌우합작위원회를 주도하고 있었던 김규식은 미군정에 자금의 빠른 지급을 요청하는 문서를 보내야만 했다.(버치 문서 Box 4)

이승만이 아닌 다른 정치인에게 자금을 지원한 사람들은 탄압을 받았다. 여운형의 친구이자 백만장자인 한 사업가는 여운형의 장례식에 10만 엔을 냈다가 8월 13일 체포되어 구타를 당했다. 그는 집에서도 맞았고, 체포 후 황금정 서클에 있는 경찰서에서도 맞았으며, 본정 경찰서에서도 맞았다고 한다.(「예방체포」, 1947년 8월 18일, 버치 문서 Box 4) 1980년대 신군부 밑에서 야당에 정치자금을 제공했다는 이유로 해체되었다는 소문이 났던 국제그룹 사건의

기원을 보는 듯하다.[36]

두 번째 자금 조달 방식은 반(半) 강제로 이루어지는 모금이었다. 이는 특히 1946년 말 이승만의 미국 방문 시 이루어졌다. 1947년 2월에 작성된 「이승만 펀드」는 그 내용을 잘 보여준다.(버치 문서 Box 2) 조선일보는 10억 엔의 목표액을 정해놓았고, 2천만 엔 정도를 모금한 것으로 알려졌다. 자발적이었는지 여부를 확인할 수는 없지만, 조선은행 직원들은 자신들 월급의 1/3을 기부했다고 한다. 인천의 직물 공장에서도 모금 캠페인이 진행되었다. 또한 조선피혁회사의 사장이 모금에 동참하지 않았다는 이유로 구속되기도 했다. 미군정의 결론은 모금이 광범위하게 불법적으로 이루어지고 있다는 것이었다. 이는 경찰이나 청년단과의 협력 없이는 불가능한 것이었다. 한 사업가가 이승만에게 보내는 추가 자금 지원을 거절했다는 이유로 사법부로부터 연락을 받기도 했다.(「민주의원」)

「이승만 펀드」에 의하면 모금액 중 50만 엔이 한국을 방문한 미국 언론 관계자들을 접대하는 데 쓰였고, 그들로 하여금 하지 주한미군 사령관의 정책이 비민주적이며 반한국적이라고 믿도록 했다고 한다.

더 많은 돈들이 언론인들을 흔들고, 지방 입법의원들을 접대하고, 반미 선전에 쓰이고 있었다. 이러한 모금은 불법적일 뿐만 아니라 사령관의 정책에 반하고 있다. 이승만의 활동을 돕기 위해 모금한다는 것은 사실상 불법이다. 강제적인 모금도 그렇지만, 합법적으로 엔을 달러로 바꿀 수 있는 방법은 없다. (중략) 경상북도에서는 이 모금이 미군정의 허가를 받은 것처럼 모금이 이루어지고 있었다.(「입법의원 정책」, 1947년 1월 2일 버치 문서 Box 2)

---

36 _ http://www.ohmynews.com/NWS_Web/View/at_pg.aspx?CNTN_CD=A0002641822.(2021년 10월 5일 검색)

셋째로 일본인들이 남기고 간 자산(적산)을 이용하는 방식이었다. 1945년 12월 미군정은 법령 33호를 통해 일본인의 공공재산뿐만 아니라 개인 재산까지 모두 압수한다고 선언했다.[37] 이는 국제법적으로 볼 때 불법이었다. 그러나 한국의 미군정에 대한 워싱턴의 지원이 인색한 상황에서는 어쩔 수 없는 선택이었다. 1951년 샌프란시스코에서 체결된 평화협정에는 1945년 직후 구 일본 점령 지역에서 미국 기관이 취한 모든 재산과 관련된 결정을 일본 정부가 수용한다고 규정되어 있다. 그러나 일본 정부는 한국 정부가 한일협정 체결 시 배상금을 요구하자, 식민지 조선에 있었던 일본인들의 압수된 개인 재산이 배상금보다 더 크다는 주장을 하기도 했다. 미군정이 몰수한 일본인들의 재산은 1948년 미군정으로부터 한국 정부로 이양되었다.

일본인들이 남긴 재산 중 가장 일반적인 것은 집과 공장이었다. 미군정뿐 아니라 1948년 이후 한국 정부도 적산을 민간에 팔아 그 돈을 정부 재정에 중요한 부분으로 이용했다. 또한 싼 가격에 적산을 불하받고 그 대가의 일부를 정치 자금으로 제공하기도 했다.[38] 그러나 그것만으로는 자금이 부족했다. 특히 미군정하에서는 적산 관리를 미국인들이 담당했기 때문에 그것을 한국 정치인들의 정치자금으로 전환하는 것이 더더욱 어려울 수밖에 없었다.

오히려 정치자금 마련은 일본인 회사에 남겨져 있는 물품을 싼 값에 넘기는 방식으로 이루어졌다. 여운형의 힘을 약화시키기 위해 사회민주당을 만든 미군정은 그들에게 자금 지원을 약속했지만, 이를 공식적으로 지원하기가 어려웠다. 이 상황에서 사회당은 서대문구에 위치한 '중외무역주식회사'라는 수출입 회사가 갖고 있는 물품을 통해 정치자금을 마련하고자 했다.

---

37 _ 박태균, 「한일회담 시기 청구권 문제의 기원과 미국의 역할」, 『한국사연구』 131, 2005.

38 _ 공제욱, 『1950년대 한국의 자본가 연구』, 백산서당, 1993 참조.

이 회사는 5백만 엔 정도의 자본금을 가진 회사로, 안양에 약 2만 개의 시멘트 부대 자루, 평택에 재목 10만 피트, 유리 제조에 쓰이는 '소다비'라는 재료 100톤 등을 소유하고 있으며, 또 다른 물품들이 수색 근처와 영등포에 있었다고 한다. 사회민주당은 이 물품들을 인수해서 이로부터 생기는 이익을 정치자금으로 사용하자고 제안했다.(1946년 7월 1일, 사령관에게 보내는 메모, 버치문서 Box 4) 이 제안은 사회민주당 측에서 한 것이지만, 버치 역시 이 제안이 유일한 대안이라는 입장을 피력했다. 군정은 곧바로 이에 대한 검토에 들어갔다.(「오래된 재목, 지붕틀, 그리고 타일 등의 배분 신청」, 1946년 7월 23일, 버치 문서 Box 4)

이후 1946년 10월 5일, 10월 11일 문서에는 이 물품들이 조사된 이후 재생 후 판매를 위해 다른 사람들에게 넘겼다는 내용이 있다. 중외무역주식회사는 1946년 11월 4일 하지 사령관에게 청원서를 냈다. 여운형의 동생인 여운홍 사회민주당 대표와 강태연 중외무역 사장 명의로 되어 있는 이 청원서에 따르면, 창당 자금(51만여 엔), 당 사무원 월급(4만 엔), 회의 비용(20,150엔), 사회민주당 공헌비(5만 엔) 등 총 63만여 엔을 사용할 수 있도록 해달라고 되어 있다.

결과적으로 사회민주당이 중요한 역할을 하지 못했기 때문에 이 청원서가 어떻게 받아들여졌는지는 분명치 않다. 그러나 이러한 방식의 정치자금 조달이 광범위하게 이루어졌을 가능성이 있다. 또한 이러한 방식으로 이익을 얻은 자산가들이 정치자금을 제공했을 것이다. 새롭게 수립되는 정부의 재정과 재건에 필요한 자산들은 이렇게 정치자금으로 전환되었다. 그리고 불법 정치자금의 부담은 모두 일반 국민들에게 전가되었다. 일반 국민들은 그만큼 비싼 가격에 물품을 사야 했다. 아무것도 모르는 국민들은 봉이었다.

18

어떻게 음식을 확보할 것인가

　해방이 되었지만 정치는 혼란했고, 사회적 안전은 전혀 담보되지 않았으며, 생활필수품을 구하는 것은 하늘의 별따기였다. 한국인들은 일본 제국주의로부터 해방되면 모든 것이 다 해결될 것이라고 생각했다. 한국인들의 손에 의해서 새로운 국가가 수립되고, 그 국가가 국민들의 안전과 경제적 풍요를 위해 최선을 다할 것으로 생각했다. 그러나 현실은 그런 바람과 전혀 달랐다.

　해방이 된 뒤에 들어선 국가는 한국인의 국가가 아닌 미군정이었다. 38선 이북 지역에 진주한 소련군은 군사정부를 직접 만들지는 않았지만, 한국인들로 하여금 5도 행정국이라는 조직을 만들게 하고 이를 조정하고 감독했다. 소련군이 직접 명령을 내리지 않더라도 권력을 장악한 공산주의자들은 소련군의 눈치를 보고 허가를 받아야 했다. 해방이 우리 스스로의 손에 의해 쟁취된 것이 아니라 외국군이 진주하여 일본군의 항복을 받았기 때문에 어쩔 수 없이 발생한 상황이었지만, 이들에 의한 지배가 3년이나 계속될 것이라고 예상했던 사람은 없었다.

　게다가 미국과 소련은 한반도에 진주한 군대에 충분한 자금을 지원하지 않았다. 양 강대국에게는 한국보다 더 중요한 지역이 있었다. 미국에게는 서

유럽과 일본이 더 중요했고, 소련에게는 동유럽과 전쟁으로 파괴된 자국의 서쪽 지역 재건이 더 급했다. 그러다 보니 미군은 군사정부를 수립했지만, 이를 운영할 돈이 없었다. 사회는 혼란하고 일본인이 돌아간 이후 공장이 돌아가지 않으니 세금을 걷을 수도 없었다. 그래도 통치를 위해서는 돈이 필요했다. 직원들에게 월급을 주지 않고 정부를 운영할 수는 없었다. 결국 돈을 찍어낼 수밖에 없었다. 물가가 1년 동안 100배가 넘게 상승하는 통제 불가능한 인플레이션이 계속되었다.

초기 상황은 38선 이남이 조금 나았다고 할까? 소련군은 그나마 일본이 남기고 간 물자를 약탈했다. 소련군은 유럽 전선에서의 싸움으로 지쳐 있었고, 아무런 군수 지원을 받지 못했다. 그러나 무질서가 계속되자 스탈린은 한반도에 진주한 소련군에 직접 명령을 내렸다. 약탈을 금지하고, 이를 어길 경우 엄중하게 처리하겠다는 것이었다. 발전소에서 약탈해 간 설비가 소련의 시스템에 맞지 않아 다시 가지고 오는 해프닝도 발생했다.[39]

소련군의 지원하에 권력을 장악한 38선 이북 지역의 공산주의자들은 경제를 철저하게 통제했다. 북쪽은 남쪽에 비해 상대적으로 조건이 좋았다. 식민지 시기 더 많은 산업 시설이 북쪽에 있었고, 수풍댐과 비료 공장이 있었다. 인구도 남쪽보다 적었다. 그러나 남쪽은 혼란 그 자체였다. 자유시장을 표방한 미국으로서는 미군정이 설치된 지역에서 철저하게 경제를 통제할 수 없었다. 물자도 모자라고 통화량이 계속 늘어나고 있는 38선 남쪽에 시장경제를 도입하자, 쌀을 비롯한 생필품 가격이 폭등했다. 쌀을 자유시장에 풀었던 미군정이 이를 취소하고 쌀 수집과 배급으로 정책을 바꾼 것도 이 때문이었다. 나라를 통치해본 적이 없었던 군인들에게 한국의 상황은 생소한 것이

---

39 _ http://c.hani.co.kr/hantoma/415052.(2019년 1월 26일 검색)

었고, 시행착오를 거듭할 수밖에 없었다.

버치 문서군에 있는 문서들에 의하면 당시 은행 이자는 매월 10%였다. 1년이면 100%가 훨씬 넘는 이자율이었다. 만약 복리로 계산한다면 1년간 140%를 웃도는 이자를 받을 수 있었다. 물론 일반인들에게는 돈이 없었기 때문에 은행에 저축을 하고 높은 이자를 받는다는 것은 아무런 의미가 없었다. 게다가 물가가 10배 이상 상승하는 상황에서 100%를 상회하는 이자가 무슨 의미가 있었겠는가? 그래도 정치인들은 정치자금의 일부를 은행에 예치하여 높은 이자를 즐기고 있었다.

1946년 7월에 작성된 것으로 추측되는 「2천만 엔」이라는 제목의 문서에는 정치인 중 한 사람이 원금 125만 엔에 대한 이자로 매달 그 10%인 12만 5천 엔을 받고 있다고 했다. 125만 엔을 넣어 놓으면 1년이 지나면 자동적으로 275만 엔이 되는 것이다. 물론 복리로 하면 더 받을 수도 있었다.

미군정은 1947년 지방을 조사하면서 일반인들에게 여론조사를 했다. "요즘 관심사가 무엇인가?" 이에 대해 일반인들이 가장 많이 답변한 것은 "가족을 위해 어떻게 음식을 확보할 것인가?"(65명)였다. 이 답변은 두 번째로 많이 답변한 "다가올 쌀 수집"(62명), 네 번째인 "하절기 곡물 수집에 대한 불평"(20명)을 비롯해 "비료의 불충분한 공급"(10명), "필수품의 불공정한 분배"와 "곡물 수송 시설의 미비"(각 2명) 등과 직접 연결되는 답변이었다.

정치와 관련된 관심은 "통일되고 독립된 한국 정부의 빠른 수립"(56명) 정도였다. 그 외에는 "김일성의 암살이 사실인가"(11명), "미소공동위원회의 진척"(5명) 정도가 정치적 관심이었고, 보스톤 마라톤에서 승리한 서윤복에 대해 관심을 표명한 사람이 1명 있었다.(「1947년 8월 20일에서 26일까지 전라북도에 대한 조사」, 1947년 9월 3일 문서, 버치 문서 Box 2)

절대적으로 쌀 생산량이 부족하고, 일본으로부터 수입되던 비료와 석탄이 끊긴 상황을 감안하더라도 '음식의 확보'가 가장 큰 관심사였다는 것은 과연 해방이 한국인들에게 가져다 준 것이 무엇인가를 다시 한 번 생각하도록 한다. 같은 지역에서의 조사에서 당장 원하는 것이 무엇인가에 대한 질문에 대해 '더 많은 비료의 공급', '곡물 수집에 더 자세한 데이터를 이용할 것', '지역에 맞는 경제정책을 통해 더 나은 삶의 질을 보장할 것', '식량을 농부들에게 우선적으로 공급할 것'과 함께 '면직원과 경찰들이 좀 더 친절할 것', '정치조직에 대한 의무적 참여를 없앨 것', '부정 공무원의 척결', 그리고 '농민 조직을 없애라' 등의 답변이 나왔다. 일제로부터 해방되었건만 나아진 것은 전혀 없었다.

이런 상황에서 토지개혁을 실시한 북한에 대한 부러움과 두려움이 교차하고 있었다. 토지개혁 이후에 곡물 세금이 70%에 달한다는 것, 반탁운동으로 많은 사상자가 발생했다는 소문, 김일성의 암살 등 사실 여부를 확인할 수 없는 소문과 관련된 관심도 있었지만, 38선 이남에 살고 있던 사람들의 가장 큰 관심은 토지개혁이었다. 일제강점기와는 다른 무엇을 희망하고 있던 사람들에게 구체적 내용을 떠나 북한의 개혁에 대한 소식은 마음을 들뜨게 했을 것이다.

미군정의 관리이자 『주한미군사』를 쓴 로빈슨이 작성한 문서(「군정의 대중과의 관계를 위한 정책 제안」, 1946년 4월 2일)에 의하면, "미국식 민주주의는 다수결의 원칙 때문에 흑인과 아시아인 같은 소수자의 권리는 무시되고 있다."라고 전제하면서 한국인들이 원하는 것은 "정부에 의해 통제되는 경제, 거대 산업의 정부 소유, 농지 분배"라고 밝히고 있다. 그는 "소련에 대한 호의가 많이 줄어들었지만, 그럼에도 불구하고 공산주의자들의 정책이 많은 호응을 얻고 있다."라고 진단했다.

일반 사람들에게 닥친 또 다른 문제는 질병 문제였다. 미군정은 경상도

조사 중에 하남군에서 질병을 발견했다. "하남군은 상대적으로 후진 지역으로 외부와의 교류가 거의 없는데, 질병이 있었다. 특히 피부병이 일반적으로 관찰되었다. 사람들이 '베리베리'(각기병)라고 부르는 병이 보였다." 영양 부족으로 인해 비타민 B1 결핍이 각기병을 불러왔을 것이며, 이는 비단 하남군만의 현상이 아니었을 것이다.

미군정에게도 질병은 큰 문제였다. 지금까지 미군정 시기에 대한 연구는 정치·경제적인 문제에 집중되었지만, 실상 사회적으로 질병의 만연은 정부의 능력을 가늠하는 잣대가 될 수 있다. 버치가 매일매일 작성한 일일 수첩을 보면, 정치적인 문제도 있지만 사회적인 내용들이 적지 않다. 특히 콜레라에 대한 버치의 메모는 충격적이기까지 하다.

1946년 7월 7일, 홍수로 인명과 재산에 큰 피해.

1946년 7월 11일, 농업 인구가 80%로 측정됨.

1946년 7월 13일, 콜레라로 5,500명 사망.

1946년 7월 26일, 남한의 큰 홍수로 인명과 재산 피해가 큼.

1946년 8월 1일, 10가지 음식이 하나의 캔에 들어 있는 레이션이 100엔에 한국인들에게 판매되기 시작.

1946년 8월 4일, 서울에서 8만8천 개의 레이션이 팔림.

1946년 8월 7일, 9개의 가짜 반지가 경찰에 의해 적발됨.

1946년 8월 9일, 서울에 있는 장교들의 숙사에서 강도 사건 발생.

1946년 8월 31일, 쌀이 다른 나라로 유출되고 있다는 잘못된 소문이 돌았다.

이 중에 제일 주목되는 것은 1946년 7월의 콜레라로 1938년 이래 최악의 전염병이었다. 당시 신문들 역시 이 콜레라의 심각성에 주목했다. 당시 한국

July 1946
1. General Hodge commends Lyuh Won Hyung and Kim Kui Sik on coalition work.
2. Plan for Korean Legislature proposed.
3. Soviet receives second invitation to reopen Commission.
4. U.S. troops parade. Firework display at night. Independence Day.
5. Truck employees strike. Clash with police results in injuries.
6. G.I. store (Kanebo) continues operation.
7. Great damage to life and property from flood.
8. Four priests from Korea go to U.S.
9. Model Legislature for Korea approved.
10. New Mayor (Mr. Kim Hyung Min) appointed for Seoul.
11. Farm population of S.Korea estimated at 80%
12. Korean informant gives location of 2400 pounds of silver.
13. Cholera ravages Korea. 8400 deaths to date.
14. Zaibatsu interests turned over to National Government.
15. Military personnel to use new occupation currency.
16. S.Korea to be guarded against exploitation by monopolies.
17. U.S. does not intend to establish permanent bases in S.Korea.
18. Ashes of three patriots returned to S.Korea.
19. Mr Lyuh Won Hyung reports attempted assassination.
20. American wheat arrives in Korea.
21. British warship patrols Japan Sea.
22. Prosecution is ready for trial of counterfeiters.
23. Half million cc of cholera vaccine made daily in S.Korea.
24. Newspaper interview with Dr.Cho, head of National Police.
25. Mr.Pauly urges unification of Korean leaders.
26. Many lives lost and houses swept away in great flood of S.Korea.
27. General Lee Bum Suk and Lee Chung Chun from China, appear.
28. Dr.Cho announces awards for bravery.
29. Riot precedes trial of counterfeiters.
30. Korean Red Cross organized.
31. Girl Scouts organized in S.Korea.

August 1946
1. Two in One rations go on sale to Koreans at 100 yen each.
2. General Hodge designates 15 August as Victory Day celebration.
3. National Capitol being remodeled for Legislature.
4. 85,000 units of army food sold to City of Seoul.
5. Cholera epidemic continues in Korea.
6. Coast Guard intercepts smugglers.
7. Nine counterfeiting rings broken up by police.
8. Dependents warehouse distributes furniture.
9. Many robberies occur from officers billets in Seoul.
10. Army commissary opens in Seoul for military dependants.
11. Army jeeps sold to officers at Ascom.
12. New P.X. opens in Seoul.
13. Review for General Lerch given by 31st Infantry.
14. City of Seoul receives independent charter.
15. Huge celebration and parade extends thru Capitol grounds.
16. $25,000,000 loan (1/4 of actual value) made to Korea.
17. Proceeds of Royal Family Festival given to charity.
18. Many shiploads of supplies sent to Korea from U.S.
19. S.S.Funston prepares to leave Seattle with first dependants.
20. U.S. soldier electrocuted by high tension wire.
21. Shipment of bamboo arrives in Korea from Japan.
22. Seventh relief restaurant opens in Seoul.
23. First load of dependants leaves Seattle for Korea.
24. General Hodge issues four-part statement against false propaganda.
25. Much publicity given to rice planting and agriculture.
26. Furniture from Japan arrives for dependants.
27. New group of officers arrives from Carlyle Barracks.
28. Congressional Committee visits Seoul on inspection trip.
29. Humiliation Day mass meeting addressed by Dr.Rhee Syngman.
30. Text books printed in Seoul for Korean schools.
31. False rumors of rice shipments to other countries.

버치의 일일 메모.

에서 콜레라는 호열자로 불렸다.

　1945년 8월 15일 조선 민족은 해방된 기쁨에 누구나 날뛰었다. 그러나 곧 실현될 줄 믿었던 독립국가는 해가 바뀌어도 되지 않았다. 그런데다 의외의 청천벽력으로 신탁통치라는 망측한 국제적 딱지가 붙으려 했다. 그들은 지나오면서 때아닌 놀라움을 몇 번이고 겪었다. 이에 따라 해방 즉시부터 지니었던 감흥은 어디론가 사라지고 낙담과 원한만이 그들을 괴롭혔다. 거기에다 물가는 시시각각 뛰어오르고, 해외에 있던 동포들의 귀환은 나날이 늘어가기만 했다. 이에 또 한 가지 불행이 더 늘었다. 그것은 역시 꿈에선들 예기치 못한 호열자가 발생한 것이다. 이것도 날이 갈수록 점점 더 산지사방으로 만연되었다. 남조선에 있어서만 하루에 몇 백 명씩 죽어버린다는 말이 오고가고 했다. 그들의 원통한 주검은 목전에 절박한 감이 있었다. 그들은 떨었다. 그 지악한 병마에 걸려 죽어 없어질 것만 같아서 더욱 이 불안을 느꼈다.
　우리의 지도 청년 R은 그동안 변동 많은 여러 가지 정세에 전 신경을 올렸다. 그런 중 또 이 호열자 통에 몇 때의 한 끼 음식도 마음대로 먹지 못했다. 어떤 것이든 그 속에는 호열자균이 버글버글 움직이고 있음을 보는 것 같았다. 어느 때인가 R은 그의 친구에게 말하기를 "여보게 어째 조선의 운명은 이리도 비참한가. 독립은 되지 않고 한참 누구나 민족운동을 전개해야 할 이때 또한 이놈의 전염병으로 하여 인명에 위협을 주니 이를 어찌해야 좋단 말인가" 했다.(『경향신문』, 1947년 11월 2일)

　이 이야기는 의외로 싱겁게 끝난다. 위에서 언급한 청년은 의사의 진단 결과 콜레라가 아닌 것으로 드러났다. 그러나 위의 일화는 당시 사람들이 콜레라에 대해 느끼고 있던 위협을 잘 보여주고 있다.

그때나 지금이나 변한 것이 없다. 정치는 국민들의 정서에 관심이 없었다. 오로지 자신들이 정권을 잡는 데만 몰두했다. 해방은 한국인들에게 무엇을 가져다 주었는가?

19

미군정이 발간한 『당신과 한국』

미군정은 한국을 방문하는 사람들에게 한국을 소개할 자료를 마련했다. 취재가 되었든 여행이 되었든 간에 정부로서 통치 지역에 대한 소개와 홍보는 마땅히 해야 할 일이었다. 그러나 먹고살기도 힘들고 전염병도 돌고 있던 한국에 대해 어떻게 소개해야 했을까? 현실 그대로를 얘기하면 통치에 실패했음을 자인하는 것이 될 수 있었고, 그렇다고 현실과 다른 내용을 소개하면 이는 정보 제공에 실패하는 것이 될 수 있었다.

미군정에서 발간한 한국 소개 책자인 『당신과 한국(You and Korea)』의 소개말은 하지 사령관의 이름으로 되어 있다. 「한국에 온 것을 환영합니다(Welocome to Korea)」라는 글에서 그는 먼저 한국의 역사를 소개하고 있다.

한국은 흥미롭고 4천 년이 넘는 역사를 가진 나라다. 19세기 이전에는 은자의 나라로 알려져 있었다. 가장 긴장된 지역에서 처음에는 중국, 러시아, 일본의 압박을 잘 이겨냈지만, 결국 강압적으로 일본의 지배를 받게 되었다. 일본의 통치하에서 한국인들은 자신들의 자존감을 지켰지만, 산업적으로 발

Welcome to Korea

After the many unavoidable delays in the movement of our dependents to Korea, I am delighted to see your families united and I know that it is a very happy reunion for all of you. In spite of the local handicaps, we intend to do our best for your pleasure, safety and comfort, during your tour.

Korea is one of the most interesting and least known of the Oriental countries, with a known national history of well over 4,000 years. Until late in the 19th Century it was well called the "Hermit Nation". The Koreans are, and always have been, a proud people who have, for most of their existence, maintained their country isolated from the remainder of the world. They are probably nearer to a pure racial strain than any other Oriental nation. They were successful in defending their country against early Chinese, Russian and Japanese penetrations, but unfortunately were forced to accept the domination of the Japanese immediately following the Russian-Japanese War. During these years of slavery and subjugation under the Japanese, the Koreans have maintained in great degree their honor and self-respect and have never allowed the embers of freedom to burn out. However, under the ruthless, unjust rule of the Japanese, the Koreans had very little voice in their government, were not permitted to occupy positions of any importance in industrial and commercial pursuits, and were forced to accept a low standard of living conditions and educational advantages. This has brought about an unhappy lack of "know how" to do things and has caused a natural and deep hatred for the Japanese, both of which operate to make our task in Korea more difficult.

I desire to emphasize and call to your particular attention that Korea is a liberated country and that we are not here as conquerors. We are here to assist them in reestablishing a sound economy and setting up a government and taking their place among the nations of the world. It is essential that we all do whatever we can to build good will. I ask your cooperation in this.

The traditions and customs of Korea are vastly different from ours, as is their social and family life. They adhere to their customs and guard them most jealously. They have developed these traditions and customs over thousands of years and they are a way of life which we must honor and respect at all times. Their history is full of deeds of high achievement and culture that are outstanding even to this day and are indicative of their high sense of independence, their fine initiative, and their unusual inventiveness and mechanical and artistic ability when allowed to do these in their own way. For example, the Koreans were the first in the world to use movable type. Also, most of Japan's "culture" came from Korea.

You cannot measure Korean standards of life by ours, since they have simpler requirements and different social customs which may seem strange and unusual, but as you live with them you will find, if you are tolerant, that their way of life and living is historically and fundamentally well adapted to the Korean and his country. Their homes and mode of living and their sanitation may impress you unfavorably, but remember that this is their country and that we are, in a sense, their enforced guests. If we treat them with the respect that a proud race may reasonably expect, we will enjoy Korea and the Koreans. Basically, they are quite hospitable and friendly, and welcome the opportunity to assist you. They are a very proud, sensitive people with great native dignity and I advise you to be careful not to mimic or make jokes about these people or their dress or way of living. Due to our entirely different nationalities, psychology, customs, and ways of living, I recommend that you make friends with the Koreans slowly and careful-

2

『당신과 한국』에 실린 하지 사령관의 소개말.

전하지 못했고 낮은 생활 수준과 교육에 시달려야 했다. 이러한 사실들이 기술의 부족과 일본인에 대한 증오를 만들어냈으며, 이것이 미군정이 직면해야 하는 어려움의 원천이 되었다.

물론 하지 장군은 일본 문화의 대부분이 한국에서 전해진 것이라는 점을 언급하는 것도 잊지 않았다.

하지는 미국이 한국을 점령하러 온 것이 아니라 도와주러 온 것이라는 점을 한국 방문객들이 모두 인식해야 한다는 점을 강조했다. 한국의 위생이나 생활 방식이 외국의 방문객들에게는 생소하고 불편한 것이겠지만, 이에 대해 존중해야 한다는 것이다. 점령군 사령관으로서 한국의 역사와 관습, 그리고 생활 문화에 대해 최대한의 찬사를 보냈다. 그러나 당시의 어려운 현실을 언급하지 않을 수 없었다.

남과 북으로 분할 점령이 이루어진 점과 외국 군대의 지배를 받는다는 것에 대한 한국인들의 거리낌이 한국에서의 상황을 더 어렵게 하고 있다. 여기에 더하여 홍수와 200만이 넘는 귀환 한국인들로 인해 식량 사정이 더욱더 어려워지고 있으며, 한국에서 자란 작물을 먹고 풍토병에 걸릴 위험이 있기 때문에 미 육군의 기본 정책은 본국에서 가져온 음식만 먹도록 하는 것이다.

책자에는 한국이 비위생적이고, 일본인 의사가 떠난 이후로 조선인 의사가 부족하기 때문에 콜레라가 창궐했다는 소식도 소개되었다. 하지에 의하면 당시 미군정은 한국인들이 운영하는 레스토랑과 주점에 미군과 그 가족들이 가는 것을 금지하고 있었다.

하지 사령관이 지적한 또 하나의 포인트는 주거 문제였다.

미군정은 일본인들이 남기고 간 주거지 중 일부만 사용하고 있지만, 한국인들은 그것마저도 좋아하지 않는다. 미군이 가족과 함께 거주하면 미국이 오랫동안 한국을 지배할 것이라고 생각하기 때문에 곱지 않은 눈길을 주고 있다.

여기에 더하여 미국 본토에 있는 정부가 주거와 관련해 지원해주는 것은 '일도 없다'는 논평도 눈길을 끈다.

마지막으로 미군정 최고 책임자가 한국 방문자들에게 내려주는 권고는 '선구적인 선교사 정신'을 갖고 있어야만 한다는 것이었다. 그만큼 비문명적인 곳이기 때문에 비문명 지역을 문명 지역으로 만든다는 선교사의 자세가 필요하다는 것인가? 그럼에도 불구하고 미군정은 최선을 다하고 있으며, 한국인들을 존경하고 있다고 덧붙이는 것을 잊지 않았다. 그리고 바라건대 '행복하고 즐거운' 여행이 될 수 있도록 미군정 요원들이 최선을 다할 것이라는 말로 소개말을 끝맺었다.

소개말 다음에는 「한국에서의 생활」이라는 주제의 글이 실려 있다. 이 글은 "한국에서의 경험은 흥미롭고 독특한 것이 될 것"이지만 "미국에서만큼 호화롭고 편안한 생활을 기대해서는 안 된다."라는 말로 시작하고 있다. 물론 그 원인이 미군정에게 있는 것은 아니다. 물자와 전문가의 부족 때문이다. 물론 이러한 상황은 한국 자체의 문제일 수도 있고, 제대로 된 지원이 이루어지지 않고 있는 본국 정부의 문제이기도 했다.

한국에서의 불편함은 먹는 것으로부터 시작한다. 요리를 할 수 있는 시설이 없다. 전기로 작동하는 요리기를 이용할 수 있지만, 경고도 없이 언제 전기가 나갈지 모른다. 더 큰 문제는 미 육군이 그러한 요리 기구를 필요로 하는 손님들에게 제때에 제공할 수 있는지도 알 수 없다. 급할 때는 한국의 화로를 써야 하는데, 생각보다 꽤 효율적이라고 소개하고 있다. 어릴 적 방안에서 난방을 하면서 물도 끓이고 고구마나 감자, 옥수수도 구워 먹었던 화로를 떠올리지 않을 수 없다. 어쩌면 서부 개척 시대 미국의 오두막집에서 사용했던 화로를 미군정의 신입 요원이나 방문자들에게 떠올리게 하고자 했는지도 모른다.

화로를 '히바치'라는 일본어로 소개하고 있는데, 해방 직후 미군정에서 각급 학교에 더 이상 일본어를 쓰면 안 된다는 훈령을 일본어로 내렸다는 일화를 떠올리면 십분 이해가 될 수 있다. 노근리 사건을 그린 영화 〈작은 연못〉에서도 주민들에게 폭격을 피해 대피하라는 훈령을 일본어로 하고 다니는 장면이 나오는데, 해방 직후뿐만 아니라 1950년대 초까지도 일본어가 일반적으로 혼용되고 있었던 것 같다. 『당신과 한국』 책자에 나오는 대부분의 지명도 모두 일본어로 되어 있다.

하인들을 부리는 것이 불편하다는 점도 한국에서의 생활에 중요한 정보였다. 그들은 매우 열심히 일하고 효율적이면서 일본어와 한국어를 모두 했지만, 미국식 생활 방식에는 전혀 익숙하지 않았고, 글을 읽지 못하는 사람이 많았다. 그래서 간단한 한국어를 알아야 하고, 이를 위해서 『당신과 한국』 책자의 맨 뒤에 간단한 한국어 문장들을 덧붙여 놓았다. 그때까지도 흑백 인종 차별이 심했던 남부 미국 출신들에게는 흑인 하인을 부리는 것이 일반적이었다.

한국인들은 다른 아시아 사람들처럼 배우는 것에 익숙하다. 그러나 배운 것을 다양하게 변화시키고 적용하는 것에는 익숙하지 않다. 그래도 한국인들의 세탁 실력은 인정해야 한다. 그들은 '하얀 옷의 민족'이다. 특별한 장비도 없이 옷을 하얗게 유지시킨다. 바위에 놓고 때리거나 빨래판에 놓고 굴리

한국의 상황을 설명하기 위해 『당신과 한국』에 실린 삽화들. 물도 끓여서 먹어야 하고, 파리와 모기도 조심해야 하며, 한국에서는 주의할 게 많다는 내용이다.

는데, 옷과 신발이 모두 하얗게 된다. 미군과 미국 시민들의 가족을 위한 학교가 10월에 개교할 것이며, 미국으로부터 교과서가 곧 도착할 것이다.

「한국에서의 생활」 다음에는 한국에 머무를 때 반드시 지켜야 할 건강 관련 정보를 제공하고 있다.

'미 육군에서 승인한 물을 제외하고는 한국의 물은 마시고 양치질을 하는 데 적합하지 않다.'

'미군정이 제공하는 음식 외에 한국에서의 모든 음식 재료는 오염되어 있다고 봐야 한다. 특히 조리되지 않은 한국의 해산물은 절대 먹어서는 안 된다.'

'모든 주거지는 DDT를 우선 뿌려야 한다. 특히 질병을 옮기는 파리를 조심해라. 다행히 말라리아는 많지 않다. 그래도 모기망을 이용하고 옷을 입고 자라.'

'미군들에게 수영은 모든 곳에서 원칙적으로 금지되어 있다. 애들이 맨발로 놀지 못하도록 해라. 십이지장충병(hookworm)에 걸릴 수 있다.'

'보건증을 발급받은 하인들을 고용하라.'

'오락과 쇼핑은 제한되어 있지만 본정(명동과 충무로) 지역에서 하라.'

지방 관광과 관련해서 한국의 교통망과 기후를 소개하면서 덥고 습도가 높은 여름 날씨, 춥고 '매우' 건조한 겨울 날씨를 조심하라고 주의를 주고 있다. 2018년의 여름 정도라면 정말 조심해야 한다. 서울의 기후는 미국 아이오와주의 디모인(Des Moines)과 유사하다고 표현하고 있다. 어쩌면 『당신과 한국』 잡지를 편집한 사람이 아이오와주 출신이었는지도 모른다.

미군정이 지방 상황을 조사하면서 이러한 표현을 쓴 적도 있다.

'충청북도는 한국의 뉴잉글랜드 지역이다. 보수적이기 때문이다.'

'충청남도는 한국의 시카고였다. 모든 철도가 대전에서 만난다.'

'경상북도는 미국적 도덕관이 통하지 않는 곳이다. 반미 감정이 강하다.'(「전라북도 농촌 지역의 세 번째 필드조사」, 1947년 9월 3일)

『당신과 한국』은 마치 개발이 전혀 이루어지지 않은 지역을 방문할 때 제공되는 책자와 유사하다. 물을 조심해라. 익히지 않은 것은 아무것도 먹지 마

라. 길거리에서 조심해라. 그러나 그렇다고 해서 그들을 무시하지 마라. 그 나라는 나름의 전통과 역사를 갖고 있다. 특히 이 책자는 일시적 방문객보다는 미군정에서 1년 이상 체류할 군인이나 요원, 그리고 그 가족을 대상으로 한 것이었다. 장기간 해외에 체류하게 될 때 선배들로부터 받는 '족보'를 보는 것 같다.

이 책자는 짧지만, 미군정의 고민을 잘 보여준다. 이 책자에 콜레라나 홍수 등이 언급되어 있는 것을 보면 1946년 7월 이후에 발간되었다는 점을 추측할 수 있다. 만약 한국에서의 문제를 적나라하게 보여준다면 미군정의 통치가 실패한 것을 자인하게 되기 때문에 모두 언급할 수는 없지만, 그렇다고 다양한 사회적 문제를 제시하지 않을 수 없었다. 그러나 그 책임이 미군정에 있는 것은 아니다. 식민지 시기부터 계속되어 온 조선 자체의 문제이면서, 동시에 미 본토로부터 아무런 지원도 없기 때문이기도 하다는 것이 책자의 요지였다.

하지의 소개말은 한국인들에게 최대한의 예의를 표시한 것이었다. 일부 오리엔탈리즘적 인식도 보이지만, 미군을 바라보는 한국인들의 감정에 대한 그의 평가 역시 솔직한 것이었다. 어쩌면 하지 사령관의 성격을 잘 보여주는 것이기도 했다. 해방된 공간에서 다시 외국군의 지배를 받고 살면서 고단한 삶을 살고 있던 한국인들. 그러나 그들에게도 하나의 빛이 날아들었다. 서윤복의 보스턴 마라톤 우승 소식이었다.

20

해방 후 최초의 복권, 올림픽 복권

해방 후 팍팍한 삶 속에서도 기쁜 소식이 날아들었다. 서윤복 선수가 1947년 4월 보스턴 마라톤에서 우승한 것이다. 식민지 시기에 손기정 선수의 베를린 올림픽 마라톤 우승처럼 국제 경기에서 한국 선수가 선전했다는 소식은 암흑 속에서 하나의 빛이 되었다. 여운형이 조선체육회 회장을 역임하면서 고 손기정 선수의 베를린 올림픽 출전을 격려한 것, 히틀러가 베를린 올림픽을 개최한 것, 박정희가 박대통령컵 축구 대회를 만들었던 것도 모두 어둠 속에서 빛을 보여주기 위한 것이었다. 물론 이들의 정치적 의도는 서로 완전히 다른 것이었다. 여운형이 젊은이들의 기운을 불러일으켜 독립운동과 통일 정부 수립에 힘을 모으기 원했다면, 히틀러와 박정희는 정통성 없는 독재 정부에 대한 국민의 반감을 스포츠에 대한 관심으로 돌리기 위한 것이었다. 그래서 1980년대 신군부의 3S(sports, sex, screen) 정책에는 예외 없이 스포츠가 포함되어 1982년 프로야구가 막을 올렸고, 1986년 아시안게임과 1988년 올림픽을 유치했다.

미군정하에서 한국인들의 마음을 설레이게 한 또 하나의 이벤트는 1948년의 런던 올림픽이었다. 1936년 베를린 올림픽 이후 제2차 세계대전으로 두

마라손朝鮮의霸氣衝天‼

SU YUN BOK WINS BOSTON MARATHON

(5) 徐選手의「마라톤」世界制霸祝賀大會席上에서 翻하는 朝鮮體育會●長 呂運亨氏 (軍政廳 提供)

(1) 「보스톤●마라손」大會에 優勝한 믿을 徐閏福選手 各機關祝福 (AP合同提供)

(1) Su Yun Pok, Korean runner, crowned with a wreath after he won the famous Boston Marathon classic. (Photo by K.P.P. service)

(2) Su breaking the tape at the goal line. (Photo supplied by the E. G. photographic section)

(3) Runners of various countries starting to fight in the classic race.

(4) Su pacing up in the race to compete with powerful rivals from all countries.

(5) The public meeting to celebrate the Korean victory in the Boston marathon race held in Seoul. Mr. Liu Oon Heung, president of the Korean Athletic Federation, opens the meeting.

(6) Korean residents in the United States welcoming three marathon champions from their home land.

(7) A shot of Su Yun Bok hot in the running to win the Boston honors.

(6) 在美同胞들의 孫●南●徐 三選手의 歡迎光景

잡지 『국제보도(Pictorial Korea)』에 실린, 서윤복의 마라톤 제패 기념 화보.

차례나 올림픽이 열리지 못했다. 게다가 한국인들에게는 처음으로 태극기를 가슴에 달고 올림픽에 나갈 수 있는 기회였다. 몇 종목에 참가하고 몇 등을 하느냐가 문제가 아니었다. 아직 독립 정부가 수립되지 않았음에도 불구하고 올림픽에 참가할 수 있다는 낭보가 1946년 12월 미국으로부터 날아들었고, 다음해 6월에는 국제올림픽위원회에서 조선체육회를 승인했다.(『경향신문』 1946년 12월 22일, 1947년 6월 25일)

반면 1940년 올림픽 개최를 하려고 했던 일본은 독일과 함께 1948년 런던 올림픽에는 초대받지 못했다. 오히려 일본이 1940년 올림픽에 사용하려고 마련했던 차를 한국의 올림픽 선수단이 해방 이후 사용하는 에피소드도 있었다.(『경향신문』 1946년 6월 22일) 물론 'Korea'라는 이름으로 첫 참가한 올림픽에서 좋은 성적을 내는 것은 불가능했다.

당시 신문에는 「올림픽 대회의 참패 원인은 무엇」(『경향신문』 1946년 8월 18일)이라는 기획 연재 기사가 올라왔다. 앞에서 손기정과 서윤복의 이름을 거론한 후 국민들도 '올림픽 후원권'을 사서 선수단의 활약을 기대했건만 그 성과는 약속과 기대에 어그러졌다는 것이다. 역도와 권투에서 '겨우' 3위에 입상되어 태극기가 올라갔을 뿐 그 외의 종목에서는 이렇다 할 성과를 거두지 못했다고 선수단을 질책하고 있다.

올림픽 대회가 열리자마자 전파로 들어온 소식은 참패에 참패를 거듭한 기막힌 소식뿐이니 누구든지 선수를 원망치 않을 자 없었다. 그러나 우리가 가장 기대한 마라톤의 우승만으로 이를 분풀이할 것만을 손꼽아 기다리고 있어 오직 이 마라톤이 거행될 날짜만을 고대하고 있었으니 이 마라톤은 과거의 전적으로 보아 모든 경기에 비교하여 우리 선수가 전통적 역량을 지니고 있는 만큼 반드시 제패할 것을 너무도 굳게 믿어 왔음으로 런던 마라톤 경주에는 응당 우승할 것을 너 나 할 것 없이 기약했다. 그러나 마라톤 경주에 출전한 우리 선수는 너무도 우리들의 기대와는 거리가 멀었다.

그때나 지금이나 별로 다른 게 없는 것 같다. 아직 정부도 수립하지 못한 상태에서 체계적인 훈련도 받지 못한 선수들을 올림픽에 내보내고 큰 기대를 걸었던 당시의 언론의 태도는, 올림픽이나 월드컵에서 한국 선수들의 결과에 대해 보도하는 요즘 언론의 보도와 비교할 때 오십보백보다. 물론 손기정 선수와 서윤복 선수의 우승 소식에 환호했던 국민들로서는 어쩌면 당연한 기대일 수도 있었다.

그런데 이 기사에는 국민들을 설레게 하는 내용이 포함되어 있었다. 바로 '후원권'이라는 이름으로 발간된 복권이었다. 버치 문서에는 「올림픽 복권 판매를 위한 규칙과 방법」이라는 1947년 12월 17일 문서가 포함되어 있다.

1948년 런던 올림픽을 위한 복권 판매에 들어갔다. 서울과 다른 지역에서 독립적으로 발매되었다. 한 장에 100엔으로 총 140만 장의 티켓이 발매되어 다른 지역에서 판매를 위해 배포되었다.

한국올림픽지원협회에서 판매할 것이며 행운의 번호를 가진 사람들이 각 지방에서 당첨될 것이다. 티켓은 10개의 세트로 되어 있으며, 각각의 세트는 14만 장씩 되어 있어서 각각 a, b, c로 나뉘어 있다. 각각의 세트는 A1과 A8의 두 파트로 되어 있고, 넘버는 70,000까지 되어 있다. 각각의 10개 세트의 행운번호 당첨금은 1등 1백만 엔, 2등 2명 50만 엔, 3등 3명 10만 엔, 4등 5명 5만 엔, 5등 10명 1만 엔이다.

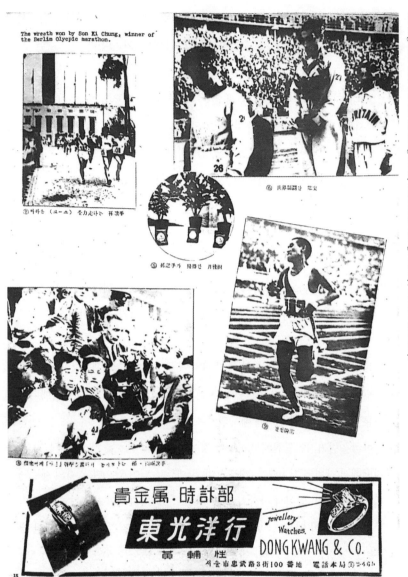

The wreath won by Son Ki Chung, winner of
the Berlin Olypcic marathon.

서윤복 선수의 우승을 계기로 손기정 선수의 베를린 올림픽 제패가 다시 한 번 사회적 관심이 되었다. 이는 손기정 선수의 올림픽 우승이 해방 이전에 한국인들에게 얼마나 큰 빛이 되었는가를 잘 보여준다.

올림픽後援券 자·차組當籤番號

等級別		자組 當籤番號			等級別		차組 當籤番號		
壹 等	甲	7179			壹 等	乙	43188		
貳 等	甲	47405			貳 等	甲	63205		
	乙	7338				乙	46222		
參 等	甲	12545	60769		參 等	甲	9715	41455	
	乙	8464				乙	45200		
四 等	甲	57895	18645		四 等	甲	615	29207	17287
	乙	40786	6434	27022		乙	6450	21836	
五 等	甲	53887	65251	58455	五 等	甲	46403	37379	60153 67149
		37047					13907	16397	65597 56731
	乙	49760	55276	65920		乙	21428	442	
		28578	55324	59804					

올림픽後援會朝鮮金融組合聯合會支部

『경향신문』 1948년 5월 5일에 실린 올림픽 복권 당첨자 번호. 표가 지금하고는 비교도 안 될 정도로 복잡하다.

이 문서만으로는 복권이 어떤 방식으로 발행되고, 당첨금을 어떻게 배분하는지 정확히 알 수 없도록 복잡하다. 단지 1946년 민주의원 의원들의 거마비가 3,000엔이었고, 미군정이 민주의원에 지원한 자금이 1백만 엔, 민족청년단에 10만 엔이었다는 점을 감안한다면, 1등 당첨금 1백만 엔의 규모는 결코 적은 액수가 아니었다. 인플레이션을 감안하더라도 보통 사람들에게 이 정도의 금액을 한 번에 벌 수 있는 방법은 복권에 당첨되는 것이 유일했다.

100장 이상의 티켓을 사는 사람들에게는 특별 올림픽 기념 배지가 수여될 것이다. 12월 1일에 발행되어 1948년 1월 31일까지 판매될 것이다. 행운의 번호 발표는 1948년 3월 1일에 있을 것이며, 지역신문과 라디오를 통해 발표될 것이다. 당첨자는 3월 10일까지 올림픽지원협회와 지부에 이름, 번호, 나이, 성별, 주소를 등록해야 한다. 공식 당첨자 발표는 3월 20일에 지역신문과 라디오를 통해 발표될 것이다. 등록에 실패하거나 티켓이 너무 더럽고 인식이 어려울 때는 당첨이 취소된다.

복권을 발행해서 판매하는 것도 중요했지만, 과정을 공정하게 하는 것과 사람들에게 복권을 사도록 하는 것도 필요했다. 당시 『경향신문』은 하지 사령관도 복권을 구매했다는 기사를 게재하기도 했다.(『경향신문』, 1948년 1월 18일) 또 버치 문서에서는 복권 사기를 방지하기 위한 방법까지도 기록되어 있다.

복권은 조선출판사에서 인쇄되어서 조선올림픽지원협회에서 배포될 것이다. 제이콥 던(Jacob Dunn) 씨의 초상화가 인쇄될 것이다. 위조를 막기 위해서다. 지방정부와 협의가 이루어질 것이며, 자체적으로 판매원 고용도 이루어질 것이다. 분실과 도둑을 막기 위한 조치도 취해질 것이다. 판매 대금은 신문을 통해서 공표될 것이며, 협회에 의해 조선산업은행 종로 지점에 예치될 예정이다.

위조를 막기 위해서 복권에 초상화를 넣기로 했다는 것은 적절한 조치였다. 제이콥 던은 한국의 올림픽 참가를 위해 노력하다가 1947년 5월 29일 비행기 사고로 사망한 전경무 씨의 미국 이름이었다. '전'을 '던'으로 표기했다는 점이 독특하다. '조선올림픽지원협회 의장 안재홍'의 권한하에 발행된 복권은 인구 분포를 고려하여 차등적으로 배포되었다.

서울 4세트 56만 장, 경기도 1/2세트 7만 장, 충청남도 1/2세트 7만 장, 충청남도 1/2세트 7만 장, 전라남도 1세트 14만 장, 전라북도 1세트 14만 장, 경상

한국의 런던올림픽 참가를 위해 애썼던 전경무(미국명 제이콥 딘)의 사회장 장면.

북도 1세트 14만 장, 경상남도 1세트 14만 장, 강원도 3/10세트 42,000장, 제주
도 2/10세트 28,000장.

문서의 마지막에 염려 섞인 언급도 첨가되었다. "다 안 팔리면 다른 지방
으로 돌릴 예정". 먹고살기도 바쁜 한국 사람들에게 복권은 생소한 것이기도
했다. 결국 판매 기간을 1948년 3월 21일까지 연장할 수밖에 없었다. 또한 다
른 지역에서 안 팔린 복권은 서울에서 다시 판매를 시작하기도 했다.(『경향신
문』, 1948년 3월 12일) 이후 1949년 어린이에게 경품 추첨을 위한 복권을 발행했
고, 전쟁 중이었던 1951년 애국복권이 발행되기도 했다.

미군정하의 혼란한 상황 속에서 올림픽 복권은 한국 사람들이 처음으로 접해보는 것이었고, 그 절차를 무난하게 진행하기도 쉽지 않았다. 복권 사기를 막기 위한 조치를 취했다는 점은 당시의 사회적 상황을 잘 보여준다. 이렇게 혼란한 상황 속에서 범죄는 끊임없이 계속되었다. 이 중에서도 친일파 한상용의 손자였던 신한공사 부사장이 비서를 성폭행 사건은 미군정 내에서 유명한 범죄 사건이었다.(「신한공사의 범죄 케이스」, 1947년 4월 15일 버치 문서 Box 5)

시내에서 아이들이 사라지는 사건도 발생했다. 1947년 9월 30일 버치에게 고발이 들어왔다. 미군정이 서울 시내의 비행 소년들을 줄여서 범죄율을 낮추는 정책을 취하자, 방랑을 하거나 방랑하는 것으로 보이는 소년들을 도시 밖으로 80~100km쯤 태우고 나가 버려두고 온다는 것이다. 이로 인해 길에서 아이들을 잃어버리는 사람들이 많아졌다는 것이다. 한 엄마는 꽃을 사러 가게에 들어간 사이에 애가 없어졌는데 알고 보니 먼 지방에 버려져 있었다고 한다.(브라운 장관에게 보낸 버치의 보고, 「미성년자에 대한 경찰의 정책」, 버치 문서 Box 2)

그러나 무엇보다도 미군정을 골치 아프게 했던 사건들은 깡패들의 불법적인 행동이었다. 시대를 막론하고 서민들이나 소상인들을 괴롭히는 깡패들은 어디에나 존재했다. 해방 정국이라고 예외는 아니었던 것 같다. 그런데 문제는 이들의 불법 활동이 정치와도 연결이 된다는 것이었다. 그런 의미에서 버치의 문서에 정치인들 못지 않게 많이 등장하는 이름이 있었다. '장군의 아들' 김두한이었다.

21

장군의 아들인가, 테러리스트인가

버치가 남긴 문서 중에 유독 눈에 띄는 이름이 있다. 김두한이다. 한국의 장년 세대들에게는 장군의 아들로 알려져 있고, 영화 〈장군의 아들〉에서 긴 또깡이라는 일본식 발음으로 불리면서 경성에 있던 일본 깡패들을 신나게 혼내주던 식민지 조선의 주먹으로 알려져 있다. 영화 속의 그는 일본 깡패들에게 괴롭힘을 받던 경성의 조선 상인들을 보호하는 역할도 했다. 한마디로 조선의 로빈 후드였고, 근대판 임꺽정이요 장길산이었다. 그는 준법정신이 뛰어난 시민은 아니지만, 정의의 사도로서 악을 응징하는 사람으로 기억되었다.

그런데 버치의 문서 속에 나타나는 김두한은 이와는 사뭇 다른 모습을 하고 있었다. 버치가 미국으로 돌아간 이후 미군정하에서 그의 경험에 대해 묻는 편지가 날아들었고, 1973년 12월 3일 그는 답장을 보냈다. 여기에는 아래와 같은, 김두한에 대한 내용이 포함되어 있었다.

울비스 씨에게.

나는 1945년 12월 15일에 한국에 처음으로 도착했다. (중략) 나는 사령관과 미소공위의 자문으로서 1948년 5월 말 공위가 붕괴될 때까지 일했다. 그때까지 나는 한국에서의 진행 상황을 보면서 철저하게 실망했고, 용기를 잃었다. (중략) 이승만이 활동한 하나의 예로 나는 김두한의 이야기를 인용할 것이다. 그는 정치라는 모래사장에 던져진 가장 악취 나는 타입의 인물이다. 김은 알카포네가 대중적 은혜를 베푸는 사람으로 인식되었던 것과 비슷하게 여겨졌다. 그는 일본 경찰의 스파이였다. 그는 배가 가라앉는다는 것을 느끼자 꽁무니를 뺐고, 공산주의를 희롱했다. 미국이 한반도의 남쪽 반을 점령한다는 사실을 알았을 때 바울이 다마스쿠스로 가는 길을 찾은 것처럼 그는 새로운 빛을 보았다.

버치가 알고 있는 김두한은 영화 〈장군의 아들〉에 나오는 긴또깡이 아니었다. 일제강점기에 김두한이 일본 깡패들과 맞서서 자신의 영역을 확대해 나가는 과정은 마치 부패한 경찰에 맞서는 전설적인 갱 '알카포네'와 비슷했을 수도 있다. 하지만 최소한 일본 군국주의자들의 침략 전쟁이 시작된 이후에 그는 변절했고, 친일 부역자들과 비슷하게 미군의 진주로 또 다른 기회를 갖게 되었다는 것이다.

그는 조직원 중 아무도 25세 이하가 아니었지만 민주청년운동을 조직했다. 그의 청년 그룹은 육군의 보급품들로 부당 이익을 취하고 중간에서 강탈하는 데 전문적이었다. 다양한 방법으로 정치적 반대자들의 본부를 습격하고 종종 고문과 살인을 실행했다.
CIC의 폭력 대응팀이 김두한의 무리를 공격한 밤에도 그의 그룹은 이러한 행위를 하고 있었다. 나는 같은 날 밤 하지에게 이들의 체포 소식을 알렸고, 그들을 미 군사법정에서 다룰 것을 요청했다. 하지는 "그것을 나에게 문서로

써서 다음 날 아침에 받을 수 있도록 해달라."라고 답변했다.

다음 날 아침 나는 겨우 러치 장군을 거쳐 하지의 사무실로 갔다.(러치는 군정장관으로 하지의 보좌관이었다.) 러치는 나의 권고에 대한 답변으로 "최근의 보고서처럼 버치의 이번 권고는 나의 한국화 계획을 뿌리에서부터 망치는 것이다."라고 말했다. 한국의 법정은 그들을 VIP로 대접하고 그들에게 22센트의 벌금을 물도록 했다.

나는 하지에게 이 모든 일에 대한 새로운 메모를 썼고, 하지는 나의 권고를 따랐다. 그는 한국 법원의 결정을 거부했고, 미국 법원에서의 재판을 명령했으며, 사형선고가 내려졌다. 이승만은 미 태평양사령부에 있는 친구로 하여금 사형 집행을 2년간 미루도록 했다. 2년 후 정부가 수립되면서 그를 풀어주었고, 그는 새로운 정부의 영웅으로 꾸며졌다.

버치가 김두한에 대하여 이렇게 부정적으로 인식하게 되었던 데는 몇 가지 이유가 있었다. 한국에서 근무하는 동안 버치가 받은, 김두한의 활동과 관련된 보고서는 모두 부정적인 것이었다. 버치는 김두한과 그의 그룹들이 러치 군정장관뿐만 아니라 한국의 사법부와 경찰에 의해 비호받고 있다고 느꼈으며, 이에 대한 불만을 갖고 있었다.(「경찰과 여운형」, 1947년 7월 21일, 버치 문서 Box 1) 농지개혁을 추진했던 미군정의 경제고문이었던 번스는 국무부에 러치의 극우적 성향을 제어할 것을 요구하기도 했다.[40]

이 메모는 기억에 의해 쓰여진 것이기 때문에 인용한 날짜에 오류가 있을 수 있다. 아래의 상황들은 현재의 문제들을 보여준다. (중략)

---

40 _ 정용욱, 「해방 전후 미국의 대한정책」, 서울대학교 출판부, 2003, 183쪽.

버치의 메모에 나오는 김두한의 이름. 4월 23일이라는 날짜가 나오는 것을 감안하면 극작가동맹을 습격했던 사건과 관련된 메모로 보인다.

김두한 (대한민청의 단장)

대한민청은 공식적으로는 해체되었지만, 아직도 존재한다. 이승만의 가까운 추종자다. 김두한은 이승만의 집에 자주 나타난다. 살인, 압박, 고문에 대한 많은 기록이 있다. 남한 전기공사의 파업을 깨버린 경력을 갖고 있다.

그는 보수주의자인 이태원 사장에게 말하길, 이승만이 대통령이 되면 다시 돌아와서 죽이겠다고 협박하기도 했다. 김두한이 체포되었지만, 체포된 지 얼마 후에 그의 사건은 기각되었다.

김두환이 감옥에 갈 때마다 그는 곧 자유롭게 풀려났다. 나는 개인적으로 지난봄 그가 재판을 기다리면서 이론적으로는 감옥에 있어야 할 때 로즈그릴(Rose Grill)이라는 식당에서 그를 만났다. 이런 문제를 경찰에게 얘기하면 그들은 습관적으로 그가 풀려나지 않았다는 것을 증명할 기록을 보여주곤 한다. 그가 차를 타고 가는 모습을 보았다고 하면 그것은 심문하기 위해 데려가는 중이었다고 설명되었다.

약 5개월 전 김두한의 직접적인 명령과 감독하에 젊은 범죄자 그룹이 불법적으로 극작가동맹 소속의 10~15명을 체포하여 김의 사무실로 끌고 가서 하루 반 동안 고문을 했다. 이러한 행동은 그의 개인적인 감독하에서 이루어졌고, 그중 한 명은 죽었다.(나는 이 건을 충분히 살펴볼 수 있는 시간이 없었지만, 그들을 구출하는 과정에서 몇 명이 죽었다는 이야기를 들었다.) CIC 요원들이 그 장소를 습격해서 김과 그의 부관들을 체포했다.

재판에서는 두 명을 죽이기 위해서 일부러 그런 것이 아니라며, 김두한에게 160일의 징역과 2만 엔의 벌금이 선고되었다.

극작가동맹과 관련된 사건은 1947년 4월에 발생했다. 극작가동맹이 원래 불교 사원이던 곳을 예술학교로 이용하려는 신청서를 냈고, 미군정이 이를 허가했다. 버치의 문서에는 불교 사원으로 되어 있는데, 남산에 있었다는 점을 고려하면 일본의 신사 자리였을 가능성도 있다. 이곳을 김두한과 대한민청 인사들이 습격한 것이다. 미군정의 CIC는 이들이 '우익'이라고 정치적으로 위장하고 있지만, 실제로는 '전문적인 살인강도범'이라고 판단했다. 왜냐하면 그들이 좌익과의 싸움에는 잘 개입하지 않는다고 판단했기 때문이다. 오히려 '그들은 우리가 지원해야 할 사람들을 위협하여 우리로부터 멀어지게 하고 있다'고 판단했다.

1947년 5월의 전력 회사 파업에 개입했을 때도 김두한 그룹의 행동은 논란이 되었다. 회사의 사장은 파업한 노동자들이 회사로 돌아오도록 협상을 하고 있었고, 거의 설득이 끝나가고 있을 때였다. 그런데 김두한과 대한민청 그룹이 개입하면서 파업 노동자 중에서 피살자가 발생했다. 그들에게 항의하는 전력 회사 사장 사무실에 김두한이 방문했다.

> 이 사장 나를 보시오. 내 이름은 김두한이요. 당신은 우리 그룹의 행동을 방해했소. 90일 이내에 나는 힘을 가질 것이고, 내가 힘을 갖게 되면 돌아와서 맨손으로 당신을 죽일 것이오.(이상 「김두한의 체포」, 1947년 4월 21일, 버치 문서 Box 4)

김두한과 관련된 사건은 단지 폭력 사건만 있는 것이 아니었다. 마약 사건과 관련된 문서도 있다.

> 1946년 2월 김두한의 대한민청에서 압수한 아편을 사법국에서 전량 파기하지 않았다고 한다. 사법국과 법원의 일부 관리들이 지난 18개월 동안 이 아편을 시중에 판매했다고 한다. 핵심적인 사람들은 이○, 김○○, 옥○○, 김○○, 강○○, 양○○ 등이다. 이○은 검찰총장이고, 김○○는 사법국장이다.(「아편」, 버치가 하지 사령관에게, 1947년 11월 22일, 버치 문서 Box 1)

마약 사건과 관련된 범죄 행위에 대해 제보를 한 사람은 경찰 내에 있었던 최능진이었다. 그는 미군 CIC와 공조 활동을 벌이고 있었다. 1948년 5.10 총선거에서는 종로를 지역구로 출마하여 이승만과 경쟁했던 인물이다. 그의 인기가 높아지자 선거관리위원회는 선거 출마 자체를 할 수 없도록 입후보 등록을 취소시켰고, 선거 직후에는 쿠데타를 일으켜 이승만을 쫓아내려 했다는 혐의로 5년형을 선고받았으며, 전쟁 기간 중 정전운동을 벌이다가 공산주의자와 내통했다는 혐의로 처형당했다. 2015년 그는 대한민국 법원으로부터 무죄 선고를 받았다.[41]

버치는 김두한을 체포함으로써 미국이 법과 질서를 지키는 나라라는 사실을 사람들에게 보여주어야 한다고 생각했다. 그래서 하지 사령관에게 미군정이 평화와 안전을 위협하는 사회적 요소를 제거해서 정부로서의 권위를 세우기를 희망한다고 건의했다. 그러나 그의 노력은 번번이 물거품이 되었다. 어떤 일이 일어나든 김두한은 풀려났다.(「김두한」, 1947년 8월 11일, 버치 문서 Box 1)

김두한은 '장군의 아들'로 기억되는 알카포네였는가? 아니면 버치의 문서에 나오는 테러리스트였는가? 김두한은 3대 총선에서 자유당 소속으로 국회의원에 당선되었지만, 사사오입 개헌을 비판하면서 이승만을 민족 반역자라고 비난했다가 국회의장의 징계를 받았다. 진보당 준비위원회에 잠시 참여했던 김두한은 제2공화국에서 집권 민주당의 친일 경력에 대해 비판의 목소리를 높이기도 했다. 1966년에는 삼성의 사카린 밀수를 비판하면서 국회에 오물을 투척하기도 했다. 김두한에 대한 평가는 지금도 현재 진행형이다.

그럼에도 불구하고 버치가 김두한에 대해 부정적 인식을 갖고 있었던 또

---

41 _ http://www.hani.co.kr/arti/society/society_general/706265.html.(2019년 1월 26일 검색)

다른 이유는 김두한이 여운형 암살 사건에도 관련되었다고 판단했기 때문이었다. 여운형이 암살된 직후 만들어진 「경찰과 여운형」이라는 문서에 김두한 관련 내용이 나오는 것도 이 때문이었다.

22

여운형의 죽음과 친일 경찰

김두한이 언급된 「경찰과 여운형」이라는 문서는 여운형이 암살되고 이틀 후 작성되었다.(버치 문서 Box 1) 버치는 여운형 암살 사건 직후 김구와 김두한 이 관여되어 있는 것으로 판단했다. 그러나 정병준의 『몽양 여운형 평전』[42]을 보면 김두한이 여운형의 암살에 직접 개입되어 있지는 않았던 것 같다. 오히려 백의사라는 암살 단체가 관여되었을 가능성이 크다. 그런데 「경찰과 여운형」이라는 문서에는 그동안 여운형의 암살을 노렸던 인물들에 대한 이야기가 포함되어 있다.

1. 'Dirty Coat' Lee 의 경우

지난여름 여운형은 남산의 집회에서 연설을 했다. 이종형("Dirty Coat" Lee) 이 발행하는 『대동신문』의 논설위원이 그 집회에 수류탄을 투척했다. 이종형의 신문은 여운형의 암살을 요구하는 사설을 썼고, 암살 시도 후 그 시도를 위대한 애국 행동으로 찬양했다. 이종형은 체포되었다. 이승만은 그의 보증

---

42 _ 『몽양 여운형 평전』, 한울 아카데미, 1995, 461~491쪽.

금으로 30만 엔을 냈다. 이승만은 계속해서 이종형과 정치적으로 가까운 관계를 유지했고, 그 뒤에 공개적으로 그를 칭찬했다. 최근 이승만은 이종형을 새로운 국가 건설을 위해 조직한 네 개의 소위원회 중 하나의 위원장으로 임명했다.

이종형은 대표적인 친일 밀정 중 하나였다. 만주에서 수많은 독립운동가들을 체포하고 탄압하는 데 앞장섰던 인물이다. 영화 〈암살〉에서 배우 이정재가 열연했던 인물은 이종형이었을 가능성이 크다. 그는 적산 불법 처분과 수해 의연금을 횡령한 혐의로 구속·수감되기도 했다. 이러한 배경이 있는 이종형과 함께 여운형의 생명을 위협한 것은 경찰이었다.

　　3. 과거 일본 경찰 출신들의 권리를 제한하는 법안이 (입법의원에) 상정된 이후로 경찰들은 김규식, 여운형, 그리고 안재홍의 제거를 요구하는 포스터를 돌리고 있다. 10일 전 『한성일보』는 '그러한 행동을 허용하는' 경찰에 대해 사설을 통해 비판했다. 『한성일보』는 경찰이 그것을 허가하지 않았지만, 실제로 하고 있다는 것을 알고 있다고 썼다. '송'이라는 이름의 논설위원이 이를 잘 알고 있다고 말했다.
　　경찰에 의한 캠페인은 계속되고 있다. 그들은 그 법안이 통과되지 않아야 된다고 주장하고 있다.(종로경찰서의 경찰 관료 한 사람은 위의 모든 건에 대해 직접적인 연루를 증명할 수 있다고 말했지만, 생명의 위협 때문에 자신의 이름을 밝히기를 꺼렸다. 나는 그를 다시 만날 것이며 비밀을 지키겠다는 약속을 하고 경찰이 관련된 내용의 문서를 직접 작성할 것을 요구할 것이다.)

미군정 아래 조직된 남조선과도입법의원에 참여한 사람들은 대부분 보수 우익 인사들이었음에도 불구하고 1947년 3월 5일 부일 협력자와 민족 반역자를 규정하는 법률을 상정했다.(『경향신문』 1947년 3월 5일) 이 법안에는 친일 경력이 있는 경찰들의 피선거권을 제한하는 내용이 포함되어 있었다. 위의 내용을 보면 친일 경력의 경찰들이 입법의원 의장이었던 김규식과 남조선과도정부 수반인 안재홍을 위협했다는 것은 논리적으로 이해가 되지만, 입법의원이 아니었던 여운형까지 포함되었다는 것은 단순한 법안 문제가 아니라 정치적 암살이 시도되고 있었다는 것을 의미했다.

  4. 여운형은 7월 18일 저녁 브라운 장군과 개인적으로 인터뷰를 했다. 그는 장택상이 개인적으로 그를 서울에서 떠나라고 말했다고 했다. 만약 그가 서울에 남아 있다고 한다면, 장택상은 그의 안전에 대해 책임질 수 없다고 말했다고 한다.

  여운형이 암살되기 직전에 미군정 고위 관리와 장택상 경기도 경찰청장으로부터 암살 위협의 경고를 받았다는 것은 유명한 일화이다. 7월 17일 김규식, 홍명희, 웜스 등 주요 인사들과의 모임에서도 여운형은 장택상이 서울을 떠나라는 경고를 했다고 말했다.(「김규식과 다른 사람들과의 모임」, 1947년 7월 17일, 버치 문서 Box 1) 여운형은 이 경고를 무시하지 않았고, 지방에 있는 지인의 집으로 피신하기 위해 이동하는 과정에서 암살당했다. 「경찰과 여운형」이라는 문서에서는 여운형의 암살에 경찰이 개입되어 있을 것이라고 추측했다.

  6. 여운형의 죽음에 대한 즉각적인 상황.
  암살자는 암살 장소로 경찰 지소 앞을 선택했다. 이것은 경찰의 개입을 애

夢陽 呂運亨先生
葬儀式

夢陽·呂運亨先生永遠히가다

六十平生을 祖國과 同胞의 獨立과 自由를爲하야 싸우
든 夢陽·呂運亨先生은 지난七月十九日 못하지않은 凶彈
에스러저 永遠히 慟節함을 품기다!

一 獨立의 세워진 鬪士를 걸이 저세상으로 보내는 서울
른 京溿土地에 大地도 우는듯 八月三日 葬儀는 極大히
擧行되다.

MR. LYU OON HYUNG MEETS UN...LY DEATH

Mr. Lyu Oon-hyung, leader of the
Laboring People's Party and one of the
most influential politicians in Korea,
was assassinated by an ill-advised young
terrorist in Seoul on July 19. Following
up the assassination of Song Jin Yu,
founder of the Korean Democratic Party, late
in 1945, the incident was the biggest surprise
in the Korean political world as Mr. Lyu was
expected to play a prominent part in the
unification of the confused people and country.
Pictures show (1) the funeral services held
at the Seoul Stadium in honor of Mr. Lyu;
(...) funeral procession.

哀 悼

CAMERA AND
PHOTO MATERIALS,

MUN JIN CO.

2 GA MEUNGDONG SEOUL, KOREA

寫眞機、寫眞材料

文進洋行

서울市明洞二街 ☎③348.1919

여운형의 장례식.

기하는 것은 아니지만, 암살자들이 경찰의 개입을 두려워하지 않았다는 것을 보여준다. 경찰들은 여운형의 친구들을 체포하는 데만 성공했다. 경찰은 여운형의 동료들이 이 암살 조사를 방해하고 있다고 주장한다. 여운형의 친구들은 이것이 사실과 정반대라고 말하고 있다. 암살 이후 경찰은 서울시 전역에 수사망 확대를 명령했다. 그들은 여운형의 알려진 적들을 체포하지 않았고, 그의 알려진 개인적·정치적 친구들을 체포했다. 여기에는 그의 경비원과 그가 마지막 묵었던 집주인도 포함되어 있다. 암살을 이끌게 된 증거를 찾기 위해서 그들에게 질의할 게 있다는 것이 경찰들의 핑계다. 동시에 여운형 암살이 필요하다는 대중적 성명을 냈던 사람들도 체포하지 않고 있다.”

여운형이 암살되었던 시기는 미소공동위원회가 성공과 실패의 기로에 놓여 있는 시기였다. 반탁운동 세력들은 미군정이 엄연히 존재하고 이런 상황에서 이승만을 수반으로 하는 정부를 수립하겠다고 목소리를 높이고 있었다. 이승만과 김구는 이를 위하여 네 개의 위원회를 조직했고, 이종형, 명제세, 최규설 등을 책임자로 임명했다.(「이승만의 행동」, 1947년 7월 11일, 버치 문서 Box 2) 이승만의 주장에 따라 미소공위가 실패했다는 소문이 급속히 퍼졌다.(「언론 보도에 대한 대응」, 1947년 7월 17일, 버치 문서 Box 2)

반면 삼상회의 결정안에 찬성하는 세력들은 1947년 봄 제2차 미소공동위원회가 재개되면서 결정안에 규정되어 있는 남과 북의 정치인들이 함께 참여하는 ‘임시조선정부’의 수립에 대한 기대에 한껏 부풀어 있었다. 반탁운동에 참여했던 한국민주당 역시 미소공동위원회의 결정에 따르겠다는 입장을 밝혔다.(「통합위원회에 의한 선언」, 1947년 7월 15일, 버치 문서 Box 2) 그래서 이를 반대했던 극우 테러리스트들에 의한 테러 관련 소문이 여기저기서 들리고 있었고, 김규식은 자신과 식솔들을 지키기 위하여 무기 소지를 허용해달라고 미군정에 요청했다. 여운형의 경호원들은 하지 장군의 지시로 3정의 권총을 지급받기도 했다.(「무장에 대한 김규식의 요청」, 1947년 7월 8일)

여운형이 암살된 직후 버치는 암살의 배후에 김구가 있다고 생각했다. 그의 메모 중에는 김구를 왜 체포하지 않는가라는 메모가 포함되어 있다. 그러나 버치는 수사가 진행되면서 곧 생각을 바꾸었다. 배후는 김구가 아니었다. 경찰은 암살이 발생할 때마다 김구가 배후라고 주장했지만, 실상 문제는 당시의 경찰이었다. 그들은 모든 혐의의 화살을 김구에게 향하도록 했다. 암살범을 수사한다는 명분으로 여운형의 경호원과 운전기사를 체포, 구금하고, 암살범을 체포하려고 쫓아갔던 사람은 아예 사라져버렸다. 하지는 여운형의 경호원과 운전기사를 풀어주라고 했지만, 그 명령은 무시되었다.(「여운형 케이스」, 1947년 7월 22일, 버치 문서 Box 1) 오히려 하지는 다시 버치에게 경찰 일에 개입하지 말 것을 지시하기도 했다.(「여운형 케이스」, 1947년 7월 26일, 버치 문서 Box 1)

암살의 배후를 밝히기 위해 버치는 박성복이라는 경호원을 조사했다. 그는 사건 며칠 전 "반공투쟁회(?)"로부터 온 여운형 암살을 암시하는 편지를 군 첩보대에 넘겼다. 편지는 빨간색 글씨로 쓰여 있었다. 그는 여운형 암살의 현장에 있었으며, 암살자를 뒤쫓았는데 사람이 너무 많아서 총을 쏠 수 없었다. 추격 중 경찰이 그를 막기도 했다. 13세 정도의 소년이 암살자가 들어간 골목 끝에 있는 집을 지목했는데, 그 집은 유명한 임정 요인의 첩이 사는 집으로 알려져 있었다. 골목에서 암살자를 발견하지 못하고 밖으로 나오자 4~5명 정도의 경찰이 있었는데, 그들은 암살자를 쫓지 않는 것으로 보였다. 경찰에 신고하려고 했지만, 주변의 전화는 모두 고장 나 있었다.

박성복을 조사한 문서의 마지막은 다음과 같이 결론을 내렸다.(「박성복 인터뷰」, 1947년 7월 27일, 버치 문서 Box 1)

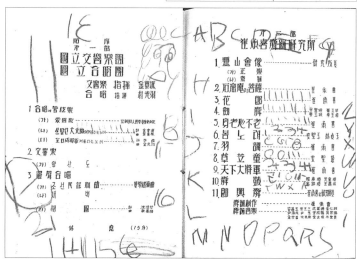

1947년 봄 평양에서 개최된 제2차 미소공동위원회 팸플릿. 버치는 자문역 자격으로 위원회에 참석했는데, 그는 행사가 재미없었던 것 같다. 팸플릿에 수많은 낙서가 보인다.

the original is from Harvard-Yenching Library of Harvard College Library, Harvard University.

경찰행정을 바꾸지 않는 한 여운형의 죽음에 대한 책임을 밝히는 것은 불가능할 것이다. 여운형의 죽음에 대한 책임을 이승만에게 두어야 한다는 것은 또 다른 질문이지만, 현재로서는 답할 수 있는 충분한 증거를 갖고 있지 못하다.

하지 중장이 여운형 암살 직전에 이승만에게 테러와 암살 사건의 연루 가능성에 대해 경고를 내렸다는 점은 버치가 이러한 결론을 내리는 데 또 다른 근거가 되었을 것으로 보인다.(『몽양여운형평전』, 450쪽)

버치 문서군에는 '날짜 미상'인 또 다른 문서가 있다. 이 문서는 경찰서장들의 모임에서 김규식, 여운형, 안재홍 등의 암살에 대한 토의가 있었다고 한다. 이것이 암살을 막기 위한 것인지, 아니면 암살을 하기 위한 것인지도 명확하지 않다. 문서에 의하면 여운형의 암살자는 23세의 신동운이라고 한다. 세간에 알려진 것처럼 20세의 한지근이 아니었다는 것이다. 한지근은 박성복의 인터뷰에 나오는 임정 요인의 집에서 체포되었다고 한다. 그리고 이것은 이미 준비된 것이었으며, 그 뒤에는 친일 경찰 노덕술이 있었다. 문서 작성자는 다음 희생자가 김규식이 될 것이라고 확신했다. 문서를 작성한 사람은 친일 경찰을 비판하고 이승만에게 직접 대항했던 최능진이었다. 그는 경찰이었고, 대구 사건의 원인이 친일 경찰에 있다고 주장했던 인물이었다.

최능진이 작성한 문서는 사실일까? 만약 사실이라면 암살범은 검거되었지만, 그가 진짜 암살자인지조차도 정확히 알 수 없다. 그로부터 70년이 지나도록 이 암살 사건과 관련된 사실은 전혀 밝혀지지 않은 채 사건은 묻혀버렸다. 그러나 분명한 것은 여운형의 암살로 인해 좌우합작위원회를 중심으로 합리적인 지도자들을 내세우려고 했던 버치의 계획이 모두 무산되었다는 점이다. 이는 미소공동위원회를 통해 한국 정부를 수립하려고 했던 미군정의 계획에 차질을 생겼음을 의미했다.

일부 연구자들은 미소공동위원회나 좌우합작위원회가 모두 미군정의 "쇼"였다고 주장하기도 한다. 일찍부터 소련과의 타협보다 미국에 우호적인 세력을 중심으로 분단 정부를 세우려고 한 것이 미국의 정책이요, 미군정의 계획이었다는 것이다. 그러나 버치의 문서 속에 나타나는, 미소공동위원회에 대한 미군정의 대처는 생각보다 더 적극적이었다. 단지 하나의 쇼가 아니라 실제로 모스크바 삼상회의 결정안에 있는 조선임시정부의 수립을 위해 구체적으로 추진해 나가고 있었던 중이었고, 그 와중에 여운형이 암살된 것이다. 여운형 암살로부터 27년이 지난 1974년 초, 4명의 중년 남성들은 자기들이 여운형 암살의 진범이라고 자수했다.[43] 그리고 검찰은 이에 대해 재수사에 들어가겠다고 선언했다.[44] 버치의 문서에 나오는 신동운이 검찰에 자진 출두하기도 했다. 그는 자신이 모든 범행을 꾸몄다고 증언했고, 한지근의 이름을 지어준 것도 자신이었다고 했다.[45] 그리고 공소시효가 지난 이 사건은 더 이상의 조사가 이루어지지 않은 채 다시 묻히고 말았다.

---

43 _ 『동아일보』 1974년 2월 5일, 『경향신문』 2월 5일.

44 _ 『조선일보』 1974년 2월 6일.

45 _ 『경향신문』 1974년 2월 14일.

23

미군정이 만들려고 했던 정부

— 해방 직후 최초의 헌법 초안

잘 알려져 있듯이 미국과 소련은 1945년 12월 모스크바에서 만나 한국 문제에 대해 합의했다. 조선인들로 하여금 '임시조선민주정부'[46]를 조직하도록 하고, 이 조직을 원조하기 위하여 미소공동위원회를 만들며, 임시조선정부가 미영소중 4개국 정부와 협의해 5년 이하의 신탁통치안을 결정하도록 한다는 것이 그 핵심적 내용이었다. 미국과 소련은 이 합의안이 제대로 이행될 경우 빠른 시일 내에 군대를 철수시킬 수 있다고 판단했다.

1946년 시작된 제1차 미소공동위원회에서나 1947년 재개된 제2차 미소공동위원회에서도 가장 결정적인 문제가 된 것은 어떠한 정당과 사회단체를 '임시조선민주정부'에 참가하도록 할 것인가 하는 문제였다. 모스크바 삼상회의 결의안에 의하면 임시조선민주정부는 향후 건설될 통일된 한국 정부뿐

---

46 _ '임시조선민주정부'는 대한민국임시정부와는 다른 조직이다. 모스크바 삼상회의 결정안에 포함되어 있는 조직으로 신탁통치를 실시할 경우 강대국의 정책하에서 한국을 실질적으로 통치해야 하는 조직이었다. 문건에 따라 '임시조선민주정부'라는 이름으로 되어 있는 경우도 있고, '임시조선정부'라고 되어 있는 경우도 있다. 따라서 본고에서는 두 명칭을 모두 사용했다.

만 아니라 신탁통치안의 내용과 기간을 결정하는 데 있어서도 결정적인 역할을 해야만 했다. 반탁운동을 통해 삼상회의 결정안에 반대하고 임시조선정부에 참여를 거부했던 보수 우익을 미군정이 설득했던 것도, 그리고 정치적으로 볼 때 전적으로 지지하기 힘든 여운형을 참여시키면서까지 좌우합작위원회를 조직했던 것도 삼상회의 결의안을 성공적으로 이끌기 위한 미군정의 노력이었다.

미군정이 1945년 가을부터 이미 단독정부를 수립하는 방안을 구상했기 때문에 삼상회의 결정안을 실행하려는 본국 정부의 방안은 그 효력을 잃을 수밖에 없었다는 것이 기존 연구자들의 일반적인 주장이었다. 겉으로는 미소공동위원회에 참여하지만, 실제로는 단독정부 수립을 위해 조금씩 나아가고 있었다는 것이다. 그러나 버치 문서에 있는 자료들은 여운형이 암살되기 이전까지 미군정 측에서도 미소공동위원회의 성공을 통한 임시조선민주정부 수립을 위해 많은 노력을 기울였다는 점을 보여준다.

1947년 6월 조선임시정부 수립을 위한 조치가 미군과 소련군 사이에 거의 합의에 다다랐다. 조선임시정부에 참여해야 할 정당과 사회단체에 대한 합의도 이루어냈으며, 중앙뿐만 아니라 지방에서도 조선임시정부의 구성을 위한 법령을 논의하기 시작했다.(「미소공위 30회 회합 기록」, 서울, 1947년 6월 4일 13시 30분, 버치 문서 Box 4) 또한 미군정에서는 임시조선정부 수립을 위해 세 가지 초안을 만들었다. 이 초안은 임시조선정부의 '헌장(charter)'으로 되어 있는데, 헌법과 같은 내용을 담고 있었다.

첫 번째 초안은 입법기구에 대한 선거 이후에 임시정부를 수립하는 방안이었고, 두 번째 초안은 남한의 입법의원과 북한의 입법기구를 통합하여 임시정부를 수립하는 방안이었으며, 그리고 마지막으로 세 번째 초안은 입법기구에 대한 선거 이전에 미군과 소련군에 의해 행정위원회를 조직하고 이

제2차 미소공동위원회 관련 팸플릿.

를 통해 임시정부를 만드는 방안이었다.(「임시조선민주정부의 제안된 헌장」, 날짜 미상, 버치 문서 Box 4)

제안된 세 개의 헌장 초안의 서문에는 공히 다음과 같은 목적을 담고 있다.

> 1945년 모스크바협정의 목적을 달성하고 한국의 정당·사회단체와의 협의를 통해 한국인들의 염원을 수행하기 위하여, 그리고 독립된 한국 정부를 수립한다는 관점에서, 또한 한국에 대한 오랜 일본 지배의 파괴적인 결과를 가능한 한 빠르게 청산하면서 민주적인 원칙하에서 나라를 발전시키기 위한 상황을 조성하기 위하여, 미국과 소련은 조선임시정부를 위한 이 헌장을 제정하여 만든다. 이 정부는 한국의 산업, 교통, 농업, 그리고 한국인들의 국가적 문화를 발전시키기 위한 필요한 모든 조치를 취해야만 한다.

이 헌장 초안의 1장에서는 "이 헌장에 의해서 수립되는 조선임시민주정부는 통합된 한국의 유일한 정부가 되어야 한다."라고 규정하고 있다. 2장에서는 이 헌장이 효력을 발생한 이후에 헌정의 내용과 일치되지 않는 모든 기존의 법령과 규정은 무효로 한다고 되어 있다. 3장의 1항은 조선임시민주정부가 행정, 입법, 사법권을 실행할 수 있도록 하고, 2항에서 국적법, 군사 및 해안경비대법, 세법, 공무원법 등 헌장에 대한 내용의 실행에 필요한 모든 법을 조선임시민주정부에서 제정해야 하며, 현존하는 한국의 법적 행정 시스템을 통합하기 위한 법령도 필요함을 명시하고 있다. 3장 3항은 해외에 외교와 영사 업무를 담당할 수 있는 기관을 수립해야 한다는 내용을 담고 있는데, 미군과 소련군이라는 현존하는 권력의 허가하에서 이루어져야 함을 규정하고 있다.

3장의 4항에서 사법권의 독립에 대해 언급한 다음, 4장에서 임시조선민

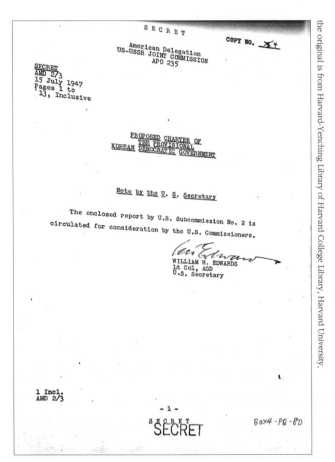

SECRET

COPY NO. 54

American Delegation
US-USSR JOINT COMMISSION
APO 235

SECRET
AMD 2/3
15 July 1947
Pages 1 to
13, Inclusive

PROPOSED CHARTER OF
THE PROVISIONAL
KOREAN DEMOCRATIC GOVERNMENT

Note by the U. S. Secretary

The enclosed report by U.S. Subcommission No. 2 is
circulated for consideration by the U.S. Commissioners.

WILLIAM H. EDWARDS
Lt Col, AGD
U.S. Secretary

1 Incl.
AMD 2/3

- 1 -

SECRET

BoX4-PQ-8D

제2차 미소공동위원회의 소련 측 대표단에 제출된 미국의 임시조선정부 헌장 초안이다. 여운형 암살 나흘 전이었다.

주정부의 권한 제한에 대해 언급하고 있다. 외교권과 일본인들이 남기고 간 적산, 그리고 한국에서 복무하고 있는 미군 및 소련군 그리고 그 군속에 대한 사법권에 대해서는 기존의 미군과 소련군의 허가를 받도록 제한하고 있다. 미군과 소련군의 허가 없이 헌장의 개정 및 공공의 안정에 해가 되는 정책의 실행이 이루어지지 않도록 4장 4~6항에서 규정하고 있다.

5장은 한국인들의 권리에 대한 내용이다. 모든 한국인들의 평등권, 종교·인종·성별 또는 정치적 신념에 의해 차별받지 않을 권리, 집회·결사 및 출판·표현의 자유, 종교의 자유, 독립된 법원에 의한 재판에 의하지 않고서는 생명권을 보장받을 권리 등이 명시되어 있다. 아울러 미군정 시기의 불법 단체들의 무력행사를 제한하기 위하여 법적으로 규정되지 않은 경찰권을 모두 제거할 것, 그리고 하나의 범죄로 두 번 처벌받지 않을 권리와 함께 공권력에 의한 고문의 금지도 규정하고 있다. 7장에서도 반(半) 무력 집단의 해체의 중요성이 강조되고 있는데, 이는 청년단을 염두에 두고 있는 것으로 보인다. 한편 5장의 7항에서 공공의 목적을 제외하고는 사적 소유권을 보장한다고 규정하고 있다.

6장 이하에서는 정부가 서울에 위치한다는 것과 행정, 입법, 사법권의 구성에 대해 규정하고 있다. 조선임시민주정부는 국가의 수반, 부수반, 그리고 12명의 장관과 하부 관료들에 의해 구성된다. 예산국과 시민행정국을 국가수반 직속으로 위치시킴으로써 재정 및 공무원 선출권의 장악을 제일 우선적으로 규정했으며, 행정부에는 농무부, 상업부, 통신교통부, 조정기획부, 교육부, 재무부, 외무부, 내무부, 법무부, 노동부, 국방부, 건강복지부 등을 설치하도록 했다. 당시 한국 상황을 고려하여 미군 및 소련군과의 협의하에 예산업무를 제일 우선으로 다루어야 할 필요성을 규정하고 있으며, 정부 부처 가운데 농무부를 제일 우선으로 했고, 조정기획부가 포함되어 있는 것도 주목된다. 이는 1948년에 제정된 제헌헌법에 중앙 부처 수준에서 '기획처'를 만든 것과도 일정한 연관성을 갖는다.

이와 관련하여 또 하나 주목되는 것은 정부의 수반과 부수반은 입법기관에서 선출하고 국가수반에게 장관 임명권을 주었지만, 국회의 동의를 받도록 한 것이다. 이는 1948년에 제정된 제헌헌법의 특징적인 부분 중 하나다. 대통령중심제이면서도 대통령과 부통령을 국회에서 선출하도록 하여 국회가 대통령과 부통령의 권한을 제한할 수 있도록 한 것이다. 이로 인하여 이승만 정부는 1952년 개헌에서 제일 먼저 정부통령 선출 방식을 직선제로 바꾸었고, 1952년과 1954년 개헌을 통해 국회의 각료 임명 동의권을 폐지함으로써 입법부가 더 이상 행정부를 견제할 수 없도록 무력화시켰다.

그렇다면 제헌헌법에는 왜 이렇게 서로 어울리지 않는 제도가 포함되어 있었을까? 지금까지 대한민국의 제헌헌법과 관련하여 대통령과 부통령을 국회가 임명하면서도 대통령중심제가 된 것은, 이승만이 대통령중심제로 하지 않을 경우 정부에 참여하지 않겠다고 협박했기 때문이라는 것이 통설로 알려져 있었다. 그런데 전 세계적으로 대통령중심제를 하면서 입법기관에서 정부의 수반을 선출하고, 동시에 국무총리가 있는 경우는 거의 없다. 전혀 어울리지 않는 구조라고 할 수 있다. 이렇게 어울리지 않는 구조는 의원내각제에 기초한 헌법을 만들면서 미군정이 준비했던 조선임시정부 헌장의 초안을 제헌헌법의 내용 속에 포함했기 때문에 나타났을 가능성이 있다.

7장 행정부 관련 항목에서 군대의 규모를 35,000명, 해안경비대 7,500명으로 제한하고 있다. 경찰력은 중앙정부의 수준이 아닌 지방정부 차원에서 설치하도록 했고 중앙 예산의 50%, 지방세의 50%로 경찰력이 유지되도록 했다는 것도 헌장 초안의 특징으로 보인다. 공공 행정이 효율적이고 정치로부터 독립되어 운영될 수 있도록 공훈 제도와 함께 공무원의 임기 보장을 규정한 것도 주목된다.

8장의 입법기관과 관련해서는 위에서 언급한 바와 같이 세 가지 다른 방안이 제시되었는데, 명칭을 미국의 congress나 일본의 diet가 아닌 국회(national assembly)로 했으며, 이는 한국 헌법에 그대로 적용되어 지금도 한국에서는 국회의 영어 명칭을 national assembly로 쓰고 있다. 또한 국회 성원의 2/3에 의해서 법률 비토권과 대통령 탄핵권을 가질 수 있도록 규정했다.

9장은 사법권에 대한 규정인데, 35세 이상의 대법원장과 6명의 대법관으로 대법원이 구성되도록 했고, 대법원 아래에 다양한 법원들이 조직되며, 이들이 헌장이 유효한 기간 동안 종신직이 될 수 있도록 규정했다. 대법관이 문제를 일으켰을 경우 그의 해임권을 정부 수반이 아니라 국회에 주었으며, 지금의 고등법원에 해당되는 중간 법원(intermediate court)의 법관 임명도 정부 수반이 하지만 국회의 동의를 받도록 한 것도 눈에 띈다. 지방법원의 판사는 해당 지방의 책임자 또는 지방위원회에 의해 임명되도록 규정했다. 예컨대 서울 지방법원의 판사는 서울시장 또는 서울시 위원회에서 임명하도록 했다.

10장은 지방정부에 관한 사안으로 제주도, 황해도, 강원도, 경기도를 제외하고는 전라도, 충청도, 경상도, 평안도, 함양도[47]를 남북으로 나누고, 서울시가 특별시로 함께 배치되었다. 총 14개 도 1 특별시다. 도 위원회와 군 위원회, 그리고 면(읍) 위원회 위원을 보통선거로 선출하여 이들이 도지사와 군수와 면(읍)장을 선출하고, 해당 위원회가 필요에 따라 해당 지역의 경찰청장을 선출하도록 했다. 이 헌장 초안에서는 지금보다도 더 완전한 지방자치의 내용이 포함되어 있다고 볼 수 있다.

헌장의 제2초안과 제3초안을 보면 1장에서 남북 입법기관의 통합(제2초안)과 미군과 소련군에 의한 행정위원회(executive council)의 설치(제3초안)가 규정되어 있다는 것을 제외하고는 제1초안과 유사한 내용을 담고 있다. 단지 제3초안에서는 국회의원 선거가 있기 전까지 모든 권한이 행정위원회에 집중되도록 규정되어 있다. 이 제3초안은 미국이 모스크바 삼상회의 이전에 구

---

47 _ 함경도의 오기로 보인다.

SECRET
Secret

Function	Minimum Preliminary Steps to be taken before Provisional Korean Democratic Government takes over	Committees to be created to effect Preliminary Agreements
d. Postal Savings	Agreement that inter-zone claims on deposit balances as of 15 August 1945 shall be honored; inter-zone claims on deposits since that date not to be honored until Korean Provisional Democratic Government has integrated Postal Savings system.	
e. National Budget	(1) The budgets of South Korea Interim Government and North Korea People's Committee shall be consolidated to make the budget of the Provisional Korean Democratic Government. The consolidated budget shall remain in effect for remainder of fiscal year.	
	(2) South Korea Interim Government and North Korea People's Committee appropriations shall be provisionally assigned to Provisional Korean Democratic Government departments prior to unification.	
	(3) Agreement on which of the national taxes in the two zones shall be continued and what rates shall apply.	
2. DOMESTIC AND FOREIGN TRADE		
a. Price and Wage Controls	Establishment of temporary price and distribution controls on: Rice, other cereals, fertilizer, fuels and cotton textiles.	II. Name: Price Control and Rationing Committee Membership: From North Korea: 1 Soviet, 1 Korean From South Korea: 1 American, 1 Korean
b. Foreign Exchange Controls	(1) Agreement to exchange information on foreign exchange assets of South Korea Interim Government (Foreign Commercial Bank A/C Balances) and North Korea People's Committee	III. Name: Foreign Trade and Exchange Controls Committee

AMD 9

Secret
SECRET

Appendix

임시조선민주정부가 수립되기 전에 취해져야 할 조치들을 담아 제2차 미소공동위원회에 제출된 미군정의 문건. 중앙은행과 예산 문제를 포함해서 남과 북으로 분리되어 있는 시스템을 통합하는 문제들을 자세하게 다루고 있다.

상하고 있었던, 한국에 대한 신탁통치안에 가장 근접한 내용으로 되어 있는 것으로 보인다.

이러한 세 가지 초안 중 제1안이 1947년 7월 15일 제2차 미소공동위원회를 통해 소련 측에 제안되었으며, 9월 12일 세 가지 초안이 다시 소련 측에 전달되었다. 그러나 9월 초부터 미군정 측으로부터 소련군에 전달되는 전문에는 국제연합(유엔)의 감시하에 선거라는 내용이 포함되기 시작했다. 이는 소련으로서는 수용할 수 없는 방안이었다. 당시 국제연합에는 미국의 우방이 압도적으로 많았기 때문에 소련에 우호적인 방안이 마련될 가능성이 없었기 때문이었다.

결과적으로 실패했지만, 조선임시정부 수립을 위해 기울였던 미군정의 노력이 모두 폄하될 수는 없을 것이다. 특히 미군정이 작성했던 임시 헌장의 초안은 민주적이고 통합적인 한국 정부를 수립하기 위한 노력 중 하나였다. 헌장의 내용에 신탁통치 또는 후견 제도와 관련된 내용이 포함되어 있다고 하더라도, 민주적 통합 정부를 수립할 수 있는 합리적 방안을 담고 있었다. 게다가 헌장의 초안에는 1948년 제정된 제헌헌법 내용의 기초가 되는 내용도 포함되어 있었으며, 입법부에 의한 행정부의 권한 견제, 사법권의 독립, 지방자치제도 등 민주적 정부를 수립할 수 있는 내용이 포함되어 있었다. 물론 이에 대한 후속 연구도 필요할 것이다.

일본으로부터 해방된 지 몇 개월도 되지 않은 상황에서 열강들이 한반도에 신탁통치를 실시하겠다고 한 것은 분명 우리 민족에게 큰 충격이 되었고, 응당 신탁통치 반대를 위한 거족적인 운동이 일어날 수밖에 없었다. 그러나 만약 모스크바 삼상회의의 결정이 헌장의 초안에 나타난 것과 같이 빠른 시간 내에 한국의 정당·사회단체 대표들로 구성되는 임시정부의 수립으로 이어지고, 통합된 임시정부하에서 미군과 소련군의 철수가 조기에 이루어질 수 있었다는 사실을 인식하고 모든 정치 세력들이 이에 협조했다면, 한반도의 운명은 어떻게 바뀌었을까? 1955년 분할 점령과 신탁통치를 끝내고 독립한 오스트리아와 유사한 운명이 되었을 것이라고 예측하는 것도 가능하지 않을까?

모스크바 결정이 알려진 후 열흘이 지난 1946년 1월 8일 한국민주당, 국민당, 조선공산당, 조선인민당 등 4대 정당 대표가 모여서 '신탁통치안'은 향후에 논의하되 모스크바 결정에 대해서는 지지한다는 공동선언을 발표했다. 그러나 이 선언은 바로 무효가 되었고, 이후 진행된 반탁운동과 정치 공작, 그리고 수많은 테러 행위들과 여운형의 암살은 한국인들 스스로가 자기들에게

다가온 기회를 차버리는 결과를 가져왔다. 그리고 그 결과는 동족상잔의 비극과 이후 70년이 넘는 기간 동안의 분단과 대립이라는 최악의 상황을 불러왔다.

24

농지개혁으로 혁명을 막아라

1945년 제2차 세계대전이 끝나면서 과거 식민지였던 지역에서 많은 모순들이 터져나오기 시작했다. 제국의 식민지 지배와 독일과 일본의 점령에 협조했던 인물들의 청산뿐만 아니라 사회경제적 구조를 개혁하는 것 역시 식민지에서 독립한 신생 독립국들에게 매우 중요한 문제였다. 이는 식민지 경험이 과거의 사회경제적 모순을 해결한 것이 아니라 더 심화시켰기 때문이었다.

사회를 개혁하기 위한 움직임은 공산주의자들의 노선이 확산되기에 좋은 환경을 만들었다. 케네디 행정부에서 대외 정책을 조언했던 전 MIT 경제학자였던 로스토우(Walt W. Rostow) 교수는 공산주의를 전염병(epidemic)에 비유했다. 건강한 사람에게는 힘을 못쓰는 바이러스가 건강하지 못한 사람에게는 빠르게 퍼져나간다는 것이다. 사회도 마찬가지로 건강하지 못할 때 공산주의가 퍼질 수 있다는 것이다.

아시아와 아프리카에서 식민지를 경험한 국가들의 대부분이 산업화를 하지 못한 농업 사회였고, 이에 따라 사회적 갈등은 지주와 소작인 사이의 갈등으로 나타났다. 또한 지주들은 대부분 제국주의의 식민지 지배에 협조하

브라운 장군.

는 태도를 보였기 때문에 사회적으로도 비판을 받는 대상이었다. 이런 상황에서 공산주의자들은 토지 소유에서의 평등을 통해 지주–소작 관계를 청산해야 한다는 것을 주장했다. 권태석 청원문(15장)에 나타나는 옥천에서의 갈등도 이러한 상황을 잘 보여주고 있다.

이 문제를 어떻게 해결해야 할까? 1947년 6월 11일 버치는 서울 주재 중화민국 총영사를 만났다.(「농지개혁」, 1947년 6월 13일, 버치 문서 Box 4-H-40~43) 아직 중국이 혁명을 하기 전이었지만, 공산주의자들이 중국 내전을 유리하게 이끌어가기 시작하는 시점이었다. 1934년 전면적 패배의 위기에서 대장정을 통해 겨우 생존했던 중국공산당이 국공내전에서 어떻게 주도권을 장악하기 시작했을까? 일본과의 전쟁을 승리로 이끌었던 중국국민당의 중화민국이 공산주의자들과의 전쟁에서 궁지에 몰리기 시작한 이유는 무엇인가?

　중화민국 총영사는 중국 정부가 궁지에 몰리기 시작한 이유는 농지개혁이 실패했기 때문이라고 진단했다. 1911년 신해혁명 이래로 중화민국이 수립되었지만, 혁명 당시 약속한 농지개혁이 전쟁이 끝난 이후에도 제대로 진행되고 있지 않았기 때문이라는 것이다. 중화민국이 수립된 직후에는 정확한 인구와 토지 소유 상황에 대한 조사를 해야 하기 때문에 농지개혁을 바로 실시할 수 없었다. 조사를 위해서는 사회적 안정이 필요했고, 이를 조사하기 위한 인력을 키워야만 했다. 중화민국 총영사는 농민들에게도 땅을 분배받은 이후에 효율적 사용을 위한 교육도 필요했다고 덧붙였다.

　새로운 관료들과 농업기술의 확산이 필요하다는 얘기는 지난 40년간 계속되었다. 그러니 인구의 대다수를 차지하고 있던 농민들이 중화민국 정부를 믿을 수 있겠는가? 그런데 그는 중화민국 정부도 농민들의 마음을 얻기 위하여 농지개혁이 필요하다는 것을 인정하지만, 그 필요성이 곧 농지개혁을 하겠다는 의지가 있다고 할 수는 없다는 의미심장한 얘기를 한다. 중화민국 정부의 핵심에 있는 인물들이 대규모의 토지를 소유한 지주들이라면 이들의 땅을 가난한 농민들에게 분배하는 것이 가능하겠는가?

　브라운 장군에게 보낸 버치의 이 보고서에서 총영사와의 대화는 여기에서 끝을 맺는다. 그러나 문서는 끝나지 않았다. 버치는 38선 이남 지역에서도 농지개혁이 필요하다는 점을 역설했다. 특히 미군정에게 있어서 제2차 미소공동위원회를 진행하는 시점에서 농지개혁 문제가 더욱 중요했다. 소련이 점령한 38선 이북에서는 1946년 2월 이미 토지개혁을 실시했기 때문이었다. 만약 미소공동위원회에서 남북을 아우른 임시정부가 수립된다면, 농지 문제를 어떻게 할 것인가? 이미 토지개혁이 진행된 38선 이북 지역을 개혁 이전으로 되돌려 남한과 같은 상태로 만들 것인가? 아니면 남한에서도 북한 지역과 유사한 성격의 개혁을 진행해야 하는가?

버치의 생각은 아래와 같았다.

1) 북쪽의 농지 재분배는 어느 정도로 이미 기정 사실이다. 역사의 논리를 따라하면 이 농지 재분재를 사실상 뒤바꿀 수 없기 마련이다.

2) 통일된 정부가 수립되면 북쪽과 남쪽에 서로 다른 토지 보유권 체제를 보장하는 것은 현명하지 않은 정책이 될 것이다.

3) 북쪽이든 남쪽이든 건전한 민주주의 정부는 보상이 없으면 몰수가 안 된다는 규칙이 필수적이다.

4) 남쪽에 농지를 재분배하는 것은 이러한 규칙에 따라 이루어지는 것이 정치적, 경제적으로 바람직하겠다. 미국이든 장래 통일된 국가 정부든 북쪽에 있는 농민들이 이미 받은 농지에 대하여 대금을 지불해야 된다는 입장을 취할 수 없을 것이다.

이에 따라 미군정은 소련군 대표에게 아래와 같은 제안을 해야 한다고 권고했다.

1) 북쪽에서 진행된 농지 재분배를 인준받는다.

2) 임시정부가 미국의 발의에 따라 남쪽에 농지개혁을 진행하는 데 약속하는 것이다.

3) 농지를 재분배하는 데는 일본과의 평화조약이 체결되는지 여부를 막론하고 일본인이 소유한 농지도 포함시키는 것이다.

4) 이를 위해서는 한국 정부가 배상금위원회에 배상할 가능성은 낮지만,

그 배상금은 토지가 아닌 정부 세입에 대한 청구인 것이다.

5) 북쪽의 상황을 막론하고 남쪽에는 최소 수치(예컨대 100에이커)를 설정하여 그 최소 수치 이하 범위의 토지가 수용될 수 없도록 규칙을 만드는 것이다.

6) 남쪽에서 진행할 방안은 개인 소유 토지에서 최소 수치를 넘는 범위의 농지가 최소 수치로 줄도록 부분적으로만 수용되는 것이다.

7) 임시정부가 북쪽과 남쪽에서 수용된 농지에 대한 배상금을 소유주가 일본인이 아닌 한 지불해야 되는 의무를 인정해야 한다.

8) 회사 및 자선단체가 소유하는 농지를 수용할 수 있는 정부의 권리는 배상금 전부 지불하는 조건 아래 인정되어야 한다.

9) 배상금은 장기적으로 지불하는데, 가장 높은 수준의 배상금은 아마도 자본 부담금 부과로 할인될 수도 있고, 모든 배상금은 임시정부의 신용으로 뒷받침되는 매도 불가능한 이자부 채권으로 지불될 것이다.

10) 그러한 채권의 이자 및 삼각은 임시정부에 의하여 해당 농지에 대한 농산물에 부과되는 특별 세금으로 설립된 특별 기금으로 제공될 것이다.

11) 토지 보유는 현재의 소비에트 체제하에서 나타나는 국가의 의지에 따른 단순한 소유가 아닌 새로운 체제하에서 불변의 소유권을 창출하는 것이다.

이러한 방안은 1949년 법이 제정되고 1950년 실시된 남한 농지개혁의 기본 틀을 그대로 보여주는 것이었다. 물론 이는 버치만의 생각은 아니었을 것이다. 당시 미군정 내에는 농지를 분배해야 한다는 의견이 이미 1946년부터 제기되었다. 그러나 미군정이 농지개혁을 위한 방안을 마련한 것은 1947년 12월에 가서야 가능했다. 그것도 전체 농지를 대상으로 한 것이 아니라 일제

강점기 일본인 소유 토지에 국한되었다.[48]

이 보고서의 마지막에서 버치는 이러한 농지개혁에 있어서 가장 중요한 전제 원칙을 제시했다. 하나는 농지개혁의 원칙은 '국가의 권력 및 적절한 법적 절차에 대한 영국과 미국의 개념'에 기초해야 한다는 것이다. 토지문제로 인한 광범위한 빈곤이 국가의 안정성을 위협할 경우 국가는 사적 소유권의 원칙을 해치지 않는 범위 내에서 배상금을 지급하면서 농지를 수용하고 재분배할 권리가 있다는 것이다. 농민들이 농지를 소유하는 것은 민주주의 사회의 기본적 요소이며, 한국 사회에서의 농지개혁을 위한 노력은 미국의 '의무'라고 못 박았다.

미군정 통치하의 남한을 안정화하고, 미군정이 떠나더라도 공산주의 혁명을 막기 위해서는 농지개혁이 필수적이라는 것이 버치의 생각이었고, 이 생각은 결국 1950년 농지개혁을 통해 실현되었다. 물론 농지개혁만으로 농민들의 생활이 나아지지는 않았지만, 혁명을 막을 수는 있었다. 버치는 농지개혁법이 입안되는 것을 보지 못한 채 1948년 미군정과 함께 한국을 떠났다.

---

48 _ 김성호 외, 『농지개혁사연구』, 한국농촌경제연구원, 1989, 351~353쪽.

25

버치와 한국민주당의 갈등, 그리고 내각책임제의 실패

1947년 1월 17일 한국민주당의 김성수가 하지 사령관에게 한 통의 편지를 보냈다.(「김성수가 하지에게 1월17일 보낸 편지」, 1947년 2월 1일, 버치 문서 Box 4) 김성수는 이 편지에서 버치 중위가 민주당을 신뢰하지 않고 있으며, 한국독립당과의 연합을 위한 노력을 방해하려 하고 있다고 주장했다. 버치가 1946년 12월 11일 김구가 이끄는 한국독립당의 조완구를 만난 자리에서 한국민주당이 단지 모리배(profiteer), 매국노, 그리고 친일파들의 모임이라고 비난했으며, 한국독립당은 애국자와 신사적 생각을 가진 사람들로 구성되어 있기 때문에 두 당이 하나가 될 수 없다고 주장했다는 것이다.

또한 한국민주당이 조완구를 한미호텔에서 쫓아내려 했다고 말함으로써 한국민주당과 한국독립당 사이를 이간질했다고 주장했다. 한미호텔은 지금의 명동성당 뒤편에 위치했던 일제강점기 대표적인 호텔 중 하나로 상해임시정부 요인들이 귀국 후 숙소로 사용하던 곳으로, 일본의 적산이었던 것을 미군정이 관리하고 있었다. 미군정에 적극 참여하고 있었던 한국민주당이 자신들의 지위를 이용해서 임시정부 요인들을 내쫓으려 했다는 것이다.

버치는 하지에게 김성수의 이러한 주장이 통역 과정에서 나타난 오해라고 주장했다. 조완구와 자신이 한 대화가 김성수에게 전달되는 과정에서 잘못 전달되었다는 것이다. 미군정은 곧바로 조사에 들어갔다. 우선 민정장관 브라운은 정치 고문단의 링컨 대령과 함께 1947년 1월 20일 김성수, 장덕수와 모임을 가졌다. 사건의 정확한 진상을 파악하기 위한 것이었다. 그리고 통역과 참가자에 대한 조사에 들어갔다. 버치와 조완구의 만남에는 조모 씨와 강용흘이 통역으로 참석했기 때문에 실제로 어떠한 대화가 오고갔는가에 대한 조사가 필요했다.

진실 게임이 시작되었다. 브라운 장군의 거듭된 질문에 통역을 했던 조모 씨는 대화의 주된 화제가 김성수의 입법의원 선거 출마 여부였고, 김성수가 정치에 물러나서 교수나 하겠다고 했다는 내용의 대화는 있었지만, 버치가 한국민주당을 비난하는 발언을 했다는 사실은 전혀 기억하지 못한다고 진술했다.

버치와 조완구의 대화에서 통역을 맡았던 또 다른 인물이었던 강용흘에 대한 조사도 이루어졌다.[49] 강용흘은 이들의 대화에서 이승만과 한국독립당이 계획하고 있었던 미소공위 반대 시위에 대해 버치가 화가 나 있었다고 말했다. 강용흘에 의하면 대화의 모든 내용을 다 통역하지는 않았지만, 버치가 이승만의 시위 계획에 대해서 언급했고, 조완구는 김구와 함께 이승만이 추진하는 '성전(聖戰)'을 막을 것이며, 어떠한 시위에서도 이승만과 협력하지 않겠다는 의사를 전달했다고 한다.

여기에 더하여 버치가 조완구와의 대화에서 이러한 시위가 계속된다면 주한미군이 철수할 가능성이 커질 것이며, 하지 사령관마저도 교체될 가능

---

49 _ 강용흘에 대해서는 '9 강용흘을 아시나요'를 참조.

햇볕 좋은 어느 날 미군정 인사들과 한국의 주요 정치인들이 한자리에 모였다. 앞 줄 중앙의 김구와 김규식, 경찰복을 입고 있는 조병옥과 장택상이 가장 눈에 띈다. 아마도 민주의원과 관련된 회합이었던 것으로 보인다. 버치 문서에 있는 사진에는 따로 설명이 없다.

성이 있다고 말했다는 것이 강용흘의 진술이었다. 그렇게 된다면 한국 상황에 익숙하지도 않고 동정적이지도 않은 새로운 인물이 사령관으로 올 가능성이 있다고 덧붙였다고 한다. 마지막으로 강용흘은 버치가 단순 모리배와 친일파에 대해서 얘기는 했지만 특정한 정당을 지칭하지는 않았다고 하면서, 아마도 조완구가 그 언급에 대해 한국민주당을 지칭하는 것으로 해석한 것 같다고 말했다. 그리고 한미호텔에서 조완구의 방을 빼려는 한국민주당의 노력에 대한 부분은 버치가 언급한 적이 없다고 하면서 진술을 마쳤다.

조완구에 대한 조사도 이루어졌다. 조모 씨와 강용흘이 통역을 했으며, 자신의 가까운 친척 지인도 자리를 함께 했다고 한다. 다음은 조완구의 진술이다.

버치는 한국독립당과 한국민주당의 합당은 유해할 것이라고 언급했다. 버치는 한국민주당에 친일파, 모리배, 비애국자들이 있기 때문이라고 했고, 조완구는 현재 어떤 정치적 그룹도 비슷한 상황이라고 말했다. 조완구는 한국민주당이 한국독립당의 자매당이라고 말했지만, 버치는 그런 말을 하면 안 된다고 했다. 버치가 미군정의 권위를 빌려서 말한 것은 아니지만, (조완구의 생각에는) 그가 누구에게는 공정하고, 다른 누구에게는 공정하지 않은 것으로 보였다. 이러한 대화 내용을 (조완구는) 김성수에게 직접 말한 것이 아니라 윤보선에게 말했다. 이후 김성수에게 말한 것은 두 당 사이의 합당을 버치가 반대한다는 것뿐이다.

이렇게 진술이 엇갈리자 미군정은 당시 통역을 맡았던 조모 씨를 다시 조사했다. 조모 씨는 이승만의 행동이 한국에 해가 될 것이라고 말한 버치의 주장이 기억난다고 했다. 아울러 미군정에 반대하는 시위가 일어나면 미군이 철수할 수 있다고 버치가 말했다는 진술도 덧붙였다. 링컨 대령은 이러한 진술에 대해 모든 대화 내용이 뒤죽박죽된 것으로 보인다고 결론을 내렸다.

이상과 같은 조사 결과에 기초해서 하지 사령관은 다음과 같은 요지의 답장을 김성수에게 보냈다.

당신이 버치에 대해서 갖고 있는 생각은 어느 정도 과장되어 있는 것 같다. 버치가 한국민주당을 신뢰하지 않는다는 것은 모두 사실이 아니다.

버치와 조완구의 만남은 일상적인 버치의 임무 중 하나였다. 그의 가장 기본적인 임무는 한국의 정치인들을 만나서 그들의 생각과 활동을 파악하는 일이었다. 그런데 그 과정에서 나타난 조그마한 갈등이 미군정 내에서 큰 파장을 일으켰던 것이다.

왜 이런 사건이 발생한 것인가? 또 왜 1947년 1월이라는 시점에서 발생한 이 사건이 미군정 내에서 사령관과 민정장관이 관여할 만큼 큰 파장을 불러일으켰던 것인가? 해방 직후의 상황에서 통역이나 번역의 잘못으로 인해서 나타난 사건이 얼마나 많았겠는가? 한국어를 전혀 못하는 미군정 요인들이 통치하는 과정에서 '통역 정치'라는 말이 나타날 정도로 통역관들의 역할은 절대적이었다. 또한 미군정의 중요한 보직에 임명된 한국인들은 대부분 영어권 국가의 대학에 유학한 경험을 갖고 있는 인사들이었다. 그들만이 미군정의 중요 인사와 통역 없이 직접적인 대화가 가능했다. 초기 군정청에서 중요한 문제를 통역했던 이묘묵은 절대 권력자로 보였으며, 조병옥의 경무부장 임명도 이묘묵이 선교사 설립 학교 출신이자 컬럼비아대학에서 수학했던 경험이 있었다는 점이 중요하게 작용했다.

이런 의미에서 본다면 보수 우익 내에서 라이벌이었던 이승만과 김구의 갈등은 시작부터 게임이 되지 않는 것이었다. 이승만은 미국의 아이비리그 대학에서 유학한 이후 1945년까지 미국에서 살았고, 김구는 그나마 정규 과정 교육을 제대로 받지 못했던, 말 그대로 조선의 독립만을 위해서 살았던 인물이었다. 버치가 김규식이나 여운형과 가까운 관계를 유지할 수 있었던 것도 이들의 영어 실력이 뒷받침되지 않고서는 불가능했다.

사정이 이러하니 통역 과정에서 실수가 발생하는 것은 너무나 빈번한 일이었다. 그런데 그 수많은 일 중 왜 하필 이 일이 문제가 된 것일까? 버치의 문서군뿐만 아니라 기존 연구를 통해 알려진 다른 문서들에서는 이와 관련된 상황을 찾을 수 없기 때문에 추론을 통해 접근해볼 수밖에 없을 것 같다.

첫째로 당시의 시기적 중요성이었다. 1947년 1월은 제2차 미소공동위원회의 개최를 앞두고 있었던 때였다. 미군정은 미소공동위원회가 성공하기 위해서는 미군정의 여당이었던 한국민주당의 참여가 필수적이라고 판단했다. 1946년의 제1차 미소공동위원회가 결렬된 것은 반탁운동을 주도했던 보수 세력들로 인해 미군정이 딜레마에 빠졌기 때문이었고, 이는 특히 미군정의 정책을 지지해야 했던 한국민주당이 반탁운동에 참여하면서 미소공위 참여를 거부했기 때문이었다. 미군정으로서는 자신들을 지지할 수 있는 세력을 제외한 채 모스크바 삼상회의 결정에 따른 조선임시정부를 수립할 수는 없었다. 따라서 제2차 미소공동위원회가 시작되기 전에 한국민주당을 설득해야 했다. 그런데 설득도 하기 전에 한국민주당이 정치 고문단의 버치와 갈등을 빚는다는 것은 미군정의 입장에서는 결코 바람직한 상황이 아니었다.

이미 미군정과 한국민주당 사이에서는 1946년 말 미군정법령 118호를 둘러싼 갈등이 있었던 터다.[50] 군정법령 118호는 과도입법의원 설치를 위한 법령으로 과도입법의원에 일본 제국주의에 협력했던 사람들을 참여하지 못하도록 하는 내용이 포함되어 추진되었다. 가장 많은 친일파들이 참여하고 있던 한국민주당으로서는 강하게 반발했고, 결국 그 내용은 118호에 포함되지 않았다.

당시 버치는 제2차 미소공동위원회의 성공을 위하여 김규식과 여운형이 중심이 된 좌우합작위원회를 지원하고 있었지만, 미군정뿐만 아니라 버치도 좌우합작위원회에 100% 의존할 수는 없었다. 김규식과 여운형은 한국민주당만큼 철저한 보수주의자들이 아니었으며, 미군 정보기관이나 극우 세력들은 그들을 '빨갱이'나 다름없는 인물로 규정하고 있었다. 미군정의 입장에서 볼 때 만에 하나 김규식과 여운형이 조선임시정부의 지도자가 된다고 하더라도 실질적인 권한을 갖고 있어야 하는 것은 가장 믿을 수 있는 한국민주

---

50 _ 김기협, 『해방일기 5』, 너머북스, 2014, 1946년 12월 12일 참조.

당이었다. 그래서 미군정은 22장에서 살펴본 바와 같이 조선임시정부의 헌장에서 국회에 더 많은 권한을 부여했던 것은 아닐까? 한국민주당에 압도적인 카리스마를 가진 지도자는 없었지만, 장덕수와 같은 모사가 있고 또 다수의 보수적인 엘리트들이 있었기 때문에, 이들이 국회를 장악하고 정부 수반을 견제할 경우 미국의 의도에 부합하는 정부를 수립할 수 있었다.

둘째로 김성수가 갖고 있는 정치적 위치였다. 김성수는 한국민주당의 실질적인 맹주였다. 일제강점기 고려대학과 동아일보, 그리고 경성방직의 창설자인 김성수는 당시 보수적 인사들 가운데 가장 명망이 높았으며, 실질적으로 한국민주당의 재정적인 뒷받침을 했다. 그는 정치의 전면에 나서지 않고 뒤에서 후원만 하는, 한국 정치사에서 보기 힘든 특이한 인물이었다. 김성수 없이 한국민주당이 굴러갈 수 없었다. 그는 한국민주당뿐만 아니라 1955년 민주당이 결성될 때까지 뒤에서 움직였던 결정적인 지도자였다.

식민지 시기 기업과 언론, 그리고 대학의 중요성에 일찍이 눈을 떴던 김성수는 지금으로 보면 선구적인 4차 산업혁명 스타트업 사업가였다. 친일 문제가 그의 명성에 발목을 잡는 것이었지만, 해방 직후에 가장 적극적으로 일본 군국주의자들에게 충성했던 인사들을 소개한 『친일파 군상』이라는 책에 그의 이름이 올라가지 않을 정도로 그의 일제강점기 활동은 조심스러운 것이었다.

일찍이 일본에 유학을 갈 때도 동네의 천재들을 함께 데리고 갔으며, 유학 후에도 그의 사업에 자신이 직접 나서지 않고 친구들을 전면에 내세웠다. 김성수는 뒷방에서 돈을 대는 큰손이었다. 동아일보와 한국민주당 등 그가 하는 사업에는 송진우나 백관수 같은 오랜 친구들이 앞에 나섰으며, 그들은 해방 이후 미군정의 가장 가까운 파트너들이었다. 친일과 관련된 부분은 그의 동생이었던 김연수가 깊숙이 개입되어 있었다.

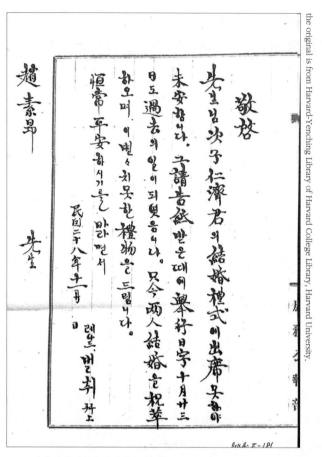

敬啓

趙 素昻 先生

先生 및 次子 仁濟君의 結婚禮式에 出席 못하야
未安합니다. 그 請喜紙 받은 대에 擧行日字 十月廿三
日도 過去의 일이 되엿음니다. 只今 兩人 結婚을 祝華
하오며, 이 변변치 못한 禮物을 드림니다.
恒常 平安하시기를 바라면서

民國二十八年 十一月 一日

先生

렌오. 벋취 처士

the original is from Harvard-Yenching Library of Harvard College Library; Harvard University.

조소앙의 자제 결혼식에 참석하지 못해서 미안하다는 버치의 편지. 그때나 지금이나 경조사에
참여하는 것은 정치적으로 매우 중요한 일이었던 것 같다. 조소앙은 반탁운동으로 미군정과 갈
등을 빚고 있었던 한국독립당 소속 정치인이었지만, 미군정 정치 고문단의 일원이었던 버치에게
는 조소앙 같은 영향력 있는 정당의 이데올로그는 매우 중요한 존재였다. 버치는 조선인민당의
핵심 인물이었던 박건웅, 김성숙과도 편지를 자주 교환했다. 1947년 3월에는 조봉암을 직접 만나
그와 브라운 민정장관의 만남을 주선하기도 했다.

따라서 미군정은 사실 여부와 관계없이 버치와 김성수 간의 갈등을 빨리
해결하고자 했던 것으로 보인다. 그리고 한국민주당의 제2차 미소공동위원

회 참여 선언을 이끌어냈다. 아울러 가능한 한 한국민주당과 이승만, 그리고 한국독립당 사이를 떨어뜨려 놓으려고 했을 가능성이 크다. 이를 통해 조선임시정부의 헌장에 나타난 것처럼 좌우합작위원회 지도자 중 한 사람을 정부 수반으로 내세우고, 의원내각제 체제하에서 한국민주당을 국회 내 다수당으로 만들고자 했던 것은 아니었을까?

　결과적으로 볼 때 미군정의 정책은 모두 실패했다. 여운형 암살과 장덕수 암살은 두 마리 토끼를 모두 놓치는 결과를 가져왔다. 물론 한국민주당 자체가 다수당이 될 수 있는 능력을 갖춘 정당이었는가에 대한 평가도 필요하다. 이러한 상황에서 이제 남은 희망은 김규식밖에 없었다. 특히 버치로서는 이승만과의 관계가 안 좋았기 때문에 김규식을 중심으로 해서 다른 정치 세력들을 묶어야 했다. 그러나 김규식은 결코 버치의 희망대로 움직여주지 않았다. 김규식의 대답은 "끝이 아니라 시작"이라는 것이었다.

26

버치가 가장 존경했던 인물, 김규식

여운형이 암살되기 직전, 버치는 한국민주당과 연결되어 있었던 한 지식인을 만났다. 그 지식인은 김규식과 여운형이 조선임시정부의 수반이 되어야 하되, 그들의 정치조직이 굳건하지 못하기 때문에 한국민주당이 이를 뒷받침해야 한다고 주장했다. 이 주장은 하지 사령관에게 보고되었다.(「접촉 요약」, 1947년 6월 24일, 버치 문서 Box 4) 이승만을 신뢰하지 못하고 있었던 미군정으로서는 조선임시정부를 수립하든, 유엔을 통해서 38선 이남에서 단독정부를 수립하든, 김규식이 중심적인 역할을 해주기를 바랐다.

김규식은 버치가 가장 많이 접촉했던 인물이었다. 2018년 4월 17일에 있었던 대한민국임시정부 수립을 기념하는 학술회의에서 만났던 김규식의 딸은 버치와 그의 가족을 기억하고 있었다. 버치의 문서들 속에서도 김규식이라는 이름이 가장 많이 등장하고 있다. 버치가 한국에 온 이후 본격적으로 정치 공작을 했던 좌우합작위원회와 입법의원의 중심에 김규식이 서 있었다. 그는 김규식을 새로 수립될 한국 정부의 중심에 세우고 싶었다. 과연 이러한 계획은 실현가능한 것이었을까?

당시의 국내의 정치적 상황을 감안하면 버치와 미군정이 김규식과 가까

7-25-46

Dr Kimm,

If the matter can be presented, Major Weems would like to meet your committee at your convenience. General Lerch has appointed the Major to act as M G liaison in the matter of the August 15 celebration. The major would like to meet the committee, to be informed by you how he can serve your instructions. ?

LB

Can Maj. Weems wait till our next regular mtg when we may discuss the question more concretely.

K. Kimm

BOX 4-5-10

김규식에게 보내는 버치의 메모와 김규식이 답한 메모가 한 장에 함께 있는, 매우 보기 드문 문서. 좌우합작위원회 회의가 진행 중에 둘 사이에 오고 간 메모로 추측된다. 윔스 소령을 만날 필요가 있다는 버치의 메모에 대해 김규식은 다음 회의 이후에 만나는 것이 좋겠다고 답하고 있다.

운 관계를 유지하면서 그를 지도자로 옹립하려고 했던 정책은 불가피하면서도 필연적인 선택이었다. 국내의 보수적인 정치 세력들을 하나로 묶고 그 힘을 강화하기 위해 이승만과 김구의 귀국을 허가했는데, 그들이 미군정의 정

Lee: Wants to have proposals from each side presented at least one session in advance. Official meeting can be postponed when proposals are made.

Won: Lets have free discussions. This is a meeting of individuals + not a fight between two camps.

Kim, B.C.: Agenda be prepared prior to each meeting.

Choi: Lets have the meeting called officially + discuss its draft of regulations.

Ryuh: Lets [ ] this meeting + adopt the regulations.

K.K.: The question now is: whether or not we should make this the first official meeting. Consideration should be given to the fact that the two secretaries from the left camp are absent. As two members have been appointed to draft regulations, this meeting

BOX4-C-162

버치의 집에서 열린 좌우합작위원회 첫 모임의 회의록.

책에 반대를 넘어서 쿠데타까지 시도하고 있다고 판단했기 때문이다. 미군 정에게 남아 있는 대안은 김규식밖에 없었다.

김규식은 온화하며 합리적이었으며, 공산주의자가 아니었다. 미국에서 대학을 나온 그는 식민 권력을 피해 중국으로 탈출한 조선 청년들에게 영어를 가르쳤을 정도로 영어 실력도 뛰어났다. 조용한 듯 보였지만 강단이 있었고, 작은 체구였음에도 무시할 수 없는 카리스마가 있었다. 보수적이면서도 꽉 막히지 않았고 유연한 입장을 갖고 있었다. 김규식의 유일한 문제는 건강이 안 좋았다는 점이었다.[번스가 웨컬링(John Weckerling) 준장에게 보낸 문서, 「남조선 과도정부 수반 문제」, 1947년 3월 29일, 버치 문서 Box 3]

미군정에 있어서 무엇보다도 중요했던 사실은 그가 임시정부 소속으로 보수 우익 인사들과 가까운 관계였음에도 불구하고 반탁운동에 참여하지 않았고, 여운형과 같은 온건 좌파 정치인들과도 소통이 가능했기 때문에 소련군도 용납할 수 있는 정치인이었다는 점이었다. 또한 그는 모스크바 삼상회의 결정에 찬성하면서도 민주주의민족전선(이하 '민전'으로 약칭)에 참여하지 않았다. 민전에는 주로 좌익 계열의 정당과 사회단체들이 참여했는데, 삼상회의 결정에 찬성하는 우파 정치인들도 일부 있었다.

김규식은 반탁운동에 반대하면서도 오히려 반탁운동의 리더들이 참여하고 있는 민주의원의 부의장이었다. 민주의원은 제1차 미소공동위원회에 대비하여 미군정이 만든 기관이었고, 민전은 좌익이 이에 대응해서 만든 기관이었다. 1946년 여름 이후 김규식은 미군정이 민주의원의 대안으로 생각하고 있었던 좌우합작위원회와 입법의원을 주도하기도 했다. 좌우합작위원회에 참여했던 여운형이 입법의원 참가를 거부했던 것과는 대조적인 모습을 보였다.

김규식은 한국의 입법의원에서 완벽한 리더는 아니다. 그럼에도 그는 우리의 필요한 목적을 얻기 위해 가장 근접해 있는 리더다.(「입법의원에 대한 정책」, 1947년 1월 2일, 버치 문서 Box 2)

김규식은 미국의 정책에 적극적으로 호응하는 동시에 미국에 우호적이고 보수적이며 합리적인 정치인이었다. 당연히 미군정은 김규식에게 적극적으로 다가갔다. 김규식은 독립운동에서의 경력으로 보나 정치인으로서의 경륜으로 보나 다른 정치인에 뒤질 것이 없었다. 그는 1919년 파리강화회의에 임시정부의 대표로 파견되었었고, 1922년 독립운동의 후원을 요청하기 위해 여운형과 함께 모스크바에 갔던 경험도 있었다.

일찍이 그는 독립운동 과정에서 좌우 합작을 위해 민족유일당 운동에 참여했고, 1942년 임시정부에 합류하면서 온건 우파의 핵심 지도자로 자리매김했다. 1946년 6월 하지 사령관은 이승만과 김구, 그리고 김규식이 모인 자리에서 이승만과 김구에게 뒤로 물러서서 김규식을 지원할 것을 직접 요청했다. 러치 군정장관 역시 정치인들에게 편지를 보내 김규식이 중심이 되는 조직에 대한 지지의 필요성을 역설했다.(버치가 작성한 스케줄표, 버치 문서 Box 1)

문제는 김규식이 갖고 있는 국내에서의 정치적 영향력이었다. 그가 임시정부 내에서 부주석으로서 일정한 지분을 갖고 있었지만, 반탁운동에 개입하지 않았고, 임시정부 내에서 그와 함께했던 정치인들 중 일부가 민전에 참여했기 때문에 보수 우익 내에서 그의 영향력은 크지 않았다. 또한 그는 좌우합작위원회에 민주의원의 대표로 참여했지만, 좌우합작위원회가 조직되는 시점에서 민주의원은 단지 이승만의 여비를 보조하는 기관으로 전락했다.(「민주의원」, 1946년 12월 5일, 버치 문서 Box 2)

이러한 상황에서 버치는 입법의원을 통해 김규식의 지도력을 강화시키려 했다. 미군정은 45명의 관선 입법의원에 김규식을 지지할 수 있는 합리적이고 온건한 정치인들을 선출하려고 했다. 버치의 문서를 보면 미군정 정치고문단이 한국의 정치인들 중에서 온건하고 합리적인 인물들을 선택하기 위해 고심했던 흔적이 그대로 남아 있다. 문제는 나머지 45명의 민선의원 중 대

List based on "Will they Sit?"

1. KIM, Sang Duk

    PHEE GHQ (handwritten)

    a. Chief of Culture, Provisional Govertnment.
    b. Chairman, Farmer's General Alliance.
    c. Chief, General Affairs Hq. National Unification.
    d. Candidate in second Seoul election.

2. YU (Lyu, Ryu) Rim

    BOMBER (handwritten)

    a. Councillor of Provisional Govertnment.
    b. Anarchist - theoretical.
    c. Chairman, Independent Farmers and Laborers Party.

3. YUL, Tong Yul

    O.K. (handwritten)

    a. Chairman, New Progressive Party.
    b. Advisor to Dept. Internal Security.
    c. Chief of Staff, Provisional Govertnment.

4. LEE, Kap Sung

    NOT BAD. (handwritten)

    a. One of original signers 1919 Declaration of Independence.
    b. Active in early liberation politics. Formed New Nationalist Party.
    c. Now is engaged in private business.
    d. Believed to be highly respected by General Lerch.

5. LEE, Yun Yung

    RHEE GHQ (handwritten)

    a. Chairman, South Korea Chosun Democratic Party.
    b. Former Chief of Organization, National Society for Rapid Realization of Independence.
    c. Councillor of Hq. for National Unfication.

6. HWANG, Kee Sung (woman)

    RHEE GHQ (handwritten)

    a. Vice-Chairman Women's RRI
    b. Supreme Committee Member of Korean Youth Party.
    c. Chief of Women's Branch, Hq. National Unification.

7. LEE, Kuk No

    ? (handwritten)

    a. Chief, Healthy People's Society
    b. Member Emergency National Assembly
    c. Former president of Korean Philogical Society.

Box 2-J-16

관선 입법의원을 선정하는 과정에서 후보가 될 수 있는 정치인들에 대한 평가를 달아놓은 문서. "이승만 계열의 사람", "좋다" 등의 코멘트가 붙어 있는 가운데 무정부주의자였던 유림에게는 "폭 파자", 한글 학자 이극로에게는 "?"를 달아놓았다.

부분이 이승만을 지지하는 사람들에 의해 채워졌다는 점이었다.

입법의원 선거는 일제강점기 지방자치 선거와 마찬가지로 간접선거 방

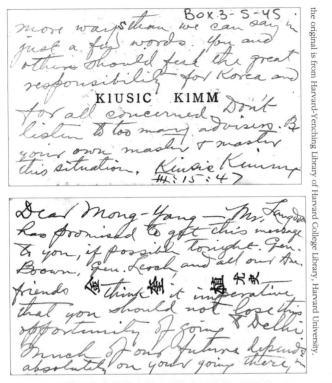

the original is from Harvard-Yenching Library of Harvard College Library, Harvard University.

여운형에게 주는 메모가 적혀 있는 김규식의 명함. 인도 델리에서 열리는 회의에 참석할 것을 권고하고 있으며, 당시 상황에서 너무 다양한 사람들로부터 자문을 듣지 말 것을 충고하고 있다. 여운형에게 준 메모가 왜 버치 문서 Box 안에 있는지는 의문이다.

식이었다. 일정한 정도의 세금을 낼 수 있거나 해당 지역의 유지들만이 선거에 참여할 수 있었다. 1946년 중반 이후 지방에서는 이승만을 지지하는 독립촉성국민회와 청년단이 그 세력을 장악해 나가고 있었기 때문에, 간접선거를 통한 입법의원 선거 결과는 이승만을 지지하는 그룹의 압도적인 승리로 끝났다. 친일 민족 반역자에 대한 처리와 농지개혁 등 해방 직후 처리해야만 했던 문제를 다루는 법안이 입법의원에서 논의가 되었지만, 결국 통과되지 못했던 것은 입법의원 내에서 이승만을 지지하는 그룹이 다수를 차지했기 때문이었다.

이러한 상황에서 미군정은 김규식이 정치적 지도력이 약하며 매우 소극적인 사람이라고 평가했다. 그러나 김규식은 그 나름대로의 정치적 그림을 그리고 있었다. 1946년 12월 23일에 웨컬링 준장이 작성한 문서에는 김규식이 그리고 있었던 큰 그림이 잘 드러나 있다. 사실 김규식의 이러한 생각은 여운형의 생각과 거의 동일한 것이었다.

브라운 장관의 합작위원회 해체 계획에 대해 김규식은 아직도 중요한 일이 남았다며 반대했다. 김규식은 과도입법의원이 국가 전체 규모의 입법기관으로 나아가는 변환 과정을 지원할 수 있다고 주장했다. 이 과정은 북한까지도 포함한다고 김규식은 답변했다. 합작위원회는 서울을 포함한 전국 9개 도에 30명의 대표를 파견해서 합작의 원칙을 설파할 예정이며, 합작이 면 단위에서부터, 즉 아래로부터 시작되는 방식으로 추진될 것이라고 말했다. 북한과의 연결이 어떻게 가능할 수 있는가에 대해서는 그가 이 계획에 호의적인 김두봉을 잘 알고 있다고 말했다. 김일성에 대해서도 어떤 방법이 있을 거라고 말했다. 오늘 과도입법의원에 합류한 최동오가 북한에 파견될 것이라고 했다. 그 외에 다른 계획은 아직 없다. 이것이 과도입법의원 차원인지 합작위원회 차원인지는 분명치 않다. 여운형은 과도입법의원에는 참여하지 않고 합작위에는 참여할 것이다.(제목 미상, 버치 문서 Box 2)

김규식은 또한 정치인들을 훈련시킬 수 있는 교육기관을 준비했던 것으로 보인다. 가칭 '정치교육위원회(Political Education Committee)'로 명명된 이 조직을 위해 김규식은 1947년 2월 24일과 7월 14일 두 차례에 걸쳐 미군정에 3백만 엔과 4백만 엔을 요청했다. 이 자금은 좌우합작위원회를 위한 자금이 아니었고, 그의 지인 이름으로 된 개인 계좌에 입금해줄 것을 요청했던 것을 보아, 스스로의 정치적 역량을 강화하기 위한 계획을 갖고 있었던 것 같다.(「합작위원회 자금」, 1947년 2월 24일, 1947년 7월 14일, 이상 버치 문서 Box 2)

김규식의 이러한 노력이 얼마나 현실적이었는지는 판단할 수 없다. 그러나 그의 계획은 매우 의미 있는 것이었다. 지금도 한국의 정치 무대에는 중앙 정치로부터 어느 날 갑자기 선택된 인사들이 적지 않다. 이들은 사회적으로 많이 알려진 사람들이고 자신의 분야에서 전문가이지만, 정치 경험이 없고 정치적 훈련도 받지 않은 인물들이다. 그러한 사람들이 TV에 몇 번 나왔다거나 또는 신문에 글을 몇 번 썼다고 갑자기 정치의 핵심에 섰을 때 나타난 결과가 오늘날 한국 정치의 문제 중 하나라고 할 수 있다. 김규식은 해방 직후 듣지도 보지도 못했던 인사들이 민주의원이나 입법의원 등을 통해 중앙 정치의 중심에 갑자기 나타나는 현실을 보면서 이러한 폐단을 일찍이 예측했던 것 같다.

김규식의 또 하나의 적극적 노력은 중국 국민당의 김홍일 장군을 조기 귀국시키기 위한 공작이었다. 1946년 11월 김규식은 중국의 전 광복군 대령인 박기창의 중국 여행 허가를 미군정에 요청했다.(「박기창 대령의 중국 여행」, 1946년 11월 21일, 버치 문서 Box 4)[51] 그는 당시 만주에서 국민당 소속 군인으로 공산당과의 국공내전에 참전하고 있었다.

김규식의 이러한 요청에 대하여 러치 장군의 정치 자문 역이자 조병옥의 친구였던 윔스(William Weems) 대령은 김홍일 장군이 현재 필요한 곳은 한국이 아니라 중국이라고 주장하면서 그의 귀국에 대한 제안을 거부했다. 버치는 윔스의 이러한 판단이 옳지 않다고 비판하면서 윔스 대령의 이러한 입장

---

51 _ 이 문서에서는 김홍일 장군의 이름이 '왕이서'라는 중국식 이름으로 표기되어 있다.

을 김규식에게 말하지 말 것과 하지 사령관이 직접 이 문제에 있어서 김규식의 손을 들어줄 것을 요청했다.(「박기창 대령의 중국 여행」, 1946년 11월 21일, 버치 문서 Box 3)

김규식은 왜 김홍일 장군의 입국을 추진했을까? 1947년 3월 버치가 만든 문서를 보면 김규식의 김홍일 장군 귀국 프로젝트는 이청천에 대한 견제의 목적이 있었던 것 같다. 김규식은 만약 김홍일 장군이 귀국하기 전에 이청천 장군이 귀국하면 이는 김홍일에 대한 모욕이 될 것이라고 주장했다. 중국 국민당의 소장 계급을 달고 있는 김홍일과 광복군 소속의 이청천은 그 지위가 서로 비교될 수 없었다. 미군정은 1945년 일본군 내에서 가장 계급이 높았고 전범으로 처형당했던 홍사익 장군과 김홍일이 동급이라고 판단했다.(「이청천 장군」, 1947년 3월 25일, 버치 문서 Box 3)

왕 장군이 공산주의자라는 소문이 있지만, 그는 국민당의 소장 계급을 갖고 있다. 군정 측으로서는 현재 중국을 위해서 일하고 있는 그가 들어온다면 중국 국민당을 모욕하는 것이 될 수도 있으며, 현재 그의 도움이 필요 없는 상황이라고 판단할 수도 있다. (그러나) 이청천에 대한 중국 내 한인들의 명성은 좋지 않다. 그는 파산한 채권을 강제적으로 판매했다. 만약 그가 일반 배편으로 돌아온다면 많은 사람들이 배에서 그를 죽이려 할 것이다. 그에게 어떠한 특별한 대우도 있어서는 안 된다. 왕 장군의 귀국을 위해서 군정이 노력하겠다는 것을 사령관의 이름으로 김규식에게 전달해주었으면 한다.

1947년 3월의 시점에서 김규식이 이승만과 김구를 적극 지지하는 이청천의 조기 귀국을 반대하고 김홍일 장군의 귀국을 추진했다는 것은, 그가 군사적인 측면에서 힘을 가져야 할 필요성을 인식했던 것으로 보인다. 그러나 김홍일 장군의 귀국 프로젝트나 정치교육위원회 계획 등 김규식의 이러한 노력을 가로막은 것은 그를 비난하던 정치인들만의 잘못이 아니었다. 미군정에게도 그 책임이 있었고, 이는 결국 김규식의 정치 계획이 실패로 돌아간 가장 중요한 원인이 되었다.

27
끝이 아니라 시작이다

1948년에 들어서 김규식은 남북 지도자 회담을 적극 추진했다. 회담을 추진하는 초기에 김규식은 김구보다도 더 적극적이었으며, 그의 그런 회담 추진은 좌우합작위원회에 참여했던 정치적 신념의 연장선상에 있었다. 일부 학자들은 김구와 김규식이 남북 지도자 회담에 참석하기 위하여 평양을 갔고, 그곳에서 김일성·김두봉과 만나서 회담을 한 '남북협상'('4김 회담')은 결국 북한의 정부 수립을 정당화하는 데 이용되었을 뿐이라고 주장하기도 한다. 결국은 북한에서도 분단 정부가 수립되는 것을 막지 못했기 때문이다. 그러나 당시 이러한 행동이 단지 김구와 김규식만의 돌출적인 판단에 의해서 나타났던 것일까?

1948년 2월 버치가 이승만·김규식과 나눈 대화는 남북협상이 두 사람의 엉뚱한 행동이 아니라 당시 한국 사회가 원하고 있었던 상황임을 보여준다.

이승만도 남북 지도자 회담에 참여하는 방안을 고려하고 있다. 이승만이 참여해야만 모든 지도자가 참여하는 일이 성사될 수 있다는 것이다. 이승만은 만약 이 회담이 실패하면 한 지역에서의 선거 정책을 지지해야 할 것이라고 했다. 그러나 김규식은 이것이 마지막 기회가 아니라 첫 번째 기회라고 주장했다. 왜냐하면 지금까지의 노력들은 철저하게 외세와 연결되어 있었기 때문이다.(「김규식—UN」, 1948년 2월 12일, 버치 문서 Box 5)

이승만과 김규식의 이러한 입장에 대해 버치는 "현재로서는 이 제안이 성사되느냐가 중요한 것이 아니라 세 지도자[52]가 서로 논의하기 시작했다는 것이 중요하다."라는 논평을 달았다.

반공 캠페인에서 둘째 가라면 서러울 정도로 앞장섰던 정치가 이승만과 김구였다. 비록 이들이 1948년에 택했던 길은 전혀 다른 것이었고, 이들의 최후 역시 너무나 달랐지만, 반공이 애국의 길이라는 신념에서 두 사람은 1920년대 이후 공통의 정치 노선을 갖고 있었다. 단지 미국에서 활동했던 이승만이 좌익 세력과 손을 잡을 필요가 없었다면, 중국에서 활동했던 김구는 대한민국임시정부가 국제사회로부터 승인을 받기 위하여 온건 좌파 또는 중도파들과 손을 잡아야 했다. 다양한 정치 세력들이 참여한 대표 기관임을 대외적으로 보여줘야만 했기 때문이다.

이렇게 반공의 선두에 섰던 이승만이 남북 지도자 회담에 참여하는 것을 고려하고 김구가 실제로 참여했다면, 이는 무엇을 의미하는 것일까? 이승만의 주장이 단지 수사적 표현에 지나지 않았다고 할지라도 그러한 의도를 내비추었다는 것은, 당시 한국 사회가 지도자들에게 원하는 것은 분단이 아니라 마지막까지 통합을 위해 노력해달라는 것이었다는 사실을 잘 보여준다. 그래서 김규식은 버치에게 당당하게 말했던 것이다. 이승만에게는 마지막 시도지만, 김규식에게는 "이것이 마지막 기회가 아니라 첫 번째 기회다."

---

52 _ 이승만, 김구, 김규식을 가리킨다.

한국에서 태어난 버치의 딸 세례식 날 버치의 집에서 찍은 김규식의 사진. 사진의 뒤에는 엄청난 경력을 가진 한국의 위대한 지도자라는 설명이 붙어 있다. 김규식의 또 다른 사진에는 그만이 진정으로 민주주의를 이해하는 지도자라고 설명하고 있다.

버치나 미군정에게 있어서 김규식의 남한만의 선거 반대와 남북협상 참여는 마지막 희망이 더 이상 무의미함을 의미했다. 미군정이 마지막 대안으로 갖고 있었던 방안은 대한민국이 수립될 때 한국민주당 중심의 내각책임제를 기본으로 하고, 여기에 합리적으로 중심을 잡아줄 수 있는 김규식을 대통령으로 내세우는 것이었다. 김규식 대신 이승만이 정권을 잡고 대통령중심제로 나아가는 데 대해 버치는 두려움까지도 갖고 있었던 것 같다.

> 이승만이 정권을 잡을 것이 분명하며, 미국의 문제는 단지 시작될 뿐이다.
> 미국은 한국에서 친기업적이고 상식이 통하는 정부를 만들고 싶어할 것이
> 다. 그러나 이승만은 절대로 그러한 정부를 만들지 않을 것이다. 상식적인 사
> 람이 정권을 잡는다면 어려움은 최소화될 것이다.(「김규식」, 1948년 3월 17일,
> 버치 문서 Box 5)

이 얘기는 김규식의 입에서 나온 것이 아니라 버치의 생각을 정리한 것이
다. 그는 이승만이 결코 친기업적이지 않으며, 상식도 통하지 않는다고 판단
했던 것이다.

미군정의 이러한 마지막 계획은 왜 실현되지 못했을까? 왜 버치가 가장
꺼려했던 시나리오가 실현되었을까? 버치의 문서를 통해 본다면, 제1의 원
인은 이승만의 전략적 승리였다. 그는 미군정하 3년 동안 누구보다 탁월하게
정치권력을 뒷받침할 수 있는 기반을 공고하게 만들었다. 그 과정에서 수많
은 과거사 문제가 발생했고 식민지 잔재의 청산 과제는 뒷전으로 밀렸지만,
청년단과 경찰의 지원하에 각 지방에서 이승만의 권력은 공고해졌다.

실질적인 권력인 미군정과 대립했지만, 이승만은 미군정이 한반도에 영
원히 있을 수 없다는 점을 누구보다도 잘 알고 있었다. 일제강점기 내내 미국
에 있었던 이승만은 미국의 정책을 잘 이해하고 있었다. 모스크바 삼상회의
결정에 따라 정부가 수립될 경우 자신이 권력에서 밀려날 것이라는 점도 알
고 있었다. 그래서 그는 국내에서의 활동도 모자라 미국까지 날아가 미소공
동위원회와 좌우합작위원회를 중심으로 조선임시정부를 수립하려고 했던
미군정을 비난하는 데 열을 올렸던 것이다. 이러한 상황에서 김규식이 1948

년의 선거에 참여했다고 하더라도 대통령직은 이승만에게 돌아갈 가능성이 컸다. 만약 김규식이 나섰다면 그는 전쟁이 발발하기도 전에 암살되었을 가능성도 배제할 수 없다.

그럼에도 불구하고 김규식에게 아주 기회가 없었던 것은 아니었다. 만약 김규식이 38선 이남만의 선거에 참여한다고 했다면, 실질적 권력을 갖고 있었던 미군정으로서는 그를 대통령으로 만들기 위해 다양한 수단을 동원했을 것이다. 그러나 분단 정부를 수립해서는 안 된다는 김규식의 신념, 그리고 이승만이 갖고 있었던 돈과 지방에서의 정치적 힘이라는 두 요소를 제외하고도 김규식이 지도자가 될 수 없었던 또 다른 요인이 있었다.

첫째로 여운형의 죽음이었다. 여운형의 죽음으로 더 이상 좌우합작위원회를 이끌어갈 수 있는 동력이 사라졌다. 김규식 개인으로서도 충분히 정치적 영향력을 발휘할 수 있었지만, 좌우합작이라는 명분이 1946년 후반부터 1년 동안 그를 정치의 중심에 설 수 있도록 했기 때문이었다. 여운형이 무대에서 사라지면서 이제 더 이상 좌우합작에서 김규식과 같이 서 있을 수 있는 중도좌파의 대표가 없었다.

김규식은 여운형이 죽은 이후에 국내외 상황이 변화하는 것을 보면서 더 이상 좌우합작위원회가 할 수 있는 일이 없다는 내용의 편지를 하지 사령관에게 보냈다.(김규식이 하지 사령관에게 보내는 편지, 1947년 12월 12일, 버치 문서 Box 5) 이 편지는 "1947년 12월 6일 좌우합작위원회가 만나서 해체하기로 결정했"으며 "마지막 결산보고서는 원세훈과 김붕준에 의해 준비되어 당신께 보내질 것"이고 "처음부터 지금까지 위원회를 도와준 당신과 당신의 동료들께 감사의 말씀을 드린다."라고 끝을 맺고 있다.

미군정의 생각은 "(조선임시정부의) 집행위원회에는 한 사람이 임명되어서는 안 된다."라는 것이었다.

김규식과 여운형 두 사람을 동시에 내세우는 방법을 고려해야 한다. (중략) 이러한 조치는 합작위원회에 기회를 줄 수 있을 것이다.[번스가 웨커링 (Weckerling) 준장에게 보낸 편지, 「남조선 과도정부 수반 문제」, 1947년 3월 29일, 버치 문서 Box 3]

버치는 여운형이 무대에서 사라진 상황에서 김규식만을 내세우는 것은 너무 약하다고 판단했을 가능성이 크다.

두 번째 충격은 장덕수의 암살과 유엔 감시하에 38선 이남에서의 단독선거가 실시되도록 미국의 정책이 바뀌었다는 것이었다. 장덕수가 살아 있었다면, 미군정으로서는 '의원내각제'를 추진할 만한 상황이었다. 그러나 장덕수는 1947년 12월 한국민주당의 총선거 전략을 마련하던 중 집에 찾아온 경찰의 총을 맞고 죽었다.

오비이락(烏飛梨落)이라고 해야 할까? 김규식이 좌우합작위원회가 더 이상 활동할 수 없다는 편지를 보냈던 날은 장덕수가 암살된 지 열흘이 지난 시점이었다. 장덕수의 암살은 김규식을 중심으로 한 미군정의 시나리오가 더 이상 작동할 수 없다는 사실에 마침표를 찍는 사건이었다. 김규식으로서도 미군정이 그리고 있던 큰 그림을 알고 있었을 터였지만, 장덕수의 암살로 이제 그 그림은 더 이상 현실성을 가질 수 없게 되었다는 사실도 인식했을 것이다.

물론 사태가 이렇게 진행된 데 대해서 궁극적 책임의 한 축은 미군정에게 있었다. 미군정하에서의 상황은 합리적인 정치인이나 지식인들이 안심하고 활동할 수 있는 공간을 제공하지 않았다. 이 점은 미군정이 1947년 초 김규식을 남조선과도정부의 수반으로 임명하려 했을 때 김규식의 반응을 통해 잘 드러났다. 남조선과도정부는 삼상회의 결정에 따라 조선임시정부가 수립될

버치의 딸들이 한국의 친구들과 찍은 사진. 사진의 뒤에는 버치와 가까웠던 강용흘의 아파트 근처에서 찍은 사진이라는 설명이 붙어 있다. 이 사진은 버치 문서 Box 8에 소장되어 있는데, 김규식의 딸도 이와 동일한 사진을 갖고 있으며, 앞 줄 오른쪽에서 두 번째가 본인이라고 설명해주었다. 버치와 김규식은 가족 간에도 가까운 유대 관계를 맺고 있었다.

경우에 대비하여 더 많은 한국인들에게 군정 업무를 맡기고자 한 계획하에서 조직되었다. 그러나 김규식은 이 제안을 받아들이지 않았다.

　김규식은 이승만 계열이 경찰과 공무원을 장악하고 있고 테러 집단들과 연결되어 있는 상황에서 그가 수반이 된다면, 자신의 지지자들과 가족들이 위험할 수 있다고 판단했다. 따라서 미군정이 공정한 과정을 보장해야만 미군정의 계획대로 최고 지위에 오를 수 있을 것이며, 만약 그렇게 하지 않는다면 스스로가 할 수 있는 일은 더 이상 없다는 점을 분명히 했다.(「김규식과의 만남」, 1947년 4월 8일, 버치 문서 Box 5) 김규식은 그 후 몇 차례에 걸쳐 미군정에게 자신의 경호원들이 권총으로 무장할 수 있도록 허가해줄 것을 요청했다. 그러나 경호원이 어느 정도의 무장을 할 수 있느냐와 관계없이 미군정이 경호에 신경을 쓰고 있던 여운형과 장덕수의 암살을 목격하면서 김규식이 내린 결론은 무엇이었을까?

김규식은 남북협상 자체가 통일정부의 수립까지는 나가지 못하더라도 남과 북에서 각각 정부를 수립하는 것을 연기함으로써 분단을 최대한 연기할 수 있을 것으로 판단했다.(「접촉 보고서: 김규식」, 1948년 2월 17일, 버치 문서 Box 5) 그리고 분단 정부의 수립은 궁극적으로 전쟁을 불러올 것이라고 판단했다. 김규식의 판단은 '3천만 동포에게 읍고함'을 발표하고 북으로 향한 김구와 동일한 것이었다. 그렇기에 김규식은 "내 판단으로는 90% 이상의 한국인들이 미군의 철수에 대해서 두려움을 느끼고 있으면서 동시에 미군이 남아 있는 것에 대해서 반대를 표시하고 있다."라고 말하기도 했다.(「김규식」, 1948년 3월 17일, 버치 문서 Box 5) 오늘날의 한국 사회가 고민하고 있는 딜레마는 70년 전에도 동일했던 것인가?

김규식이 남북협상을 추진하는 시점에서 스캔들이 터져 나왔다. 김규식 인생 전체에서 단 한 번 있었던 스캔들이었다. 김규식을 중심으로 하는 입법의원과 독립전선에서 '매춘협회'(?)의 뇌물을 받았다는 것이다. 김규식은 이 돈이 어디에서 나왔는지도 몰랐고, 경찰과 회식을 하는 데 사용했으며, 그 돈이 문제가 되는 것이라는 사실을 인지한 순간 돌려주라고 지시했다고 발표했다. 김규식의 명성에는 금이 가게 하려는 전형적인 정치 공작이었다.(「접촉 보고서: 김규식」, 1948년 2월 26일, 버치 문서 Box 5)

1948년 남북한에 각각 정부가 수립되고, 이승만과 김일성이 남과 북의 지도자가 되었다. 미군정과 버치의 공작은 모두 물거품이 되었다. 더 이상 김규식의 안위를 지켜줄 사람이 없었다. 그는 1948년뿐만 아니라 다른 중도파 정치인들이 참여했던 1950년 선거에도 나갈 수 없었다. 1949년 6월 김구의 암살은 김규식에 대한 경고이기도 했다. 그러나 김규식은 어떤 상황에서도 중국에 다시 돌아가고 싶지 않다는 의견을 밝혔다. 죽더라도 '한국에서 죽고 싶다'는 것이 그의 마음이었다.

1973년 12월 3일 버치는 자신의 고향인 오하이오에서 편지를 쓰면서 다음과 같이 언급했다.

> 우리는 1947년 3월과 1948년 6월 인민군으로부터 공격이 준비되었다는 정보를 받을 수 있었다. 나는 내가 그 나라를 떠난 지 2년 후인 1950년 6월에 공격이 시작되었다고 말할 수 없다. 안정적인 정부를 세울 수 있었던 가장 순수한 두 사람의 애국자 조만식과 김규식이 죽었을 때 이미 무언가 시작된 것이다. 나는 하지의 행정부가 순진했다고 생각한다.[53]

후에 버치는 자신이 추구했던 좌우합작위원회가 당시 상황에서 볼 때 미군정의 순진한 정책이었다고 평가했다. 이는 반대로 그만큼 김규식이 중심이 된 좌우합작위원회에 희망을 걸고 있었다는 것을 의미한다. 그러나 더 큰 책임은 미국 정부에 있었다. 미국 정부의 정책이 모스크바 삼상회의 결정에 따른 조선임시정부 수립에서 38선 이남만의 분단 정부 수립으로 바뀌었기 때문이었다. 미군정은 단지 그 정책에 충실했을 뿐이다. 또한 이 글의 처음에서 언급한 것처럼 맥아더의 맹목적인 이승만 지지가 이러한 결과를 가져왔

---

53 _ 김규식은 인천상륙작전 직후 북한군에 납치되어 북으로 끌려가다가 병사했다. 버치의 글에서는 마치 전쟁 발발 이전에 사망한 것처럼 되어 있는데, 이는 사실과 다르다.

을 가능성도 있다.

　이런 관점에서 보면 김규식은 남북협상에 이용된 것이 아니라 미국의 정책 변화 속에서 미군정에 의해 이용당한 것이었다. 그러나 그는 신념을 지켰다. 그에게 있어서 남북협상은 끝이 아니라 시작이었다. 1948년 남북 지도자 회담이 이승만처럼 북진통일을 추진했던 사람에게는 마지막 시도가 되겠지만, 김규식처럼 평화통일을 희구하는 사람들에게는 1948년 이후 오늘까지 계속되고 있는 출발점이었다.

28

버치가 평가한 미군정 해방 한국

우리는 긴급하게 왔다. 태평양에는 더 급한 곳이 많았기 때문이다. 일본으로 가는 것과 상해에 해군을 보내는 것이 무엇보다도 급한 일이었다. 그로 인해 1945년 12월까지 충분한 군인이 주둔하지 못했고, 그것이 중요한 장애가 되었다. (중략) 훈련받은 미군들이 많지 않았다. 전투병과에 속한 군인들이 군정청의 핵심적인 지위에서 일해야 했다.(1947년 7월 23일 하지 사령관의 기자회견, 버치 문서 Box 5)

첫 단추부터 잘못 끼운 것인가? 미군정의 어려움을 호소하는 자리에서 하지는 미군정이 시작부터 많은 지원을 받지 못했다고 말했다. 그 말은 사실이었다. 한반도 전체를 통치하기에는 미군의 수가 모자랐다. 1946년 1월 주한 미군정청이 설치되었고, 각 도에 군정단이 파견되었다. 군정단 아래에 군정 중대를 두어 각 시와 군에 파견했다. 군정단은 대체로 장교 13명과 사병 26명, 군정 중대는 장교 12명과 사병 60명으로 구성되었다. 이 정도의 수로 도·시·군을 통치하는 것은 불가능했다. 또한 본국에서의 재정 지원이 충분하지 않았기 때문에 조선은행권을 계속 발행할 수밖에 없었고, 이는 심각한 인플레이션을 일으켰다. 일본인들은 미군이 도착하기 전에 금과 물자를 이미 외부로 옮겨놓은 상태였다.

그러나 문제는 미군정 측에만 있는 것이 아니었다. 하지 사령관의 입장에서 볼 때 한국인들의 태도도 문제였다.

한국인들은 (카이로 선언에서 언급한) '적절한 시기(indue course)'를 '며칠 내(in a few days)'로 해석했다. 우리는 어떠한 사고도 없이 186,000명의 일본군을 6주 안에 나가게 했다. 그 후 50만 명의 일본 민간인이 떠났고, 더 많은 일본인들이 북으로부터 내려왔다. 가능하면 일본인 기술자들을 한국에 머물도록 하려고 했지만, 한국인들은 그들과 일하지 않으려고 했다. 기술자들이 반드시 필요한 자리가 있었고, 우리는 그 자리를 위해 한국인들을 훈련시켰다. (중략) 신탁통치는 '과거 적국의 영토'에서 실시된다는 것인데, 한국인들은 스스로 '과거 적국의 영토'였다는 것을 인정하지 않았다. (중략) 한국인들은 '최대 5년간의 신탁을 위한 준비 과정'이라는 (삼상회의 결정에서의) 용어를 이해하지 않으려고 했다.

한국인들은 모스크바 삼상회의 결정에서 언급되어 있는 신탁통치를 받아들이지 않았다. 특히 우익들은 '신탁통치가 한국인들이 스스로 통치하는 시대가 끝나는 것을 의미한다'고 믿었고, '남한에서 분리된 정부를 세우는 것 외에 다른 대안이 없었다'고 생각했다. 특히 이승만의 경우 "그가 처음 왔을 때 통합을 위한 구심점이 되기를 원했지만, 그는 그렇지 못했다." 이승만은 미군정이 남한을 그에게 넘기지 않는 것에 대해 화가 났으며, "그는 매우 독재적이며, 참을성이 없었다."

또한 통치를 위해서는 전문 인력들이 필요함에도 불구하고 모든 일본인

들을 본국으로 돌려보내야만 했다. 하지에 의하면 한국인들의 이러한 태도
는 미국과 미군정의 정책에 도움이 되지 않았다. 미군정에게는 행정부뿐만
아니라 공장을 돌릴 수 있는 전문가들이 필요했다. 일본 제국주의자들은 한
국인들을 고위직에 임명하지 않았다. 공장의 기술자들도 대부분 일본인들이
었다. 이들을 무조건 귀환시키고 나니 미군정으로서는 모든 부분에서 어려
움을 겪을 수밖에 없었다.

여기에 더하여 외부로부터 귀환한 175만 명과 북으로부터 월남한 100만
명은 한국 사회의 질서와 위생 문제를 더 어렵게 했다. 그리고 치안을 위해
필요했던 경찰도 문제였다.

> 우리에게는 경험자가 필요했는데, 그들은 일본인 아래에서 교육받은 경
> 찰이었다. 깨끗한 기록을 갖고 있는 사람만 남기고자 했는데, 그들의 수는
> 200명밖에 되지 않는다. (중략) 아시아의 경찰들은 나쁜 짓을 서슴지 않고
> 해왔다. 지금은 거의 없어졌지만, (식민지 시기의) 예전 한국의 경찰은 최악
> 이었다.

1947년 7월에 있었던 하지의 이런 인터뷰는 미군정의 정책이 왜 실패했
는가를 총체적으로 보여주는 것이었다. 버치 역시 이러한 생각에 대해 공감
하고 있었다. 한국을 떠난 직후 쓴 글에서 그는 특히 미군정의 정책에 대해서
비판했다. 즉, 친일파를 기용했던 미국의 정책, 한국인과 한국 사회에 대한
미군정 요원들의 잘못된 태도 등은 미군정이 실패하는 데 중요한 요인이 되
었다고 판단했다.

> (미군정의 실패로 인해서) 한국인들은 오히려 일제강점기에 대해 향수를 느

끼기까지 했다. (중략) 러시아는 상대적으로 성공적이었다. 우리는 진정한 한 국의 독립을 원했고, 러시아는 한국을 흡수하고자 했다. 우리는 많은 돈을 투 자했고, 러시아는 그렇지 않았다. 그러나 결과는 반대로 나타났다.(「한국에서 의 점령 태도」, 1948년 11월 3일, 버치 문서 Box 3)

그럼에도 불구하고 1948년 5월 10일 총선이 실시된 지역에 대한민국 정부 의 관할권을 한정한 것이 그나마 다행이라고 평가했다.

(38선 이북으로 북진한 이후) 새로운 처방을 위해 가장 중요한 점은, 1948년 유엔위원단의 권고에서 나타나듯이, 새로운 남쪽의 정부를 지리적으로 그 정도까지만 한정했다는 것이다. 이것은 국가의 재통합이 허용되는 상황이 왔을 때 더 혁신적 해결책을 만들 수 있는 기반이 되었다.(버치의 Foreign Policy Affairs 기고문, 1950년 9월 29일, 버치 문서 Box 3)

책임은 러시아에게도 있었다. 미군정의 입장에서 볼 때 러시아는 협상할 의지가 없었다.

우리가 러시아인들과의 합의에 도달하는 유일한 길은 항복하는 것이었 다. (중략) 그들은 북쪽에서 자신들의 통제를 강화하면서 동시에 우리의 지역 에서 최대한 많은 문제를 만들어낼 것이고, 그때까지 미소공동위원회를 이 용하기를 원했다. (중략) 하지 행정부가 순진했다고 할 수 있다.(버치의 1973 년 12월 3일 편지, 버치 문서 Box)

수도경찰청장 장택상은 미군정의 실패 요인을 쌀 수집에서 찾았다. 그에 의하면 쌀 수집은 한국 사회에서 미국의 인기를 하루아침에 땅바닥으로 곤 두박질치게 만들었다. 미군정의 쌀 수집 정책은 일본의 정책보다 더 인기가 없었으며, 이로 인해 공산주의자들의 주장이 먹혀들어갈 수밖에 없었다.(「쌀 수집 프로그램」, 1948년 3월 6일, 버치 문서 Box)

전체적으로 보면 버치가 소장하고 있었던 문서들, 그리고 한국을 떠난 이후 버치에 의해 작성된 편지들을 통해 보면, 미국 본국의 소극적 지원과 한국의 상황을 고려하지 못한 미군정의 정책, 한국인들의 태도, 특히 미국을 지지할 것으로 예상했던 보수 우익 정치인들의 비협조, 그리고 러시아와 공산주의자들의 선전과 선동이 미군정 실패의 가장 중요한 요인으로 꼽히고 있다.

그렇다면 버치의 이러한 평가가 객관적인 것이며, 당시 미군정 관련자들의 전반적인 평가라고 볼 수 있을까? 버치의 문서군에서 나타나고 있는 이러한 평가는 그 자신만의 평가가 아니었다. 군정청 내 다른 요원들의 평가도 버치의 문서 속에 들어 있다. 또한 그는 군정 요원뿐 아니라 다양한 한국인들로부터 의견을 청취했다. 따라서 그의 평가는 당시의 상황을 종합적으로 고려한 것으로 판단된다.

그럼에도 불구하고, 반드시 고려해야 할 점은 미군정 내에서 버치를 반대하는 요원들도 적지 않았다는 점이다. 특히 버치의 좌우합작위원회 지원을 긍정적으로 바라보지 않는 사람들 사이에서 버치의 활동은 부정적으로 평가되었다. 김규식과 여운형을 지원했기 때문에 그는 이승만의 그룹으로부터 집중적인 비난을 받았다. 미국에서 이승만을 돕고 있었던 임병직(후에 이승만 정부하에서 주미 한국 대사와 외무부 장관을 역임)은 버치의 뒷조사를 했고, 그가 공산주의자이며 군 입대 전에 오하이오에서 변호사법 위반으로 조사를 받았다고 주장했다.

미군정의 적산 관리인들은 좌우합작위원회에 관계된 정치인과 정당에

신당동의 집에서 세 딸과 시간을 보내고 있는 버치.

버치가 적산을 제공하는 것에 대해 불만을 갖고 있었다. 버치 자신의 집에서 일하는 한국인들에게 적산을 제공하려고 한 것이 문제가 되기도 했다. 버치가 미군정에 소속되어 있으면서 변호사로서 활동을 하려고 했던 점 역시 미군정 내에서 문제가 되었다. 야전에서 활동했던 군인들이 군정 요원의 대부분이었던 상황에서 버치의 중도파 정치인에 대한 지원이 못마땅했을 수밖에 없었다.

버치 본인도 독특한 인물이었다. 1910년 텍사스에서 태어난 그는 홀리크로스대학에서 영어와 사회학을 전공했고, 하버드 법대를 나온 후 오하이

판사 임용과 관련된 메모. 김병로는 되지만 김용무는 안 된다는 내용이 주목된다.

오 주의 아크론에서 변호사로 활동했던 경력을 갖고 있었다. 1942년부터는 아크론 시 정부에서 일했던 그는 무엇 때문인지 1944년 법무 담당관으로서 'Army Service Forces'에 입대했고, 텍사스의 휴스턴에서 1945년 6월 수료와 동시에 우수생도상을 받았다.

한국의 미군정에 배치된 버치는 중위라는 낮은 계급에도 불구하고 하지 사령관으로부터 특별한 대우를 받았다. 그는 곧 한국의 정치 지도자들을 만

버치의 딸 세례식 장면. 노기남 대주교, 대모인 메리 루(한국 이름은 적혀 있지 않다.), 그리고 CIC 의 로빈슨 소령이 참석했다.

나서 의견을 교환한 후 이를 보고하는 역할과 함께 민주의원과 좌우합작위원회의 조직을 돕고, 이 조직들과 미군정 사이를 잇는 가교 역할을 했다. '중위'의 지위에서 할 일은 아니었으나, 버치 스스로도 자신이 하지에게 특별한 역할을 부여받았다고 회고하고 있다.

이 과정에서 버치는 한국 정치인들 사이에서 명사가 되었다. 수많은 한국인들이 그에게 다양한 청원을 했다. 적산 문제는 물론이고, 경찰에 의해 불법적으로 체포된 사람들을 풀어달라는 요청도 끊이지 않았다. 이러한 요청은 보수적이었던 러치 군정장관이나 한국 경찰에 의해 무시되거나 거부되기도 했다.

가톨릭 신도였던 버치는 교회 활동에도 관여했다. 한국에 근무하는 동안 버치 부부는 아들과 딸을 한 명씩 낳았는데, 이들은 노기남 대주교로부터 영 아세례를 받았다. 한국인 신부의 미국 유학을 적극 지원했고, 인천 지역 수녀 원의 토지 관련 분쟁, 이화여고의 재산 관련 분쟁에도 관여했다. 36세의 젊은 중위가 한국의 고위급 정치인들, 그리고 종교인들과의 밀접한 관계를 맺고 있었던 상황이 영관급 이상의 미군정 요원들에게 어떻게 비추어졌을까?

가장 흥미로운 점은 그의 자동차 운전과 관련된 경력이다. 임병직의 뒷조 사에 의하면 버치는 아크론에서 1938년 7월 교통사고를 냈으며, 벌금을 부과 받았다. 1946년 10월 15일 김구의 집에서 이승만의 돈암장으로 가다가 규정 속도 15마일에서 10마일 넘는 25마일 정도로 달리다가 속도위반으로 단속 되었다.(1947년 2월 4일 문서, 버치 문서 Box 5) 그는 1947년 5월 18일 오후 5시 15 분에 23마일로 운전하다가 또 한 번 속도를 위반했다. 버치는 벌금을 내지 않 아 4차례의 독촉장을 받기도 했다. 버치는 헌병의 실수라고 항변했는데, 이 후 어떠한 조치가 내려졌는지는 분명치 않다.(1947년 5월 24일, 버치 문서 Box 5) 1948년 2월에는 교통사고를 내기도 했다. 눈이 온 후 얼어버린 길을 달리다 미끌어진 것 같다.(1948년 2월 10일, 버치 문서 Box 5) 그해 3월에는 군용 1/4 톤 트 럭을 분실하기도 했다.

버치 중위가 다른 일반적인 야전 군인들과 달랐던 것은 분명하다. 어쩌면 군에 입대하기 전 아크론에서 경험했던 변호사로서의 생활이 군 생활로 연 장되었을 가능성도 있다. 그가 장군급 대우를 받는 위관이었으니, 다른 미군 요원들이 그를 곱게 바라보았을 가능성은 거의 없다.

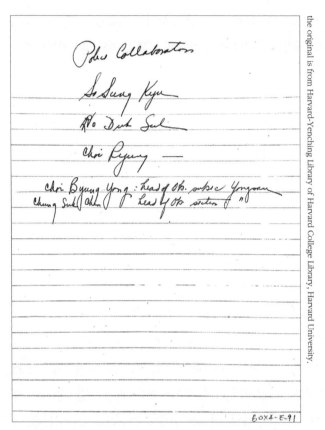

the original is from Harvard-Yenching Library of Harvard College Library, Harvard University.

친일파 경찰에 대한 버치의 메모. 노덕술의 이름이 보인다.

　　반면, 한국의 중도파 정치인들에게 그는 유일하게 기댈 수 있는 언덕이었다. 버치는 그들에게 사무실과 집을 제공해주었고, 경찰과의 분쟁이 발생하면 해결사 역할을 했다. 그리고 친일 문제와 극우 세력의 테러에 대해 함께 분노해주었다. 그러나 그런 버치도 좌우합작위원회가 실패하고 이승만이 정권을 잡자 결국 이승만에게 항복했다. 버치는 한국을 떠나기 직전 이승만을 만났다. 그리고 그에게 말했다.

초보 정치 전문가로서 더 이상 공산주의자들을 지원하는 일은 없을 것이다. … 이승만은 그러한 버치의 태도에 만족해했다.(「접촉 보고서」, 1948년 5월 3일, 버치 문서 Box 5)

미군정하에서 진행되었던 버치와 중도 정치인들의 꿈은 많은 사람들의 희생 속에서 이렇게 좌절되었다. 한국의 독립을 약속했던 카이로선언으로부터 강대국의 분할 점령을 규정했던 일반명령 1호, 한반도에서 통일된 정부를 수립하고자 했던 모스크바 삼상회의 결정과 미소공동위원회, 그리고 한반도 문제의 유엔 이관을 통해 38선 이남에서의 단독정부 수립에 이르기까지 조변석개의 정책을 실시했던 미국의 대한 정책도 실패로 끝을 맺었다. 그 좌절과 실패는 2년 후 고스란히 한국인의 몫이 되었다. 1950년 엄청난 재앙이 시작되었고, 그 재앙은 1953년 중단되었지만, 지금까지 완전히 끝나지 않은 상태로 계속되고 있다.

29

현재 한국 사회의 기원을 찾아서

— 미군정기의 역사

한미 관계는 평온했던 적이 없었다. 사실, 강한 의견의 불일치나 양자에게 중요한 문제에 대한 상호 간의 의심이 과거 20년간 한미 관계의 주요한 면모였다. 이승만은 격렬하게 휴전 협정을 반대했고, 한국이 통일될 때까지 계속해서 싸우기를 원했다. 우리는 그가 공공연히 주장한 북진정책에 대해 두려워했으며, 반대했다. 서울에 있는 우리 대사관은 처음에 박 장군이 일으킨 1960년[54]의 쿠데타를 반대했으며, 1963년에는 박이 선거를 갖도록 하기 위해 최고의 압력을 넣었다. 푸에블로호 피납과 청와대 습격에 대해 우리가 취한 대응 차이는 박을 격노케 했다.(미국 국무성 브리핑 비망록, 하비브의 편지, 1972년 5월 26일)

하지와 버치의 예상은 적중했다. 미군정은 이승만이 대통령이 되는 것을 원하지 않았음에도 불구하고 그것을 막지 못했다. 미국의 대한 정책은 번번

---

54 _ 1961년의 오기로 보인다.

이 이승만 대통령 때문에 순조롭게 진행되지 않았다. 그 결과 한국과 미국은 동맹임에도 불구하고, 서로를 신뢰하지 못하는 사이가 되었다. 둘 사이의 불신은 60년이 넘는 동맹 기간 동안 서로가 상대방을 의심하는 상황으로 이어졌다.

미국은 한국전쟁이 진행 중이었던 1952년과 1953년에 걸쳐 이승만을 대통령직에서 제거할 계획을 세우기도 했다. 민주주의를 지키기 위해 한반도에 왔지만 한국 정부가 민주적 정부가 아니었다는 사실(1952년), 그리고 전쟁을 빨리 끝내는 것이 신임 미국 대통령의 약속이었지만 이에 반대하여 한국의 대통령이 반공포로석방을 단행한 것(1953년)은 미국 행정부를 실망시킨 결정적 장면이었다. 위의 하비브 주한 미국 대사 편지에서 '평온했던 적이 없었던 한미 관계'의 첫 번째 사례가 바로 이승만과의 갈등 문제였다.

이승만 대통령 제거 계획은 모두 실행되지 못했다. 전쟁 중에 정권을 교체한다는 것, 그것도 내부의 민주주의적 절차가 아닌 외부의 지원을 받은 쿠데타를 통해 정권을 교체한다는 것 자체가 쉽지 않았다. 전쟁 중 국내 질서가 안정을 유지할 수 있는가도 의문이었지만, 세계 여론의 눈도 신경을 써야 했다.

더 중요한 점은 이승만을 대체할 수 있는 지도자가 있는가의 문제였다. 1952년과 1953년의 시점에서 이승만과 경쟁할 수 있는 지도자가 없었다. 김규식은 1950년 인천상륙작전 직후 북한군이 후퇴하는 과정에서 납북되었다. 주미 한국 대사를 지낸 장면은 합리적인 가톨릭 신자였지만, 강력한 카리스마를 가진 지도자는 아니었다. 한국민주당과 손을 잡은 신익희는 아직 대중적 인지도가 낮았다.

버치에 의하면 1950년 시점에서 이승만을 대신할 수 있는 지도자로는 신익희와 조소앙이 있었다. 한편 농민의 지지를 받는 새로운 지도자로서 조봉

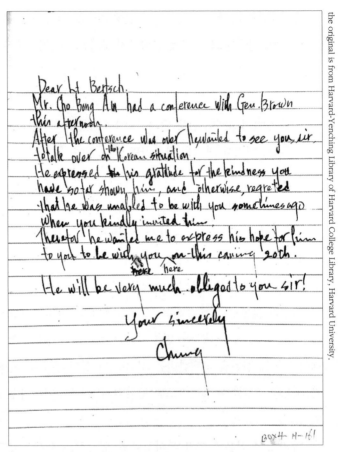

Dear Lt. Bertsch.
Mr. Cho Bong Am had a conference with Gen. Brown this afternoon.
After the conference was over he wanted to see you, sir, to talk over on the Korean situation.
He expressed his gratitude for the kindness you have so far shown him, and otherwise, regreted that he was unable to be with you sometimes ago when you kindly invited him.
Therefor he wanted me to express his hope for him to you to be with you on this coming 20th.
here
He will be very much obliged to you sir!
Your sincerely
Chung

BOX4 H-161

조봉암이 버치를 다시 만나기를 원한다는 내용의 편지.

암도 가능성이 있었다.(1950년 10월 9일 Foreign Policy Affairs 기고문. 버치 문서 Box 3)
실제로 1952년 대통령 선거에서 조봉암은 이승만의 유일한 경쟁자가 되었
다. 조봉암은 대한민국 정부의 초대 농림부 장관을 지냈고, 인지도나 정치 경
험 면에서 다른 정치인들보다 위에 있었다. 하지만 공산주의자로 활동했었

고, 미군정기에 전향을 했던 경력을 갖고 있었던 그를 신뢰하기는 쉽지 않았다. 로버트 주니어는 자신이 조봉암을 자주 만났다고 했지만, 그에 대한 구체적인 평가를 하지는 않았다.[55]

결국 이승만은 1960년 국민들에 의해 경무대에서 쫓겨날 때까지 집권했다. 미군정기 독촉국민회와 청년단을 통해 지방을 장악했던 이승만의 힘이 1960년까지 계속된 것이다. 4.19혁명 이후 민주당이 잠시 집권하기는 했지만, 그 짧은 기간 동안 미군정기에 형성되고 한국전쟁을 통해 강화된 경찰, 청년단, 친일 지주 중심의 기득권 세력을 바꾸기에는 역부족이었다. 어쩌면 미군정 시기 여당이었던 한국민주당의 후신인 민주당은 기득권에 기반하지 않고 정국을 운영할 수 없었기에 결국 이승만 정부 시기 부정축재자를 처벌할 수 없었다.[56]

5.16 쿠데타를 일으킨 군인들은 불법적으로 정권을 탈취했지만, 새로운 정치를 만들어보려는 의지를 갖고 있었다. 민주공화당의 창당 과정에서 김종필을 비롯한 핵심 세력들이 전국을 돌아다녔다. 이승만 정부 시기에 비주류였던 쿠데타 주체 세력들은 중앙정보부장이었던 김종필을 중심으로 지방에서 새로운 인물들을 선택하고자 했다. 부산·경남 지역에서 발탁된 예춘호는 그 대표적 인물 중 하나였다. 쿠데타 주체들이 찾고자 한 것은 이승만 정부의 기득권 세력이 아니면서 각 지역의 중심이 될 수 있는 청년들이었다.

이들의 꿈은 1969년 삼선개헌을 통해 물거품이 되기 시작했다. 쿠데타로 집권한 군부는 새로운 정치를 만들기보다는 새로운 기득권층이 되기를 원했던 것 같다. 자신들의 기득권을 지켜줄 박정희의 영구 집권을 옹호했다. 민주

---

55 _ https://adst.org/wp-content/uploads/2018/02/Korea.pdf

56 _ 김대홍, 「4.19 혁명과 반부패제도」, 『법사학연구』 62, 2020.

공화당에 합류한 신진 세력은 삼선개헌에 반대했고, 결국 탈당했다. 예춘호도 탈당했다. 민주공화당은 새로운 기득권 세력을 만들어냈고, 여기에 더하여 8·3조치를 통해 자신들이 구제해준 대기업과 손을 잡았다. 여기에 더하여 유신쿠데타 이후 유신정우회가 조직되면서 기득권 세력들이 선거라는 절차도 없이 독재자에 기대어 득세할 수 있는 더 좋은 조건이 마련되었다.

새마을운동은 농촌 근대화의 기치 아래 각 지역에서 새로운 지도층을 만들어내기 위한 작업이기도 했다. 새마을운동을 주도하는 젊은 지도자들이 등장했다. 이들을 중심으로 지역의 정치를 바꿀 수 있을 것으로 기대했지만, 농수산물에 대한 수입 개방의 확대, 신군부에 의한 새마을운동의 정치화는 젊은 지도자들의 몰락을 불러왔고, 농촌의 고령화가 가속화되었다.

구태의 기득권 세력은 1980년대의 민주화 이후에도 생존했다. 새로운 정치 질서를 만들어야 했건만, 민주화에 반대했던 세력들의 반격이 시작되었다. 기득권을 옹호하는 언론과 재벌은 '이승만과 나라 세우기'를 시작했고, 민주화 이후 비판의 대상이 되었던 이승만과 박정희를 '건국'과 '산업화'라는 슬로건 아래 영웅적 지도자로 치켜세우기 시작했다. 그들은 한국 현대사를 '건국 → 산업화 → 민주화 → 선진화'라는 구도로 정식화하고, 각 단계에 필요한 지도자들이 시대 과제에 충실했을 뿐이라면서 과오를 덮었다. 1994년에 있었던 김일성 조문 파동과 주사파 파동은 민주화에 대한 역풍의 바람 세기를 더 강하게 만들었다.

2000년대 들어 '과거사'를 바로잡기 위한 움직임이 정부로부터 시작되었다. 오랜 정치 활동에도 야당에서조차 주류가 되지 못했던 김대중이나 노무현은 50년이 넘는 기간 동안 지방을 장악해온 기득권 세력을 바꾸고자 했다. 그러나 그 노력 역시 역풍을 맞았다. 김대중 정부는 금융위기를 해결하는 과정에서 불가피하게 기득권 세력과 손을 잡을 수밖에 없었고, 노무현 정부는 기득권 세력을 대체할 수 있는 새로운 세력을 만들지 못했다.

이렇게 미군정기에 형성된 구태 정치의 원형은 지금까지 계속 유지되고 있다. 이러한 구태를 뒷받침하는 가장 중요한 수단은 가짜 뉴스였다. 모스크바 삼상회의 결정안이 미국이 아니라 소련이 주도한 신탁통치안으로 알려졌다는 것은 너무나 유명한 이야기다. 조선공산당 책임비서 박헌영이 〈뉴욕 타임스〉의 존스톤 기자와 회견을 했는데, 이 자리에서 박헌영이 조선은 소련의 속국이 되는 것을 원하고 있다고 보도되었다. 존스톤이 이승만과 연결되어 있는 기자라는 점은 버치 문서를 통해 드러났다.

1946년 말 이승만이 미국을 갔을 때 가짜 뉴스는 극도로 판을 쳤다. 1947년 초의 버치 문서에는 가짜 뉴스와 관련된 내용이 많았다.

"미국이 한국에 대규모 원조를 하기로 했는데, 이는 이승만의 공이다."
"이승만이 귀국하면 미군정으로부터 정권을 넘겨 받아 대통령이 될 것이다."
"하지는 곧 미국으로 소환될 것이다."

버치는 가짜 뉴스에 분노했지만, 그 뉴스는 이미 빠르게 대중들 사이에 퍼졌다.

한국 현대사의 전 과정에서 가짜 뉴스는 계속되어 왔다. 뉴스를 만들어 내거나, 아니면 있는 사실을 보도하지 않는 방식이다. "북한이 언제 남침할지 모른다"는 뉴스는 반정부 시위를 막는 데 적극적으로 이용되었다. '평화의 댐'은 가짜 뉴스가 만들어낸 희대의 사기극이었다. 지금도 가짜 뉴스가 판을 치고 있지만, 언론의 자유라는 명목 때문에 이를 단속하고 처벌하는 것은 쉽지 않은 일이다.

가짜 뉴스가 심각한 점은 이를 통해 기득권 세력들이 원하는 방향의 정치

구도를 만들 수 있다는 사실이다. 민주화 이후 한국 사회의 정치 구도는 개혁과 반개혁의 구도가 되었어야 했다. 민주화를 했기 때문에 그 민주화를 막았던 사회구조를 바꾸어야 했다. 그러나 기득권 언론들은 이러한 정치 구도를 왜곡했다. 개혁과 반개혁이 아니라 진보/보수, 좌/우의 대립 구도가 된 것이다. 이런 구도 속에서 반개혁 세력은 청산 대상이 아니라 보수와 우익이라는 모습으로 그 힘을 유지할 수 있었다.

해방 정국의 모습이 바로 이러한 정치 구도 왜곡의 원형을 보여준다. 해방 후 한국 사회는 독립운동을 한 진영과 친일 세력 간의 대립 구도가 되어야 했다. 그러나 신탁통치안으로 왜곡한 가짜 뉴스들은 이 구도를 좌우 간의 대립 구도로 만들었다. 한국의 식민지화와 일본의 불의한 전쟁에 협력했던 사람들은 반탁운동을 하는 애국적 우익으로 꾸며졌다. 삼상회의 결정을 찬성한 세력은 소련의 속국이 되기를 원하는 매국 좌파로 규정되었다. 그리고 이렇게 왜곡된 구도 속에서 반독립 세력은 처벌을 받기는커녕 우익으로서 한반도의 남쪽에서 주류 기득권 세력이 되었던 것이다.

이 과정에서 합리적인 정치인들은 살아남지 못했다. 기득권 주류의 든든한 후원자이자 스스로가 기득권자인 언론은 합리적인 정치인들을 빨갱이는 아니지만 그에 가까운 '핑크'로 묘사했다. 아니면 철저하게 그들을 외면함으로써 대중적인 지지를 받을 수 있는 기회 자체를 박탈했다. 이도 저도 안 되면 결국 테러라는 최악의 수단이 등장했다.

가장 합리적인 정치인이었던 김규식과 여운형이 정치에서 멀어져가는 과정은 한국 현대사의 어느 시대에나 비슷하게 나타났다. 미군정이 해체된 이후 김구가 암살되었다. 이승만을 가장 위협했던 조봉암은 '사법 살인'이라는 테러를 당했다. 독재 정부를 비판했던 지식인들은 투옥되었고, 사형당하기도 했다. 일제강점기에도 공산주의자들을 감옥에서 고문으로 죽일지언정 사형을 선고한 적이 없었건만, 대한민국 정부하에서는 수많은 '사법 살인'이 발생했다.

그래도 1948년 이후 공권력이 제대로 작동하면서 테러가 없어지지 않았는가? 청년단이 없어지지 않았는가? 농지개혁을 통해 친일 지주들도 없어지지 않았는가? 아니다. 자신의 모습을 조금씩 바꾸어 지금도 그대로 남아 있다. 사법 테러만 있었던 것이 아니다. 데모를 진압하는 과정에서 공권력에 의한 테러가 발생했다. 공권력의 테러는 급기야 '광주항쟁'의 원인이 되었다. 1970년대 야당의 전당대회에 깡패가 나타났고, 1980년대 야당의 창당 과정에서 '용팔이'에 의한 테러가 발생했다. 그 배후에 정보를 제공하는 정보기관들이 없었다면 깡패들에 의한 테러는 불가능했다. 미군정기 청년단의 배후에 경찰이 있었던 것과 전혀 다르지 않았다.

서북청년단 대신 수많은 극우 단체들이 나타났다. 그 많은 극우 단체들이 독재 정부의 지원을 받았고, 전경련의 지원을 받았다. 세월호 유가족들이 단식투쟁을 하는 자리에서 폭식투쟁을 하는 젊은 청년들의 모습은 미군정기 극우 청년 단체의 모습과 전혀 다를 것이 없다. 가스통을 들고 시위에 나서는 사람들, 촛불을 든 평화적 시위를 위협하고 공격적인 모습을 보이는 사람들, 이들 모두 미군정기 청년단의 모습과 전혀 다를 것이 없다. 급기야 북한에 다녀온 기행문을 발표하는 자리에서 한 젊은이가 사제 폭탄을 터뜨리는 일도 발생했다. 테러의 대상이 된 사람은 추방되었고, 사제 폭탄을 사용했던 젊은이는 지금 어떻게 되었는지 아무도 관심이 없다.

친일 지주는 없어졌다. 1950년 농지개혁이 실시되었고, 한국전쟁 과정에서 많은 지주 가문들이 몰락했다. 그 자리에 대기업이 자리했고, 이들은 재벌로 성장했다. 그들은 정치가나 관료와의 결탁을 통해 불공정한 경쟁으로 한국 경제의 주도권을 장악했다. 재벌은 공정 경쟁이라는 자본주의 시장의 기본 원칙을 철저하게 무시했다. 그들은 부동산으로 기업의 부를 늘려갔다. 1969년 부실기업 위기, 1980년 경제 위기의 주요한 원인의 하나가 대기업과 재벌의 부동산 투기였다. 정상적인 자본주의적 기업이라면 부동산 투기가 아니라 새로운 개발을 위한 투자를 했어야 했다. 전근대적 지주의 행태와 다른 것이 없었다.

버치 보고서를 분석하고 정리한 데는 두 가지 목적이 있었다. 하나는 미군정기의 상황을 좀 더 실증적이고 객관적으로 이해하기 위한 것이었다. 다른 하나는 현재 한국 정치에서 나타나는 폐단의 기원을 찾는 것이었다. 앞에서 얘기한 바와 같이 그 기원은 하나같이 미군정기로부터 시작되었다. 그런데 왜 70년이 넘도록 이러한 현상은 고쳐지지 않은 것일까?

그 당시와 지금의 한국 상황이 동일하다고 할 수는 없다. 그러나 미군정기에 형성된 한국 정치의 병폐는 지금도 계속되고 있다. 왜 그런가? 이는 무엇보다도 기득권 주류 세력이 갖고 있는 힘을 대체할 수 있는, 그리고 정상적 자본주의 사회를 이끌 건전한 세력이 나타나지 못하고 있기 때문이라고 할 수 있다. 하버마스가 얘기하는 이성적 비판 지성으로서의 공론장, 즉 시민사회가 성장하기는 했지만 아직 물적 토대를 갖고 있지는 못한 것이다. 시민사회는 사회적 공감대에 의해 사회적 지지를 받지 못하면, 언제든지 흔들릴 수 있는 가능성을 갖고 있는 허약한 존재이다. 또한 밑으로부터 시민사회가 만들어진 것이 아니라 소수의 엘리트들에 의해 위로부터 조직된 시민사회는 지금도 그 힘이 안정적이지 못하다.

한국 사회는 네 번에 걸쳐 주류 교체를 시도해왔다. 세계 어떤 나라의 현대사에서도 없었던 소중한 경험이다. 성리학 근본주의가 대세였던 조선 후기 사회에서 실학을 통해, 일제강점기의 독립운동을 통해 시대의 변화에 조응하는 주류 교체를 끊임없이 시도했던 전통이 지금까지 이어지고 있는 것

1978년에 찍은 버치 부인의 사진.(오른쪽) 왼쪽은 딸로 보이며, 버치 문서를 하버드 대학에 기증한 가족의 일원인 것 같다. 버치가 갖고 있었던 사진의 뒤에는 설명이 붙어 있는데, 인물 설명에서 오류가 많이 나온다. 이는 버치 부인이 설명을 붙였기 때문으로 보인다.

이다. 시민사회가 눈을 시퍼렇게 뜨고 자각해야 한다. 그렇게 하지 않으면, 시민사회가 시도하는 개혁은 사상누각에 불과할 것이다. 2017년 이전 세 차례의 극적인 변화, 즉 4.19혁명, 부마항쟁과 광주항쟁, 그리고 6월 항쟁이 사회 개혁의 흐름으로 나아가지 못하고 좌절을 겪어야 했던 이유도 여기에 있었다.

버치 문서는 미군정기의 실패와 함께 한국 사회가 겪었던 좌절의 역사를 보여주고 있다. 그것은 곧 해방과 통일 독립국가 수립이라는 너무나 소중한 기회를 상실하는 과정이었다. 그리고 기회의 상실은 곧 전쟁이라는 위기로 다가왔으며, 또다시 그런 경험을 해서는 안 된다는 점을 잘 보여주고 있다. 한반도의 중대한 전환점에 서 있는 오늘, 버치 문서를 통해 보는 미군정기 한국 사회로부터 얻을 수 있는 교훈이 더 소중한 것은 바로 이 때문이다. 북핵 위기를 기회로 전환하는 데 성공했지만, 이 기회를 살리지 못한다면 이는 곧 위기로 전환될 것이다. 정상적 자본주의 체제를 살리기 위한 건전한 세력과 시스템이 육성되지 못한다면, 한국 경제는 고질적인 부패와 부동산 투기, 그리고 금융 위기로부터 자유롭지 못한 채 불안정한 상황이 계속될 것이다.

버치 문서를 통해 본 해방 정국의 역사로부터 얻을 수 있는 소중한 교훈을 잘 기억해야 할 것이다. 그리고 이를 통해 좌초의 위기에 빠진 한국호를 구해내야 할 것이다. 2016년과 2017년 시민의 힘이 좌초 직전의 한국호를 구해냈다면, 이제 그 한국호가 또다시 좌초되지 않도록 끊임없이 노력해야 할 것이다. 버치가 가장 존경했던 김규식과 여운형이 그렸던 꿈이 70년이 지난 지금이라도 실현될 수 있다면, 좌우합작위원회를 지원했던 버치의 노력은 결코 헛되지 않게 될 것이다.

부록 | 버치 문서 Box의 자료

아래의 자료들은 버치 문서군에 있는 자료 중에서 중요한 내용의 기록들을 전문 또는 부분 번역한 것이다. 자료의 성격과 내용에 따라 6개의 주제로 분류했으며, 경우에 따라 역자주를 달았다. 인명, 단체명, 지명이 정확하지 않은 경우에는, 자료에 있는 이름을 그대로 달아준 후 당시 신문 자료 조사를 통해 수정된 이름을 달았다.

● 여운형 조사를 위해 전 일본 총독부 인사들을 심문한 기록[57]

(버치 문서 Box 1-G).

○ **소화 21년(1946년) 9월 20일** 심문 증인, 고이소 구니아키(小磯國昭). 심문자, 찰스 오리오단(Charles O'Riordan).

문 당신이 총리로 있는 동안 여운형의 행위에 대해 아는가?

답 총리 재직 기간 동안 나는 그의 행동에 대해 모른다. 내가 총독으로 있을 때의 그의 활동은 안다.

문 한국의 독립 문제는 일본에 적대적이지 않았는가?

답 자연스럽게 적대적이었지만, 내가 여운형의 친구가 되었을 때 우리는 서로 간에 얘기를 시작했다. 여운형은 2,600만 한국 시민들을 행복하게 해주고 싶은 것이 자신의 항상된 관심이라고 말했다. 그는 자신의 독립운동

---

57 _ 미군정이 여운형의 친일 행위를 조사하기 위해 일본에 조사관들을 파견했다. 이들은 조선총독부 관련자들을 만나서 여운형의 일제강점기 활동에 대해 인터뷰를 했다. 정병준의 『몽양 여운형 평전』에 나오는 것처럼 『대동신문』에서 여운형의 친일 행위에 대한 보도가 나간 이후 이에 대한 조사를 시작한 것으로 보인다.

자료는 인터뷰를 받아 쓴 일본어 자료와 이를 번역한 영어 자료로 구성되어 있는데, 여기에서는 영어 자료를 번역했다. 각 자료마다 여운형의 이름이 다르게 나오는데, 이는 영어로 번역된 자료에 있는 영문명을 그대로 사용했다.

을 통해서 고이소 총독이 압박 없이 한국민들에게 자유를 주고 일본인들과 동등하게 대해준다면, 독립을 위한 자신의 투쟁은 헛된 것이 될 것이라고 말했다. 그는 오직 2,600만 한국인의 행복을 요구했다. 나는 진실로 여운형이 좋은 사람이라고 생각한다. 그의 생각은 건전했다. 그러나 그의 실질적 임무와 관련해 그의 주위에 있었던 사람들은 조심스럽게 선택되었어야 했다.

○ **1946년 10월 30일** 조서 증인, 고이소 구니아키(Koiso, Kuniaki). 심문자, 찰스 오리오단(Charles O'Riordan).

문 이것은 현재 재판과 관련없지만, 로운교(Ro Un Kyo, 여운형의 일본어 발음)[58] 라는 한국인을 아는가?

답 아주 잘 안다.

문 총독부에서 근무할 동안에 알았는가?

답 내가 총독으로 근무하는 동안 그를 잘 알았다.

문 그의 성격은?

답 과거부터 로운교는 한국 독립의 옹호자였고 영국과 미국에 대해 잘 알고 있었다. 장카이섹(장개석)·왕차오밍(동시에 왕칭웨로 알려진)과 함께 그는 손약센(손문) 밑에서 일했다. 과거 중국의 혁명주의자다.

문 우가키 장군이 1944년 겨울 중국을 방문했을 때 로운교를 만났는가?

---

58 _ 이 자료에는 여운형을 가리키는 여러 가지 명칭이 나오는데, 이는 심문자나 통역자마다 다른 표기를 사용했기 때문으로 보인다.

답 우가키가 중국을 여행할 때 로운교를 데리고 가겠다고 했지만, 로운교가 같이 갈지는 모르겠다고 말했다. 우가키 또한 로운교를 잘 안다.

문 중국에서의 우가키의 임무는 무엇이었는가?

답 중국을 조사하는 것이었다. 그의 여행은 조사를 기본적인 목적으로 했다.

○ **소화 21년(1946년) 8월 29일** 심문 증인, 아베 노부유키(阿部信行).

문 언제 여운형과 만났는가?

답 1943년 10월이나 11월이다.

문 일본에서 돌아오자마자 그는 체포되었다. 무슨 일 때문인가?

답 나는 그가 일본에 갔다는 것에 대해 몰랐다.

문 일본으로부터 그에 대한 어떠한 정보를 받았는가?

답 아무것도 받지 못했다. 전쟁이 끝난 후 나는 그가 젊은 사람들에 의해 고무되고 있다고 들었다. 그리고 독립된 정부를 수립하기 위한 운동에 참여하고 있다고 들었다. 여운형은 천성적으로 온화하기 때문에 그는 전쟁 후 한국인들의 지도자가 될 자격이 있다고 일반적으로 받아들여졌다. 그러나 그가 점차적으로 급진적 운동에 참여하기 시작했다고 들었다.

문 여운형은 독립준비위원회 성원이었는가?

답 나는 그런 것과 어떤 관계도 없었기 때문에 모른다.

문 당신은 독립운동을 도와주었는가?

답 아니다. 그러나 정무총감(civil governor)은 다양한 경우와 관련해 그러한 움직임에 대해서 경고했다.

문 당신은 그런 움직임과 연결된 다른 사람을 아는가?

답 엔도라는 사람이 있는데 그러한 운동에 관심이 있었고, 그들에게 너무 나가지 말라고 경고했다. 하지만 그러한 움직임을 돕지는 않았다. 그는 단지 그것의 좋은 점과 나쁜 점을 지적한 것으로 들었다.

문 한국이 전후 평화로울 것이라고 말하지 않았는가?

답 나는 그런 얘기를 한 적도 없고, 여운형을 다시 만난 적도 없다. 전쟁이 끝나고 나서 나는 아팠고, 9월에 일본으로 돌아왔다. 따라서 나는 이것에 대해 아는 바가 없다.

문 엔도는 어디에 있는가?

답 그의 집은 사이타마현에 있는데 그의 형이 있는 도쿄에 가끔씩 오기도 한다.

문 그는 여운형에 대해 아는가?

답 그렇다고 생각한다. 왜냐하면 그는 경찰과 같이 일했고, 관계가 있었다. 그는 센타가야구, 센타가야마치, 4초메, 655번지에 아와시마(淡島) 가족과 함께 살고 있다. 그것이 전부다.

○ **아베 심문**

문 어떤 상황에서 그를 만났는가?

답 우가키가 서울을 방문했을 때 그는 로운교에게 얘기해서 총독부 사무실로 갔는데 거기에서 여운형을 만났다. 여운형은 일반적인 사안에 대한 대화를 나눈 다음에 떠났다.

문 우가키가 누구인가?

답 그는 나의 전임자다. 그는 전쟁성 장관을 비롯해 많은 직책을 갖고 있었다.

문 여운형은 무슨 목적으로 왔는가?

답 나는 모른다.

문 무엇에 대해 얘기했는가?

답 그저 일반적인 얘기를 했을 뿐이다.

문 여운형은 일본 정부를 도왔는가?

답 아니다. 그는 고이소 구니아키가 총독으로 있을 때 정치범으로 체포되었다.

문 무엇 때문인가?

답 정치적 문제라고 얘기했다. 그러나 기소유예가 되었다고 들었다.

문 우가키가 여운형을 소개했을 때 그의 인상이 어땠는가?

답 나는 로운교에 대해서 그 이후에 들은 바가 없다.

문 그 회동에서 여운형과 어떤 정치적 문제에 대해서 토론한 적이 있는가?

답 나는 그와 이전에 만난 적이 없고, 그에 대해서 우가키로부터 들은 것이 없기 때문에 나는 그가 무슨 목적으로 왔고 어떤 정치적인 문제를 토론해야 하는가도 알 수 없었다. 작년에 거기를 떠난 이후에 그를 다시 만난 적이 없다.

문 여운형의 이야기에 따르면 자신이 1945년 여름 부산에서 체포되었을 때 고이소가 걱정하지 말라는 말을 전했다고 한다. 왜냐하면 고이소가 그를 돌봐주고 있기 때문이었다. 이것에 대해 아는 것이 있는가?

답 나는 9월 19일까지 거기에 있었지만, 그 사실에 대해 아는 바가 없다.

○ **1946년 8월 29일** 증인, 아베 노부유키. 심문자, 찰스 오리오단(Charles O'Riordan).

문 여운형에 대해 아는 것이 있는가?

답 나는 그런 이름에 대해서는 기억을 못하고, 그러한 발음에 대해서 잘 이해하지 못한다. 나는 루웬교(Lu Wen Kyo, 여운형)라는 영향력 있는 이름을 알고 있다. 내가 거기에 있을 때 그는 지도력 있는 사람이었다.

문 한국에 공산당이 있었는가?

답 당시에는 공산당이나 어떤 정당도 없었다.

문 지하 공산당이 있었고, 루웬교가 연결되어 있다고 들었다. 여기에 대해 아는 것이 있는가?

답 내가 거기 사무실에 있는 동안 공산당은 없었다고 믿는다. 그러나 한국의 독립을 원하는 사람은 많았다. 전쟁이 끝난 이후에 젊은 사람들이 루웬교를 높이 평가하고 그들의 운동에 적극적이었다고 들었다.

문 공산당 외에 다른 적극적인 그룹들이 있었는가?

답 내가 8월에 일본으로 돌아온 이래로 그것에 대해서 들은 적이 없다.

문 독립준비위원회가 있었다고 들었는데, 그것에 대해 아는가?

답 모른다.

문 우리에게 다른 정보를 더 줄 수 있는가?

답 나는 한국 이름 로운교를 안다.

문 그는 여운형과 같은 사람인가? 머리가 허옇지 않은가?

답 한 번밖에 만나지 않았다. 1944년 겨울이다. 나는 그가 어떻게 생겼는지 잘 기억나지 않는다.

○ **1946년 9월 18일** 증언, 우가키 이세이(宇垣─成).[59] 심문, 찰스 오리오단 (Charles O'Riordan).

문 당신의 이름은?

답 우가키 이세이.

문 루인헹(Lu, Yiin Heng, 呂運亨)이라는 이름을 아는가?

답 안다.

문 언제 만났는가?

답 10년 전에 만났다.

문 어떤 연결로 그를 만났는가?

답 그는 극단적인 반일주의자였다. 그는 한국을 떠나 상해로 갔지만, 내가 한국에 간 이후에 다시 돌아오고 싶어했다. 나는 만약 그가 원한다면 그렇게 하라고 했다. 상해에서 돌아오면서 그는 한국이 일본과 협력해야 한다고 주장했다. 내가 일본에 돌아온 후에 그는 동경으로 왔고 나는 그와 몇 번 만났다. 그건 10년 전 이야기다.

문 당신은 언제 한국의 총독이었는가?

답 나는 1931년에 가서 1936년에 왔다.

문 당신이 처음으로 만난 것이 한국에서였는가?

답 그가 상해에서 돌아왔을 때 처음 만났다.

문 그는 어떤 사람인가?

답 훌륭한 성격을 가진 겸손한 사람이라는 인상이 남아 있다.

---

59 _ 가즈시계의 오역. 아베 노부유키를 심문했을 때 통역자가 이바라 이세이(井原─生)였는데, 이 사람의 이름인 이세이를 여기에서 그대로 사용한 것으로 판단된다.

문 당신이 루인헹과 만난 것은 한국의 독립과 관련이 있는가? 한국의 독립에 대해서 의논을 했는가?

답 아니, 언급하지 않았다.

문 루인헹은 무엇을 했는가?

답 그는 아무것도 하지 않았다. 그는 일본말로 하면 로닌(浪人), 즉 프리랜서 였다.

문 당신과 루인헹 사이에 공통점은 무엇인가?

답 그는 겸손한 사람으로 상해에서 돌아왔을 때 한국이 일본과 협력해서 진 보해야 한다고 느끼고 있었다. 그때 나는 총독이었지만, 그의 생각은 나 와 같은 것이었다.

문 한국의 독립을 주장하는 연설을 했는가?

답 나는 듣지 못했다.

문 루인헹이 일본과의 협력을 주장했다는 것을 어떻게 알 수 있었는가?

답 그가 상해에서 돌아왔을 때 우리는 다양한 문제에 대해 토론을 했고, 그가 일본과 함께 일하는 것에 대해 얘기했을 때 나는 그를 믿었다. 만약 한국 에게 정치적 힘이 있다면 그가 한국의 지도자로서 적합한 사람이라고 나 는 믿는다.

문 당신은 고이소와 어떻게 연결되는가?

답 내가 전쟁성 장관으로 있을 때 그는 내 밑의 국장이었다.

문 그게 언제안가?

답 아마도 1928년인 것 같다. 내가 한국으로 가기 이전이다.

문 1944년 여름에 고이소와 무엇을 같이 했는가?

답 고이소 내각이 만들어졌을 때 나는 외무성 장관직을 제안받았지만 거절 했다.

문 상해와 만주 그리고 북부 중국을 여행할 때 루인헹을 보았는가?

답 그때는 만나지 않은 것 같다.

문 서울에 있을 때 아베를 만났는가?

답 그가 나를 보러 공항에 나왔다.

문 루인헹을 아베에게 소개했는가?

답 잘 기억이 나지 않지만, 루인헹이 잘 알려져 있었기 때문에 아베가 그를 알았던 것 같다.

문 루인헹이 전쟁 기간 중에 일본 경찰에 의해 기소된 것으로 안다. 이것에 대해 어떻게 생각하는가?

답 내가 있는 동안 우리는 훌륭한 시기를 가졌다. 그 이후에 일어난 일은 모른다.

문 당신의 사명은 무엇이었는가?

답 전쟁을 어느 정도에서 멈추기를 바라면서 중국의 상황을 살펴보려고 갔다. 중국 문제는 일본과 미국 사이의 전쟁 발발과 관련되어 있기 때문에 미일 관계도 해결해야 했다.

문 중국에서 무엇을 했는가?

답 나는 유명한 중국 정치가들을 북경과 남경에서 만났고, 중국 대중들의 의견을 알아보고자 했다. 그러나 내 의견은 일본 내각에 잘 받아들여지지 않았다.

문 당신은 러시아와의 평화적 관계를 위해 노력했는가?

답 아니다. 나는 오직 중일 관계만 다루었다.

문 당신은 고이소의 허락을 받았는가?

답 물론이다. 정부의 허가 없이 여행은 불가능하다.

문 루인헹과 다른 관계가 있는가?

답 없다. 언급할 만한 것은 없다.

○ **1946년** 증언, 도조 히데키(東條英機). 심문, 찰스 오리오단(Charles O'Riordan).

문 우리는 여운형에 대해 알고 싶다.

답 나는 그를 모른다. 그를 만나거나 들은 적이 없다.

문 당신이 한국 총독일 때는 어땠는가?

답 나는 한국에 간 적이 없다. 아마도 미나미나 고이소를 말하는 것 같다. 나는 한국 총독인 적이 없다.

문 미나미는 어떤 자격으로 한국에 갔는가?

답 총독이다.

문 우가키의 후임인가? 언제인가?

답 1936년 또는 1937년, 또는 1938년에 그는 사임했다.

○ **1946년 12월 12일.** 증언, 엔도 류사쿠(遠藤柳作). 심문, 찰스 오리오단(Charles O'Riordan).

문 이 질문은 전쟁범죄와 관련이 없다. 우리는 여운형에 대해서 듣고 싶다. 언제 그를 처음 만났나?

답 작년 봄이다.

문 한국에 부임한 이후 얼마가 지나서인가?

답 반년 후다.

문 어떻게 접촉했는가?

답 전쟁 상황이 안 좋아지자 사람들이 불안정을 느끼게 되었고, 나는 여운형을 만나는 것뿐만 아니라 한국의 대표적인 사람들을 만나는 것이 나의 의무라고 생각했다.

문 왜 당신은 여운형을 뛰어난 사람이라고 생각했는가?

답 여운형은 한국 젊은이들 사이에서 가장 존경받는 사람이었다.

문 일본 정부에 대한 그의 의견과 태도는 무엇이었는가?

답 그의 태도는 매우 협조적이었고, 음식과 노동 그리고 교육에 대해 자문해주었다.

문 서울에서 총독부를 옮기려는 어떤 계획이 있었는가?

답 없었다.

문 한국인들과 함께 정부를 꾸릴 계획이 있었는가?

답 없었다.

문 당신은 여운형의 친구였는가?

답 나는 단지 4~5번 만났을 뿐이고 그의 특별한 친구가 아니었다.

문 여운형과 이소자키 히로유키를 작년 6월 21~30일 사이에 만난 적이 있는가?

답 없다.

문 여운형과 공산주의에 대해 토론한 적이 있는가?

답 그에게 공산당과 관계가 있는지를 물은 적이 있는데, 그는 어느 정도 아는 것은 있지만 당원은 아니라고 했다.

문 그가 연안에 가고 싶어했는가?

답 그가 공산주의 지역에 가고 싶다고 말한 적은 없다. 그러나 중국에 가고 싶다고 한 적은 있다.

문 그의 동료를 파견한 적이 있는가?

답 나는 모른다.

문 이소자키가 그와 얘기한 적이 있는가?

답 모른다.

문 한국에서의 정부 정책을 누구와 의논했고, 그 정책은 무엇이었는가?

답 내 계획은 쌀 배분을 가능한 한 많이 하는 것이었고, 힘든 노동을 위해 일본으로 가는 사람들의 노동력을 이용하는 것이었다. 그러나 전쟁 상황에서 그렇게 하기는 쉽지 않았다. 그래도 우리 정부 관리들은 그것이 우리의 의무이고, 한국인들이 더 이상 고통을 겪지 않도록 하고자 했다.

문 당신은 누구의 의견을 들었는가?

답 소진구(송진우), 안자이고(안재홍), 조도쿠수(장덕수), 킨세이수(김성수) 등이다.

문 언제 한국인들에게 주권을 이양할 계획이었는가?

답 그런 계획은 없었다. 동시에 전쟁이 끝나면 모든 문제는 한국인이 아닌 미 육군에게 이양될 것이라고 굳게 믿었다.

문 미 육군의 점령 이전에 왜 한국인들의 정부가 수립되었는가?

답 한국인들은 그들 자신의 정부를 수립했고, 우리의 관심 사항 밖이었으며, 우리는 불만이 컸다.

문 니시히로가 여운형에게 100만 엔을 주었다는 것을 아는가?

답 나는 그것에 대해 들은 적이 없다.

문 모든 것을 미군에게 넘기라는 명령을 동경으로부터 받은 적이 있는가?

답 없다. 그러나 자연스럽게 그렇게 될 것이라고 생각했다.

문 한국인들이 행정권을 갖고 있었는가?

답 그들에게는 그런 권리가 없었다. 그런데 러시안들이 들어오면 급진적인 사람들이 풀려날 것이기 때문에 여운형의 권고대로 그 전에 이들을 풀어 주기로 결정했다. 우리는 여운형에게 폭동이 일어나지 않도록 해달라고 했다. 그러나 그가 나중에 약속을 깼기 때문에 우리는 그에 대해 대단히 만족하지 못했다.

문 여운형의 인간성에 대한 당신의 생각은?

답 솔직히 그는 매우 세련된 사람이다. 강한 민족주의자다. 그가 공산주의자가 아니라는 사실이 증명되었는데, 그는 고노에 왕자나 오카와 슈메이 같은 사람과 가까운 관계를 맺고 있었다.

문 그가 스탈린의 친구였다는 것을 아는가?

답 모른다.

문 그가 모스크바의 지시를 받아서 공산당에 가입했다는 것을 아는가?

답 그런 얘기를 들어본 적이 없다.

문 한국의 독립에 대해 어떻게 생각하는가?

답 그것은 좋은 일이지만 독립 직후에 폭동이 있을까 봐 걱정이 된다. 독립의 시기에는 거대한 유의(regard)가 필요하다.

문 새로운 정부와 관련해서 할 말은?

답 여운형이 약속을 깼기 때문에 한국에서 청년 운동이 일어났고, 우리에게 문제가 생겼다. 그래서 우리는 여운형과 회담을 가졌다.

문 미국 정부가 새로운 정부에 대해 반대한다면 어떻게 하겠는가?

답 독립은 좋지만 시기가 큰 문제다. 내가 뭐라고 말할 수는 없지만 조사가 필요할 것이다.

문 여운형을 조사했는가?

답 니시히로 경찰국장이 했을 것이다.

문 그의 성격과 관련해서 그가 순수한 민족주의자고 정치적으로 기회주의자라고 생각하는가?

답 그는 강한 민족주의자라고 생각한다. 그는 기회주의자이지만, 그건 한국인들의 공통적인 성격이다.

문 만약 그가 리더가 된다면 그가 자신의 강한 의견을 계속 지킬 것이라고 생각하는가, 아니면 러시아나 중국의 꼭두각시가 될 것이라고 생각하는가? 아니면 또 다른 강한 나라가 될 것이라고 생각하는가?

답 나는 그가 순수한 민족주의자라고 확신한다. 그러나 한국이 러시아나 중국을 따라갈 것이라는 가능성도 배제할 수 없다.

문 여운형이 지도자가 되면 그가 한국을 위해 자신의 권력을 사용할 것이라고 보는가? 아니면 반역자들을 위해?

답 내가 아는 한 그는 한국을 위해 최선을 다할 것이다.

문 과거 그의 행동들은 어땠는가?

답 그는 일본 정부나 총독부의 얘기를 듣지 않았다. 일본은 그를 중요한 직책에 앉히고 싶어했다. 그는 순수한 민족주의자로서 최선을 다했다고 생각한다.

문 그를 만난 다른 일본 정부 관리가 있는가?

답 몇몇 일본인들은 소진우, 킨세이수와 친분이 있었고, 로운교에 대해서는 좋게 얘기하지 않는다.

문 그들은 누구인가?

답 나는 모른다.

문 지난 1월과 2월에 조사를 받았는가?

답 지난 2월 도쿄에 미군이 와서 조사를 받았다.

○ **1946년 11월 17일** 증언, 니시히로 다다오(西廣忠雄). 심문, 고프(Goff) 소령.

문 이것은 전쟁 범죄에 대한 것이 아니라 일본의 한국 통치에 관한 것이다. 언제 한국에 있었나?

답 1945년 8월 5일 한국에 들어가서 11월 13일 일본으로 돌아왔다.

문 한국에서의 의무는 무엇이었는가?

답 나는 경찰국장이었다.

문 려운령(Lyuh, Woon Lyung, 呂運亨)을 아는가?[60]

답 안다.

문 그와 공식적으로 얘기해본 적이 있는가?

답 있다. 일본의 전쟁 목적을 달성하기 위하여 한국으로부터의 협조를 얻으려고 그와 얘기했다.

문 그는 협조했는가?

답 불가능했다. 우선 그는 독립을 원했다. "한국인과 일본인이 독립과 상호 양보의 정신하에 함께 간다."라는 선언을 원했다. 이것은 자치나 반독립을 의미하는 것으로 일본은 그것에 동의할 수 없었고, 결국 결론을 내지 못했다.

문 려운령은 정치적 기회주이자인가? 민족주의자인가?

답 그는 민족주의자다.

문 그의 성격을 고려할 때 그는 한국의 이익을 위해 일하겠는가, 아니면 다른 나라의 꼭두각시가 되겠는가?

답 그는 한국의 이익을 위해 일할 것이다.

---

60 _ 인명 표기에 관해서는 288쪽의 57번, 289쪽의 58번 각주를 참조.

문 려운령이 돈을 받았는가?

답 우리는 그에게 돈을 조금 주었다. 그러나 누구로부터 많은 돈을 받았는지는 모른다.

문 그에게 돈을 준 이유는?

답 공산주의자들과 급진적 젊은이들의 무질서를 막기 위해서였다.

문 려운령이 스탈린과 우호적이었다는 것을 아는가?

답 나는 모른다.

문 려운령이 연안의 공산당에 대해 이소자키와 얘기한 것을 아는가?

답 그들이 만났을 테지만 그것에 대해서는 잘 모른다.

문 왜 려운령이 체포되지 않았는가?

답 내가 오기 전에는 무슨 일이 일어났는지 모른다. 그러나 내가 있는 동안 그는 독립운동에 직접 관여하지도 않았고 법을 어기지도 않았다.

문 일본 정부는 유명한 한국인들을 구금한 적이 있는가?

답 없다.

문 그의 생각은 반일이었는가?

답 그는 한국 독립을 원했지만, 한국인들과 일본인들 사이에 피의 복수가 일어나기를 원하지 않는다고 항상 말했다. 그런 상황에서 우리는 그의 협조에 의지할 수밖에 없었다.

문 려운령의 희망은 무엇이었는가?

답 그는 독립과 자치를 원했다. 그는 일본으로부터 완전한 단절이 필요하다고 생각하지는 않는 것으로 보였다. 외교적·군사적으로 일본의 보호가 필요하다고 생각하는 것 같았다. 그러나 정확히 이에 대해 그가 얘기하지는 않았다.

문 려운령이 일본 정부와 협력한 적이 있는가?

답 그는 전쟁 직후에 방송을 통해 일본인들이 비극적인 학살을 모면하게 해주었다. 그는 사람들에게 일본인들을 죽이지 말라는 생각을 주려고 한 것 같다. 그러나 우리가 원했던 조직은 평화적 협조 조직이었지만, 그들은 건국 준비를 위한 조직을 만들었고 정치적이 되었다.

문 건국준비위원회가 무엇인가?

답 그것은 한국 독립에 필요한 물자들을 모으고 조사하는 위원회다.

문 려운령이 그 위원회에서 일본의 이익을 위해 일했는가?

답 아니다.

문 그가 중국에 간 적이 있는가?

답 내가 거기 있는 동안은 없었다.

문 려운령에 대해 아는 다른 것이 있는가?

답 나는 그가 자신의 마음을 다른 사람에게 말할 줄 아는 사람이라고 느꼈다. 내가 그에 대한 정보를 모을 때 그가 자신의 가족들을 잘 보살피고 있다는 것을 알았다. 그러므로 나는 그가 평화를 사랑하는 사람이라고 추측했다. 나는 최근 소련으로부터 돌아온 사람들을 아무도 모르기 때문에 공산주의자 및 다른 사람들을 달래기 위해서는 려운령 같은 사람을 쓰는 것이 필요하다고 생각한다.

문 려운령에게 반대한 사람들이 있었는가?

답 송진우와 김성수라고 생각한다. 그들은 려운령을 반대했다. 우리가 평화를 위해서 자리를 함께 만들려고 했을 때 그들은 동의하지 않았다.

문 려운령과 친한 일본인이 있었는가?

답 우가키 장군과 오카와 슈메이(OKAWA, Shumei) 씨가 그와 가까웠다.

문 왜 그들은 친했는가?

답 나도 모른다.

문 그를 개인적으로 어떻게 생각하는가?

답 나는 그가 좋다. 그는 학생과 청년들로부터 많은 존경을 받았지만, 그가 조직가나 지도자로서는 부족하다고 느꼈다.

문 그의 약점을 애기해줄 다른 친구가 있는가?

답 아마도 보쿠쇼쿠 이운(Boku-Shouku IUN, 朴錫胤)과 다른 사람들이 그를 도울 것이다.

문 그가 최고 권력을 갖는다면, 그로 인해서 이익을 볼 사람이 있겠는가?

답 나는 모른다.

문 보쿠쇼쿠 이운은 누구인가?

답 그는 일본에서 교육을 받았고 전쟁이 끝나기 직전에 한국으로 갔다. 그는 려운령의 인품을 아는, 그의 친한 친구다. 그러나 어느 정도 가까운지는 잘 모르겠다.

○ **1946년 12월 19일** 증언, 이소자키 히로유키(磯崎○○), 심문, 고프(Goff) 소령.

문 전범 관련을 묻는 것이 아니다. 언제 한국에 있었는가?

답 1930년 이후 사회국장, 경찰국장, 공공평화국장으로 일했다. 전쟁이 끝날 때까지. 나의 임무는 한국에서 사상을 통제하고 일본 지배에 반대하는 한국의 반응을 조사하는 것이었다.

문 언제 공공평화국장으로 갔는가?

답 전쟁이 끝날 때까지였다.

문 여운형을 아는가?

답 안다.

문 그와 애기해봤는가?

답 한두 번.

문 그와는 어떤 관계인가

답 그는 한국의 독립을 주장했고, 일본 지배의 반대자였다. 그러므로 그는 소요를 일으키는 사람으로 인식되었다. 그런 사람을 만나서 그의 생각을 알아볼 필요가 있었다.

문 그를 체포한 적이 있는가?

답 1930년, 1931년에 감옥에 있었던 것 같다. 상하이에서 잡혀 한국에 돌아와 감옥에 있었던 것 같다. 자세한 건 모른다. 처음부터 내가 관련되어 있지 않았다.

문 왜 그가 반일인데 체포하지 않았는가?

답 그는 실제로 어떤 행동을 취하지 않고 상황을 조용히 주시하고 있었기 때문에 체포할 필요가 없었다.

문 그가 일본 장군들과 친해서 그랬던 건가?

답 나는 그러한 이유를 잘 모른다. 전쟁이 끝날 무렵 내가 그를 만난 것은 공공평화국장으로서 그를 이용하고 싶었기 때문이었다. 그는 일본의 적이었지만, 일본 측을 향한 한국인들을 이끌고 있었다.

문 여운형을 이용할 수 있었는가?

답 아니다. 그러나 정무총감과 경찰국장 그리고 다른 고위직들이 그를 이용하려고 했다.

문 그가 100만 엔을 받았는가?

답 나는 모른다. 아마도 내가 모르는 누군가가 그랬을 수 있다. 나는 그것이 단지 소문이라고 생각한다.

문 일본인들에 의해서?

답 나는 모른다. 윗사람들이 하는 일을 내가 알 수는 없다. 나는 그에게 직접 돈을 준 적은 없다.

문 그의 정치적 활동은?

답 나는 잘 모른다. 그가 원래 공산주의자였고 후에 거기를 떠났다고 들었다. 그가 상해에 있을 때 공산주의자였던 것 같다. 한국에서 그는 공산주의자들과 연결되어 있었지만, 독립운동가들 사이에서 매우 인기가 높았다. 그를 기회주의자라고 비판하는 유명한 한국인도 있었다.

문 그가 연안에 있는 공산당에 대해 얘기한 적이 있는가?

답 없다. 한번은 한 친구가 나에게 말하기를, 만약 자기가 여운형을 통해서 말한다면 중국공산당과 연결될 수도 있다고 말한 것 같다.

문 그에 대해 어떻게 생각하는가? 민족주의자인가 기회주의자인가?

답 나는 그가 공산주의자였을 수 있다고 생각한다. 기회주의자로서 그는 한국인들 사이에서 지지자와 힘을 갖고 있었다. 처음부터 끝까지 독립을 지지하기 위해 그들의 주장을 갖고 있는 사람들이 많았다. 그를 기회주의자로 알고 있는 사람들이 있는데, 이는 그가 자신의 생각을 버리고 한국을 돌아왔기 때문이다. 그러나 나는 그를 기회주의자로 부르는 것이 적절치 않다고 생각한다. 왜냐하면 그는 전쟁이 끝날 때까지 우리와 긍정적으로 협력하지 않았기 때문이다. 우리는 그를 전쟁에 협력시키려고 했다.

문 그가 다른 외국으로부터 영향을 받았는가?

답 공산주의의 영향이 어느 정도 있었을 것으로 본다. 특히 중국공산당.

문 그가 스탈린과 가까웠던 것을 아는가?

답 모른다.

문 장카이섹(장개석)은?

답 그는 찬의라이(Chan Eu Lai, 주은래)나 다른 공산주의자들과 더 가까웠을 것이다.

● 여운형과 일본 정부의 관계에 대한 조사의 최종 보고서[61]

○ 1947년 1월 11일

"Report of Investigation" 사령관에게 (버치 문서 Box 1 - G - 19~33).

· 1946년 8월 10일 사령관의 지시에 따라서 찰스 오리오단(Charles O'Riordan) 소령이 미국의 한국 점령 이전 여운형과 일본 정부의 관계에 대해서 조사를 했다. 조사의 목적은 아래와 같다.

a. 여운형이 일본 정부와 협력을 했거나 일본 정부의 요원과 비밀 협상을 했는지의 여부.

b. 만약 그가 일본과 일본인들과 어떤 방식으로든 협력을 했다면 일본 정부의 문서보관소에 관련 문서 증거가 있는지의 여부.

c. 일본의 점령 기간 동안 어떤 경우에든 여운형이 일본 정부와 어떤 관계가 있었는지의 여부.

d. 여운형의 배경과 관련해서 정보를 수집하고 한국 정치에서 그의 현 위치를 더 잘 이해할 수 있도록 하는 것.

· 조사는 아래와 같이 진행되었다.

a. G - 2의 코디네이팅 장교가 모든 일본의 문서 보관소에 요청.

b. 일본의 점령 기간 중 한국 문제에 가까이 있었던 일본인 지도자들에 대한

---

61 _ 여운형의 일제강점기 활동에 대한 조사 이후 조사관이 최종적으로 결론을 내린 보고서다. 이 보고서의 내용 속에는 조사관들이 총독부 관계자들과의 인터뷰를 통해 얻을 수 있었던 여운형에 대한 정보를 종합하고 있다.

심문.

이를 통해서 다음과 같은 문서들이 생성되었다.

· **심문한 사람들은 아래와 같다.**

아베 노부유키(阿部信行), 한국의 마지막 총독.

도조 히데키(東條英機), 전쟁 시 일본 총리대신.

고이소 구니아키(小磯國昭), 도조 시기 한국의 총독. 도조 뒤의 내각 총리대신.

우가키 가즈시게(宇垣一成), 한국의 총독(1931~1936).

엔도 류사쿠(遠藤柳作), 일본 항복시 한국의 부총독.

니시히로 다다오(西廣忠雄), 경찰국장. 한국 총독부.

이소자키 히로유키(磯崎○○), 한국 경찰.

· **주의**

속기사가 인터뷰의 많은 부분을 놓쳤다. 기본적으로 중요한 질문과 답을 놓친 부분이 있다. 질문과 답 중에서 취사선택된 부분들도 있다. 1946년 10월 G-2 SCAP의 심문과가 완전히 재조직되었기 때문에 엔도·니시히로·이소자키의 경우가 좀 더 잘 기록이 되었는데, 아직도 미국의 기준에는 미치지 못한다.

· **확인한 사실 (생략)**

· **협력의 증거**

1. 여운형이 비밀 요원으로서 일본 정부를 위해 봉사했거나 다른 외국 정부의 밀사로서 활동했다는 증거는 없다.

2. 여운형은 1940년 고노에 내각이 있는 동안 동경을 방문했는데, 중일전쟁

을 끝내기 위해 일할 것을 제안하기 위해서였다. 만약 그가 남경에 파견되어 장카이섹(장개석) 총통을 만난다면 만족스럽게 갈등을 해결할 자신이 있다고 말했다. 그러나 그의 제안은 받아들여지지 않았고, 바로 동경에서 서울로 돌아왔다.

3. 1944년 가을 고이소 내각이 있는 동안 우가키가 중국에 파견되었는데, 그는 여운형과 가까운 친구였다. 그곳으로 가는 길에 서울에 들렀을 때 여운형을 데리고 가고 싶어했다. 그러나 여운형을 찾을 수 없었고, 우가키는 그 없이 상해로 떠났다. 아베 장군의 증언에 의하면 여운형은 1940년 중국의 밀사로 자원해서 활동했다.

4. 많은 경우에 일본 총독부는 여운형을 그들과 협력할 수 있게 만들려고 했다. 1921년 봄 여운형은 도쿄에 초대를 받았지만 그 회의는 성과가 없었고, 여운형은 상해로 돌아갔다. 1933년 여운형은 우가키에 의해 귀국했고, 우가키는 그의 안전과 활동을 보장했다. 한국의 젊은이들을 이끌어줄 것으로 판단되었다. 모든 사람들이 그의 협력을 유도하기 위해 노력했던 것 같다.

5. 여운형이 어떤 방식으로든 한국의 절대적 독립을 위해 그의 노력과 일치하지 않는 방향으로 일본과 협력했다는 증거는 발견되지 않았다. 그는 우가키와 협력하기는 했지만 우가키는 일본의 자유주의자로 한국의 자치를 원하고 있었던 일본인이다. 그는 교육을 장려하고 한국의 자체적인 예술이 되살아나기를 원했다. 우가키의 기억으로는 여운형이 한국 독립이라는 목적을 잊은 적은 없다. 물론 반 정도는 받아들인 적이 있다. 미나미가 우가키의 자유주의 정책을 따라서 여운형의 협력을 이끌어내려고 했지만, 여운형이 그렇게 하지 않아 실망했다고 말했다. 미나미가 있는 동안 여운형은 조용히 지냈다. 전 기간을 통해 보면 회담, 계획, 완전하지 않은

약속들, 미래를 위한 계획의 연속이었던 것 같다. 그러나 어떠한 성과도 없었다. 일본인들을 분노하게 만들어 한국인들의 상황을 더 안 좋게 할 수 있는 극단적인 젊은이들의 극단적인 행동을 그가 말렸던 것 같다. 모든 일본인 총독이 그를 반일주의자라고 했지만, 그가 폭력을 음모하지 않았고 한국인들로부터 사랑을 받았기 때문에 몇몇 사건을 빼고는 일본 경찰에 체포되지 않았다.

6. 여운형은 일본 항복 이후에 질서를 지키기 위해 일본과 협력했다. 항복 전에 엔도·니시히로·이소자키는 여운형과 법과 질서를 유지하고 일본인들의 생명과 재산을 지키기 위하여 그와 논의했다. 여운형은 러시아인들이 서울에 오기 전에 정치범들을 석방할 것을 제안했다. 만약 러시아인들이 오기 전에 그들이 석방된다면 모두 흩어질 것이기 때문이었다. 러시아인들이 들어온 이후에 그들이 집단적으로 석방된다면 여운형은 그들을 통제할 수 없었다. 일본 공권력은 여운형에 대해 자신이 있었던 것 같다. 그가 유혈 사태를 막아줄 수 있다고 솔직하게 믿었던 것 같다. 여운형은 폭력을 삼가고 평화를 지킬 것에 대한 라디오 연설을 몇 차례 했다. 일본인들은 그의 연설이 상당한 효과가 있었다고 믿었다. 그때까지만 해도 그들은 여운형이 올바른 길로 간다고 생각했다. 그런데 여운형은 일본 행정부가 생각했던 바를 따르지 않았다. 일본이 원했던 것은 평화유지위원회의 장이었고, 연합군이 올 때까지 질서를 유지하는 것이었다. 그러나 여운형은 실질적인 정부로 여겨질 수 있는 정치적 조직을 만들었다. 그로 인해 실망했음에도 불구하고 여운형은 질서를 유지할 수 있는 유일한 사람으로 받아들였다. 경찰국장 니시히로는 여운형에게 조직 자금으로 1백만 엔을 주었고, 이는 평화 유지를 위해 여운형의 위원회가 필요하다고 생각했기 때문이었다. 일본인들은 이러한 모든 결정이 도쿄의 지시 없이 서울에

서 이루어진 것이라고 말했다. 그들은 여운형이 연안이나 러시아와 접촉하려는 시도는 없었다고 주장했다. 그들은 여운형을 공산주의자나 친러시아파로 생각하지 않았다. 그가 한국 민족운동을 대표하면서 반일주의자였다고 믿었다.

· **그가 일본인들을 대하는 태도에 대한 연구를 통해 본 여운형의 성격**

7. 여운형은 지속적으로 영리한 속임수를 통해서 한국의 일본 총독부 입맛에 맞도록 행동해 왔다. 그는 스스로 일본의 지도자들과 가까운 개인적 친구로 알려지도록 했다. 그는 실제로 많은 이들과 친구였다. 사실 그는 많은 이들과 친구였지만, 그 자신의 목적을 위해 그들의 이름을 이용했고, 동경에서 사람들과의 관계에 대해 완전히 잘못된 그림을 만들어냈다. 그의 방법은 미국의 일반적인 보스의 앞잡이와 동일했다. 그가 동경에 있을 때는 일본의 중요한 대중적 인물들과 사회적 관계를 만들었다. 그는 일본의 문화를 숭상하면서 일반적으로 정치적인 얘기를 했고, 그들에게 친화적인 인간성과 사회적 우아함이라는 인상을 안겼다. 그는 한국으로 돌아올 때마다 그들에게 대중적으로 보였다. 그는 한국에 있는 그들의 친구에게 전달될 도쿄의 권력자들의 개인적 편지를 수집했다. 이러한 편지들은 항상 "이 편지를 당신에게 전달할 나의 친구 여운형에게 나는 이 편지로서 신뢰하고 있다, 등"으로 그 사람들에게 그와 편지를 쓴 사람 사이에 가까운 친구라는 인상을 주었다. 그의 기본적인 친구들은 우가키, 고노에 왕자, 그리고 오카와 슈머(OKAWA, Shumer)였다. 이러한 사람들은 종종 총독부를 통해서 여운형과 소통을 유지했다. 모든 총독들은 도쿄에 있는 여운형의 친구들에게 탄원 같은 것을 보냈다. 그러한 전술을 문서화하기는 어렵지만, 그러한 형태는 분명히 부인할 수 없고, 그 효과를 판단해보면 엄청나게

성공적이었다. 다음과 같은 한 가지 사례는 그 기술을 잘 보여주고 있다. 우가키 장군이 1944년 서울에 왔을 때 그의 중국행을 돕기 위하여 여운형을 지목했다. 그때 여운형을 찾을 수 없었다. 그러나 다음 날 여운형이 아베 장군의 사무실에 나타나 우가키가 아베 장군을 방문하라는 말을 남겼다고 말했다. 여운형은 아베보다 20년이 위인 우가키와의 엄청난 우정을 강조했고, 아베는 혼란스러웠지만 극히 친절할 수밖에 없었다. 여운형은 그러고 나서 경찰국장에게 스스로를 소개했고, 총독으로 하여금 그에게 전화를 해서 그와의 관계가 깊음을 말하도록 요청했다. 국장은 감명을 받았고, 여운형은 집으로 갈 수 있었다. 이것이 한국식 감언이설(snow job)이다. 그러나 중요한 점은 정치적인 교묘한 술수로 인해 여운형이라는 이름은 일왕의 호의에 의해 높은 위치에 있는 일본의 정치인들과 함께 총독부일본 사람들의 마음에 가깝게 연결되었다. 추밀원의 두 명의 이름이 여운형의 가까운 친구로 알려졌다. 실제로 여운형은 추밀원에서 중요하지 않은 한 멤버와 최소한 친구였다. 중요한 사실은 여운형의 그러한 친구 관계가 한국에 있는 모든 일본인 관료들에게 알려졌다는 점을 여운형이 똑똑히 알았다는 점이다. 이러한 "친구들"은 이러한 목적에 이용되었다. 어떤 정도가 되었든 간에 여운형의 도쿄 커넥션은 대체로 순전히 선전의 측면이 컸다. 그가 1940년 도쿄에서 헌병대에 의해서 체포되었을 때 그는 한 달간 구금되어 있었고, 미나미 총독의 개입에 의해서 풀려났다. 그러한 위기에서 높은 위치에 있던 그의 친구들은 그를 감옥으로부터 풀어놓지 못했다.

8. 여운형은 한국으로 돌아온 이후에 그의 추종자들의 마음속에 일본인과 일본 정부와 그의 관계에 대한 잘못된 그림을 만들어냈다. 그는 일본인과의 관계에 대한 '전설'을 만들어냈다. 이것은 정치적으로 그에게 큰 이익

을 주었다. 9개월 동안 한국에서 일했던 조사관은 많은 경우에 이러한 이야기를 들었다고 한다. 일본의 상해 침공 때 여운형의 체포라는 일반적인 그림, 계속된 3년간의 감옥 생활, 그리고 결국에 있어서 한국으로의 강제 송환. 이러한 것들은 그가 거의 반 정도는 체포된 상태였다고 생각되게 했다. 이러한 이야기가 책으로 출간되기도 했다. 그는 끊임없이 일본인들로부터 괴롭힘을 받고 탄압받는다는 인상을 남길 수 있었다. 실제로 1928~29년의 감옥 생활, 그리고 1933년의 귀환 이후 1945년까지 그는 일본인들로부터 심각한 탄압을 받지 않았다. 1933~1936년 여운형은 한국 총독 우가키와 가까운 친구였다. 다음 총독 미나미는 친구는 아니었지만, 탄압자도 아니었다. 게다가 1940년 헌병대로부터 여운형을 빼낸 것은 미나미였다. 그는 고이소 정권 내에서 체포된 적이 없다. 아베하에서도 마찬가지다. 그의 체포는 정부에 의해 지시되지 않았다. 그는 오히려 미군정 시대보다 일본 점령 시대에 경찰과 더 좋은 관계를 유지한 것으로 볼 수 있다. 그는 러치 장군보다도 우가키나 고이소와 더 가까웠다.

9. 여운형은 일본인들을 대하는 데 있어서 일반적인 서양 정치를 이해하는 방식으로 의견의 차이를 극복하는 방식과는 다르게 접근했다. 그는 1933년 귀국하자마자 우가키 총독과 토론을 했다. 우가키는 여운형이 총독부를 위해 일해주기를 원했다. 1936년 8월 우가키가 한국을 떠날 때 그의 증언에 의하면, 여운형이 도와준 것이라고는 끝없는 회담의 연속이었고, 우가키의 최고의 노력에도 불구하고 그 회담은 결코 성공적이지 못했다. 1933년 여운형은 우가키에게 자신은 지역적인 자치를 원한다고 말했고, 자신이 돕겠다고 했다. 어떻게 도울 것인가가 논의의 초점이었다. 우가키의 모든 제안은 받아들여지지 않았다. 왜냐하면 여운형의 지역적 자치는 완전한 독립으로 가는 하나의 단계였기 때문이다. 토론 과정에서 양자

는 매우 가까워졌고, 서로를 존경하게 되었다. 그러나 그들은 결론에 도달하지 못했고, 항상 시작한 자리로 다시 돌아왔다. 미나미 총독은 여운형이 우가키에게 협조했던 것으로부터 후퇴했다는 불만을 도쿄에 보고했다.

10. 여운형은 한국으로 돌아오는 순간부터 상대적으로 성인 한국인들에 의한 정치 운동에 관심이 없었다. 그의 활동은 청년 운동에 집중되었다. 그는 젊은이들 사이에서 영향력이 컸고, 반일 정신도 대부분 그로부터 나왔다.

11. 여운형은 한국 독립운동의 지도자로서 독립을 실현할 수 있는 합리적인 계획을 갖고 있지 못했고, 그것을 수행할 수 있는 조직이 필요하지 않았다. 우가키에 의하면 그는 '낭인' 또는 프리랜서였다. 여운형은 몇몇 조직에 가입했다. 그는 그의 목적을 위해서 필요한 조직이 없는 것처럼 행동했다. 일본 경찰은 항상 그를 감시했다. 그러나 여운형은 어떠한 사건도 일으키지 않았다. 게다가 그는 그러한 문제를 일으킨 사람들에게 별다른 호의를 보이지 않았다. 여운형은 폭력 사건을 일으키려는 부분을 막았다는 인상을 일본인들에게 심어주었다. 그는 폭력을 지지하지 않았고, 실제로 그는 어떠한 것도 지지하지 않았다고 보는 것이 더 맞을 것 같다. 그는 독립을 바랐지만, 합리적인 전망을 제시하지 못했다. 일본 경찰은 그가 미래에 혁명을 계획했다고 믿지 않았으며, 그의 추종자들을 '수동적 저항자'로 인식했다. 여운형은 단지 '일본인을 싫어하라, 그리고 기다려라' 주의자로 알려졌을 뿐이다.

12. 여운형은 열렬하고 철저하고 진실된 민족주의자다. 그는 기회주의자였고 정치적인 사기꾼이었다. 위대한 일본의 자유주의자 우가키는 "여운형은 오직 한국의 독립을 위해 봉사했다. 그는 다른 것을 위해 봉사하지 않았다. 그의 시간이 왔다. 왜 그가 지금 바뀌어야 하는가?"라고 말했다.

13. 한국 문제에 관련된 일본인들의 마음에 여운형은 현재 한국인들에게 가장 중요한 정치 지도자다. 그 이유 중 하나는 그만이 한국을 통합할 수 있기 때문이다. 여운형은 공산주의를 지지하지 않지만, 공산주의자들의 지원을 받아들일 것이다.

14. 여운형은 러시아인들이 서울로 들어와 한국 전체를 점령할 것으로 기대하고 있었다. 9월까지 한국의 분할 점령이 총독부에 의해 알려지지 않았다. 언제 알려졌는지는 정확하지 않고, 지금도 조사 중에 있다.

· 토론

조사는 처음에 여운형의 반역과 일본에 대한 협력을 찾는 데 집중되었다. 첫 번째 인상은 여운형이 일본에 협력한 혐의가 있다는 것이었다. 그래서 임무는 단지 증거를 찾는 것으로 보였다. 그런데 심문을 하면서 증언자들이 여운형의 배신을 인정하지 않는다는 것을 알게 되었다. 조사자는 그들이 다시 일본을 위해 봉사할 수 있는 여운형을 보호하기 위해 거짓말을 한다고 믿었다. 그들은 각각 장카이섹(장개석)과의 우정, 전쟁 기간 미국을 위한 노력, 연안과 소련과의 현재 관계에 대해 엄호 사격을 했다. 이러한 모든 혐의는 상상의 것이었으며 명예훼손이었다. 누구로부터도 그의 혐의를 찾아내지 못했다.

그러나 니시히로와 이소자키는 여운형에 대해 다르게 평가했다. 이소자키는 여운형을 공산주의자로, 니시히로는 공산주의자가 아닌 것으로 생각했다. 고프(Goff) 소령은 니시히로가 좀 더 합리적인 증언자라고 보고했다. 이소자키는 많은 경우에 명백하게 거짓말을 했다.

· 결론

1. 여운형은 일본의 요원이거나 협력자가 아니었다. 그는 항상 반일주의자였

으며 심지어는 그의 친구인 일본인 관리들에게조차 그렇게 알려졌다.

2. 여운형은 고이소 내각하에서 러시아와의 관계를 중개하는 역할을 수행하지 않았다.

3. 여운형은 항상 한국의 독립을 위해 충성을 다했다. 이 조사에서 그의 애국주의를 의심할 만한 어떠한 증거도 발견하지 못했다. 조사관들의 마음에도 진정한 찬사를 갖도록 했다.

4. 여운형은 1933~1945년 사이에 걸쳐 효과적이고 지적인 독립운동 지도자였다. 그는 1932년 히틀러가 독일 청년들을 히틀러의 청년으로 만드는 것을 보았다. 1932년 무솔리니와 바티칸이 이태리의 청년들을 통제하는 것을 보았다. 일본의 동화주의는 실패했고, 여운형의 청년들에 대한 캠페인은 성공했다. 반일 청년들은 여운형에게 충성을 바쳤다. 여운형은 독립의 상징으로 인식되었다.

5. 일본인들은 여운형을 러시아 공산주의자들의 신봉자로 여기지 않았다. 그는 정당도 따르지 않았고, 폭력도 지지하지 않았다. 그러나 그는 한국 공산주의자들에게 많은 영향을 미치고 있다.

6. 1945년의 시점에서 여운형은 한국인들에게 논쟁이 될 수 없는 지도자였다. 그는 단지 선호하는 사람이 아니었다. 일본인들은 그가 한국인들을 통제할 수 있다고 믿었다. 엔도는 많은 한국인 지도자들과 논의했는데, 그는 여운형의 충고를 따랐다. 여운형 외에는 그 누구도 없었다. 우가키나 고이소는 한국의 대통령으로서 여운형의 자질에 대해 20분 동안 얘기했다. 심지어는 부통령으로서의 가능성에 대해서조차 언급하지 않았다. 분명히 일본인들과 미국인들 사이에서 여운형에 대한 정치적 인상은 너무나 달랐다. 아마도 망명했던 정치가들의 귀환이 정치적 균형을 변화시킨 것 같다.

7. 일본인들은 여운형이 미군과 협조할 것이라고 믿었다. 일본인들은 만약 미국이 진정으로 독립된 한국 정부를 원한다면 여운형과 충분히 협조해야 하며, 그에게 의존해야 한다고 믿었다. 그러나 이것은 여운형을 대통령으로 생각하는 사람들의 의견이다.

8. 만약 여운형이 미군 사령부에 협조하지 않는다면, a. 끊임없이 성과 없는 회의를 할 것이다. b. 경찰을 통해 미국인들에게 그 자신이 박해받고 있다는 캠페인을 벌일 것이다. c. 어떤 종류의 직접적 행동이나 반대를 하지는 않을 것이다.

9. a) 그의 진정한 관계를 폭로함으로써 일본인들에 의해 여운형이 박해받았다는 전설이 사실이 아니라는 점에 의해서, b) 여운형이 높은 지위의 일본인들과 친구라는 사실을 폭로함으로써 여운형의 정치적 힘이 무너질 수도 있다. 그가 상해에서 체포되었다는 상황에 대한 자료는 없다. 1928~1932년 사이 3년간 그가 감옥에 있지 않았다는 점을 폭로할 수도 있다. 감옥에 있었다는 기록이 없다. 같은 감옥에 있었다고 알려진 한국인은 없다.[62]

10. 한국의 정치적 큰 그림에서 여운형을 제거하는 것은 공백을 만들 것이다. 자유주의적 우익과 극단적인 좌파를 확대할 것이다. 우리는 그가 '밑으로부터' 남과 북에서 지지를 받고 있다는 점을 인정해야만 한다. 공산주의자들이 여운형의 공백으로부터 더 이득을 얻을 것이다.

· 권고

1. 여운형이 일제의 협력자였거나 러시아와의 사이에서 중개자였다는 조사

---

62 _ 이 부분은 정확히 확인이 안 된다. 왜 이런 문제가 제기되었는지 알 수 없다.

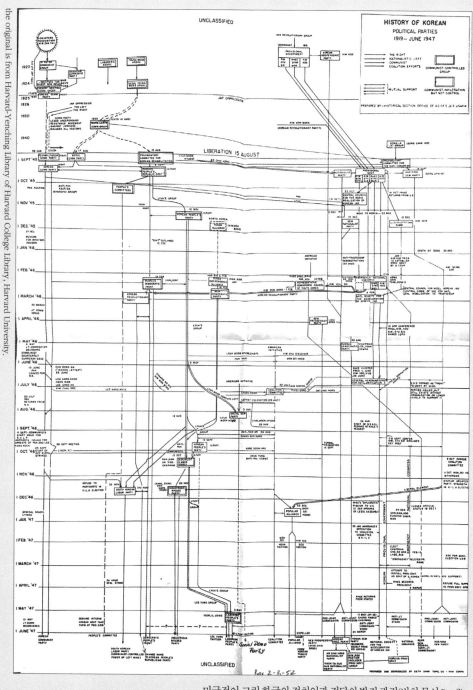

미군정이 그린 한국의 정치인과 정당의 발전 과정(버치 문서 Box 2).

는 마감한다.

2. 일본의 기록이나 증언을 통해서 여운형의 과거 경력을 조사하는 것은 계속한다.

3. 여운형에 대한 재평가가 이루어져야 한다. 그는 미국에게 해가 되기보다 그가 남북한 모두로부터 지지를 받는다는 점에서 미국의 성공을 위해 필요한 사람이다. 일본인들에 의하면, 그가 참여하지 않는다면 어떠한 정부도 광범위한 대중적 지지를 받지 못할 것이다.

● 정치 관련 자료[63]

제1차 좌우합작위원회 회의록 (1946년 7월 23일, 버치 문서 Box 4 - S - 78-81).

정당들의 합작위원회의 첫 번째 정식 모임이 7월 22일 7시 30분에 열렸다. 이들은 민주의원, 민전, 비상국민회의의 대표들이다. 버치의 집에서 모임이 열렸다. 김규식, 원세훈, 김붕준, 안재홍, 최동오, 여운형, 정노식, 이강국이 참석했고, 허헌과 김원봉이 병 때문에 참석하지 못했다.

버치가 개회사를 했다.

첫 번째 토론은 이 모임을 정식 모임으로 할 것인가에 대한 것이었다. 정노식은 아직 규정이 없는 만큼 정식 모임으로 규정되어서는 안 된다고 했고, 김규식과 여운형은 버치가 이미 규칙에 대해서 대체적인 초안을 각각 제안했다고 말했다. 그들은 초안을 승인했고, 그것에 의거해서 위원회를 운영할 것을 제안했다.

의장을 선출하지 않은 상태에서 토론 의제는 모임 장소의 문제로 옮겨갔다. 이강국은 개인적인 장소보다는 좀 더 공식적인 곳에서 열려야 한다고 주장했다. 이 모임을 정식 모임으로 상정하지 않은 상태에서 이러한 문제들이 논의되어야 한다고 덧붙였다. 원세훈은 합작을 위한 토론이 이미 두 달 전에 시작된 만큼 모임이 정식이냐 아니냐를 갖고 시간을 끌지 말자고 주장하며

---

63 _ 한국의 정치인들에 대한 정보를 담고 있는 자료들을 일부분 번역했다. 버치 개인의 평가뿐만 아니라 특정 인물에 대한 제3자의 평가도 포함하고 있다. 이 자료들의 내용은 주관적인 평가가 들어가 있기 때문에 객관적이라고 할 수는 없지만, 미군정의 주요 인사들이 한국의 정치인들에 대해 평가하는 기초가 되었을 가능성이 크기 때문에 당시 미군정과 주요 정당 및 주요 정치인들과의 관계를 분석하는 데 유용한 자료가 될 것이다.

정식 모임으로 해야 한다고 주장했다. 이강국은 비서를 임명해야 할 필요성을 제안했다.

여운형은 다음 모임까지 정식 해결책이 채택되지 않는다 하더라도 주요한 문제에 대한 토론이 시작되는 것이 바람직하다는 의견을 제출했다. 그는 첫 주에는 김규식을 의장으로 할 것을 제안했다. 이강국은 하위 위원회에 버치의 규칙 초안을 보내서 검토하고, 이번 모임을 준비 모임으로 하자고 제안했다. 원세훈은 공식적인 준비 모임으로 하자고 수정 제안했고, 모두 찬성했다. 원세훈은 일주일에 세 번 모임을 열자고 했다. 속도가 중요하고, 반대가 많을 것이기 때문이다.

김규식은 다음과 같이 말했다. "이 모임은 우리 스스로가 아니라 외국인들에 의해 시작되었다. 버치는 하지와 아놀드, 그리고 우리들 사이에서 중계 역할을 하고 있다. 우리는 소극적이었다. 지금부터는 한국인들이 스스로 주도권을 갖고 밀어붙여야 한다. 하지는 버치에게 이 일을 하도록 지시했고, 그는 한국인들의 진정한 친구이자 독립을 위한 친구다. 우리는 그에게 감사의 표시를 하면서 위원회를 시작해야 한다. 개인적인 토론을 위해서는 버치의 집을 계속 이용하자. 공식적인 모임은 공식적인 장소에서 하자. 덕수궁에 공식적 모임을 위한 공간을 마련하자. 모임은 일주일에 두 번하고, 매번 모임마다 진행 상황을 발표하고, 급속하게 진행시키자. 계속해서 버치 중위를 우리들의 중간 매개자로 하자."

원세훈이 버치의 집이 적절하지 않다고 하자, 버치가 이 집은 원래 한국인들의 것이고 전혀 문제가 없다는 입장을 밝혔다. 덕수궁에 장소를 만드는 것을 아놀드 장군에게 건의하겠다고 했다.

그렇다면 버치를 계속 이 모임에 참석시켜야 하는가? 안재홍은 계속 그러자고 했다. 여운형도 찬성했다. 최동오가 합의가 하나 이루어졌다고 말했다.

김규식은 다음 모임에서 모스크바 결정에 대한 한국인들의 태도에 대한 성명을 만드는 것이 좋겠다고 말했다. 이 목적을 위해서도 하지 장군과의 연락선이 특별히 필요할 것 같다고 덧붙였다. 원세훈은 만약 미국인들의 도움이 없었다면 그들이 한 테이블에 앉아 있을 수 없었다고 말했다. 그들의 도움이 계속되는 것이 필요하다는 점을 강조했다. 첫 주의 의장을 김규식으로 하자는 여운형의 제안이 통과되었다. 최동오는 다음 모임을 덕수궁에서 하자고 했고 승인되었다. 다음의 내용이 만장일치로 통과되었다.

- 공식적 모임은 월요일과 금요일 오후 2시에 열리며, 이번 주만 금요일 대신 목요일에 열린다.

- 버치를 연락관으로 하자는 내용의 편지를 하지 장군에게 보낸다.

- 러시아 쪽에도 위원회의 연락관 파견을 요청하기 위한 편지를 보낸다.

- 김준돈, 황금남을 통역관으로 임명하고, 김세용과 송남헌을 비서로 임명한다.

- 규정이 나오기 전에는 이에 대해 개인적으로 발설하지 않는다.

- 아파서 못 나올 경우에도 대체할 수 있는 사람을 보내지 않으며, 각 대표단은 최소한 세 명의 성원을 보낸다.

- 김규식과 이강국은 규정을 만들기 위한 하위 위원으로 임명되었으며, 그들의 준비를 위해 버치의 초안을 기초로 한다.

- 김규식은 매주 다른 의장을 뽑는다는 점을 정식화했다.

- 이상의 모임 내용을 감안하면 어느 정도 낙관적으로 보인다.

1946년 8월 3일 보고서 「한국 정치의 역사」 (버치 문서 Box 4 - C - 155).

한국 정치는 아직도 노론과 소론의 전통을 지키면서 재생되고 있으며, 지금도 서울의 북촌에 자리잡고 있다. 여운형과 신익희는 소론, 이승만은 남인이며, 그의 친구 신흥우와 허정도 남인이다. 김구는 고려시대로부터 이어지는 황해도 그룹으로, 이시영으로 대표되는 소론과 가깝다. 조완구는 노론과 가까우며 황실과 혼인 관계로 엮여 있다. 엄항섭은 북인이고, 안창호는 평안도 출신으로 홍경래 계통이다.

1946년 12월 4일 「정치적 활동을 위한 간접적 재정」 (버치 문서 Box 4 - K - 14~16).

지난 4월 굿펠로는 인민당을 깨고 군정에 협력하는 새로운 정당을 만들기 위하여 여운홍과 다른 사람들에게 촉구하는 자리에 참여했다. 이 약속하에서 사회민주당이 창당되었다. 그러나 큰 성공을 거두지는 못했다. 다만 인민당의 공산주의자들을 당황하게 하는 데는 성공했다. 아놀드 장군이 이 프로그램을 보장했다. 직접 사인을 하지는 않았지만, 장군은 나에게 군정의 상무부와 다른 부서에 그것의 승인을 전달하라고 지시했고, 지원 약속을 위한 방안을 찾기 위해 노력하라고 했다. 여기에는 러치 장군, 슈마커 씨, 존슨 씨 등이 개입되어 있다. 존슨은 하지나 아놀드, 그리고 러치의 승인이 있는 서류가 필요하다고 주장했다. 이 요청이 받아들여져서 8월 30일에 상무부에 전달되었다. 그러나 상무부 쪽에서는 10월 11일 이전까지 어떠한 책임 있는 조치가 취해지지 않았다. 이러한 상황은 표준적인 패턴이라고 할 수 없다.

미국의 정책은 정치적 상황을 고려하지 않고 있으며, 인플레이션이 심각한 상황에서 일상적 과정을 통해 특정한 사업을 하는 사람들에게 이익이 돌아가고 있다. 지금 상황에서 필요한 것은 특정한 정치 세력에게 재정적 지원을 하는 것이 아니라, 아무것도 받지 못하고 있는 사람들에게 군정의 목표에 적절한 정치적 목표를 위해 사용하는 것이다.

이시영이 최근 조직한 조그마한 조직인 삼일당은 군정과 관련된 사업을 통해서 재정을 확충하고 있다. 좌파들은 그들 나름의 방식으로 재정을 충당하고 있다. 그러나 막상 군정이 지원하는 중간파는 아무런 지원도 받지 못하고 있다. 그러는 동안 사회당에 대해 약속된 것들은 아직도 지원이 이루어지지 않고 있다.

1946년 12월 23일. 존 웨컬링 그리그 장군(John Weckerling Grig. Gen) 작성 문서 (버치 문서 Box 2 – J – 28~29).

브라운 장관의 합작위원회 해체 계획에 대해 김규식은 아직도 중요한 일이 남았다며 반대했다. 과도입법의원이 국가 전체 규모의 입법기관으로 나아가는 변환 과정을 지원할 수 있다고 주장했다. 이 과정은 북한까지도 포함한다고 김규식은 답변했다. 합작위원회는 9개 도와 서울에 30명의 대표를 파견해서 합작의 원칙을 설파할 예정이며, 합작이 면 단위에서부터 아래로부터 시작되는 방식으로 추진할 것이라고 말했다. 어떻게 가능할 수 있는가에 대해서, 그가 김두봉을 잘 알고 있으며 이 계획에 호의적이라고 말했다. 김일성에 대해서도 어떤 방법이 있을 거라고 말했다. 오늘 과도입법의원에 합류한 최동오가 북한에 파견될 것이라고 했다. 그 외에 다른 계획은 아직 없다. 이것이 과도입법의원 차원인지 합작위원회 차원인지는 분명치 않다. 여운형

은 과도입법의원에는 참여하지 않고 합작위에는 참여할 것이다.[64]

1947년 1월 21일, 올리버가 코윈(Cowin)에게 보낸 편지 발췌 (버치 문서 Box 4 - K - 116).

이승만의 입장은 (내가 생각하기에 대부분의 한국인과 마찬가지로) 미국과 소련이 모스크바 결정을 실현할 수 있는 가시적 계획을 만들어내지 못하고 있기 때문에 남쪽 한국에 즉시 정부를 세우는 것이다. 미군정은 해체되어야 한다. 미국의 전술군은 러시아가 확장하지 못하도록 남아 있어야 한다. 한국 통화는 국제 교환이 될 수 있도록 허가되어야 하고 사람들의 재산은 풀어줘야 한다. 미국은 원조를 해주어야 하는데, 38선 이남에서는 그 자체의 자원으로 경제개발을 위한 진정한 기회가 있어야 하며, 공산주의의 확산을 막기 위해 민주주의적인 남쪽을 미국이 도와야 하기 때문이다. 독립된 한국 정부는 외국인 고문들을 임명할 것이고, 러시아와의 문제를 해결할 것이며, 유엔에 가입할 것이다. 하지가 입법의원에서 이승만을 지지하는 선출된 의원 43명을 무력화하기 위해 따로 44명을 지명한 것은 수치스럽고 반민주주의적인 처사다.

---

64 _ 김규식이 좌우합작위원회를 통해 남북합작을 추진하려고 했던 계획을 보여주고 있다.

「이승만과 김구」 (1947년 1월 13일, 버치 문서 Box 7 - O - 34~37).[65]

  · 애디슨(John M. Addison)을 위한 메모

김구와 이승만의 관계는 서양 정치적 수준으로 정의하기 어렵다. 그런데 로마 제1~2회 삼두정치 같은 권력관계로 비추어지면 어느 정도 이해하기 쉬워진다. 두 사람은 아무런 정치적 또는 개인적 애착도 없다. 두 사람 사이는 제한된 목적을 위한 임시적 연맹일 뿐이다. 각자 서로 두려워하고 미워하며 서로를 이용하여 권력을 장악한 다음에 서로를 제거하기를 기대한다.

삼두정치처럼 이 불안한 연맹은 상황에 따라 각각의 지지자들을 금하거나 아니면 사면해준다. 일찍이 송진우를 암살한 것은 이승만에 대한 김구의 측면 공격이었다. 각각의 서로에 대한 미움은 부분적으로 개인적 질투와 과도한 허영심, 그리고 근본적으로 서로 다른 훈련과 지지에서 유래한다. 그 미움을 노골적으로 나타나게 만드는 가장 흔한 원인은 돈이다.

이승만과 나중에 김구로 묶여 있는 상해 집단 사이 초기에 발생한 갈등의 배경은 대부분 돈이다. 두 사람이 1945년 가을에 귀국할 때 이승만은 돈이 거의 없는 상태인 반면에, 김구는 국민당이 선물해주는 자금이 1억 8백만 엔이었다고 보고된다. 김구가 이승만과 돈을 나누는 것을 거부했지만, 이후에 널리 쓴 결과 1946년 초여름만 되어도 남은 돈이 없었다.

양쪽 간에 가장 큰 차이 중 하나는 돈에 대한 태도다. 이승만에게 돈은 권력의 수단이 아니라, 그는 돈 자체만을 욕망한다. 한편 권력 자체는 돈을 얻기 위한 수단일 뿐으로 보인다. 자라면서 가난이 그의 성격 형성에 결정적 영향을 미쳤다는 단순한 심리적인 문제를 잘 보여준다.

---

65 _ 장덕수 암살이 언급된 것으로 보아서 1948년 1월 13일로 추정된다.

한편 김구가 돈을 구하는 것은 대부분 공동체의 아버지로서의 역할을 할 수 있게 하기 위해서다. 돈이 있을 때는 잘 써서 난민 수백 명씩 도와주고, 개인적으로 식량을 배급하는 사업을 하며 기부를 부탁하는 사람에게 아낌없이 다 준다.

1946년 겨울에 이승만이 협상하여 굿펠로한테 받았던 자금 때문에 양쪽 간에 갈등을 일으키기도 했다. 이승만은 자금 전체를 요구하는 반면에, 김구는 나눠서 달라고 했다. 결국 불평등하게 나누기로 했는데, 김구는 소수 지분을 받기는 싫다며 결국 받는 것을 거부했다.

비유는 원래 제대로 적절하기 힘든 것처럼 다음의 비유도 어느 정도 불적절하겠지만, 지금 이승만과 김구의 상호 지지는 1932년 후겐베르크와 히틀러의 상호 지지와 비슷하다고 해도 대략 맞겠다. 이승만이 부자와 전통적 보수 우익의 대표라면, 김구는 불행한 극우의 지도자다. 그러나 테러 집단 문제를 언급하게 되면 이 비유는 매우 부적절해진다. 이승만은 청년 폭력배에 대한 독점은 없지만 지배력이 있기는 하다.

독립촉성중앙협의회는 초기에는 지방에서 조직되는 독립당으로 조직되어 김구를 자연스럽게 지지했다. 그러나 1946년 여름에 이승만은 적어도 전국적 차원에서 조직을 훔쳐갈 수 있을 만큼 간청하든지 구매하든지 강압하든지 해서 투표를 얻었다. 1946년 독립촉성중앙협의회에서 "마지못해 회장직을 받아들입니다. 본 협의회는 민주주의적 사회로 작동하고 이해하는 조건에서 받아들입니다. 민주주의적 사회란 제가 스스로 지방과 지역의 대표를 모두 임명하는 것을 뜻합니다."라고 기억할 만한 말을 했는데, 이는 김구에 대한 지지가 다시 나타날까 봐 자신을 보호하기 위해서 한 것이다.

갈등의 원인 중 또 하나는 고위직 부하들 간의 심각한 질투다. 김구의 고위직 지지자들은 이승만의 지지자들을 친일파로 여기는 반면에, 이승만의 지지자들은 김구의 지지자들을 더러운 혁명적 선동가로 여긴다. 양쪽의 시각은 적어도 약간의 진실이 있으므로 떨쳐버리기가 쉽지 않겠다.

1947년 12월 2일에 일어났던 장덕수의 살인은 양쪽 간에 내부적 관계를 새로운 단계로 옮겨놓았다. 김구와 그의 지지자들은 군중이 강력한 형벌을 취할까 두려워하고 국민들의 부정적 반응의 규모와 힘을 감지했다. 결국 그들이 국민들의 불안을 표현하기 위하여 이승만과 단결하는 척을 해야 했고, 이승만도 마지못해 김구와 손을 잡게 되었다.

그렇지만 "두 지도자"가 서로 악수하는 사진을 서울에 있는 모든 집들로 하여금 구매하게 하려는 시도는 실패했다.

합작을 한다는 선언을 자꾸 함에도 불구하고 양쪽 단체가 여전히 분리되어 있고, 앞으로도 분리되어 있을 것이다. 이승만의 국민대표자회의와 김구의 국민의회는 공적으로는 계속 서로 애착을 표현하며 단결을 요구할 것이다. 그러한 요구는 한국적 이념으로, 즉 단결에 대한 요구는 적대적 선언으로 이해해야 한다.

두 사람의 한국인 정치인과 다른 정치인들은 다른 사람들이 오류를 인식하고 적절하게 복종하는 자세로 합류한다면, 완전한 한국의 통합과 조화를 이룰 수 있다는 공통된 생각을 갖고 있다.

버치 올림

1947년 4월 8일 「김규식과의 회동」 (버치 문서 Box 5-M-38-40).

국무성이 이승만에게 항공편을 제공한 것은 유감이다. 이승만 캠프는 4월 15일에 이승만이 돌아올 것으로 예측하고 있으며, 대통령으로서 입법의원에서 저항할 수 없는 존재가 될 것이라고 선전하고 있다.

김규식을 행정 수반으로 임명하려고 하는 계획에 대해서는 이승만 계열에서 그를 선출하지 않을 것이라고 말했다. 대중적 선거로 가는 방법에 대해서도 이승만 계열이 경찰과 공무원들을 장악하고 있는 상황에서 자신의 지지자들이 박해를 받는 상황을 원하지 않는다고 말했다. 공정한 과정이 이루어질 때만 가능하다고 말했다. 그는 미군정이 필요로 하는 집안 청소(housecleaning)에 협조할 수는 없을 것이라고 하면서 그의 일은 거의 끝나간다고 말했다.

안재홍은 기대했던 만큼 일을 못하고 있다.

1947년 8월 4일 정치자문그룹의 D.C. 유스(Youth) 작성. 「이승만 박사의 정치적 배경: 그의 현재 상태의 원인과 이유」(버치 문서 Box4 - H - 22~29).

이승만의 활동 배경은 1903~1904년에 시작된 하와이와 멕시코로의 이민에서 시작된다. 1천 명이 멕시코로, 1만 명이 하와이로 이민을 갔다. 이 중 2천 명 정도가 하와이에서 미국 본토로 갔고, 그들의 대부분은 태평양 연안의 농장에 자리 잡았다. 정치적 이유로 간 사람들은 거의 없다.

한일합방을 계기로 하와이에서는 이민자 조직이 변화하기 시작했다. 연합 조직이 나타났다. 한인 조직에 참여하지 않는 사람들은 배제자가 되어 "Korean National Herald of Hawaii"에 게재되곤 했다. 이 조직의 본부는 샌프란시스코에 자리 잡았다.

이민자들은 곧 남감리교 계통의 신자가 되었다. 이러한 상황에서 1911년 이승만이 미국에 왔다. 이승만의 첫걸음은 매우 조심스러웠다. 그는 집행력이 부족함을 보였다. 반면에 그의 정적들과의 경쟁에서 그는 항상 정점에 있었다. 그는 대중적 심리를 조작함으로써 유명인이 되었지만, 조직을 이끌거나 감독하는 데는 적절하지 않았다. 그러나 그는 자신의 부족한 점을 이해하고 커버할 정도로 명민했다. 그는 주위 사람들에게 절대적이고 노예 같은 복종을 요구했다. 우선 사람들은 다른 사람들과 경쟁했으며, 이너 서클 안에 들어가야 했다. 그러나 나중에는 이것이 부메랑이 되어 이 박사는 혼자 남겨졌다.

다른 사람들은 이 박사가 아주 좋은 기회에 하와이에 왔다고 말하기도 했다. 처음에 그는 보딩스쿨 교장이 되었다. 당시 한국인들은 한일합방으로 인해 과격했고, 일본 영사관에서는 한국인들을 조심하라고 하기도 했다. 마른 하늘의 날벼락처럼 한인 사회는 이승만파와 국민회로 양분되었다. 학교는 파산했고, 하와이의 통합된 한국 이민자들은 영원히 분열되었다.

이승만은 임시정부 대통령에 선출되었고, 상해에 방문해서 3개월간 머물렀다. 이 당시 임정은 돈줄이 막혀서 고생하고 있었다. 이승만이 돌아갈 때 요코하마에서 일본의 주목을 받았는데, 그가 밀수를 하고 있었다고 주장했으며, 그는 이 일화를 가지고 몇 년 동안 야단법석을 떨었다.

이 지점에서 여운형의 일본 여행을 언급할 필요가 있다. 여운형은 자치를 주겠다는 일본 정치인들의 요구를 거절하고 완전한 독립과 임시정부 인정을 요구했다. 이것이 일본이 한국에 동화정책을 펴게 되는 중요한 계기가 되었다.

미국으로 돌아온 후 이승만은 통합을 위해 노력했지만, 젊은이들은 그의 문제와 실패에 대해 도전하기 시작했다. 19건의 소송이 계속되었다. 이러한 법적인 갈등은 정치화된 한국인들을 정신적으로 파산 상태에 이르게 했고, 이승만은 그의 해가 서쪽 지평선에 걸려 있었으며, 그의 추종자들은 전염병이 기승을 부리는 지역의 피해자들처럼 내던져져 있었기 때문에 스스로가 불확실한 위치에 있다는 것을 깨닫도록 했다. 그는 1929년 제네바 회의에 갔을 때 국제결혼을 했다. 그는 젊은 한국인들에게 국제결혼에 반대하는 설명과 설교를 해왔기 때문에 그 자신을 나락에 빠뜨리기 직전으로 몰아 갔다. 하와이에 머무는 동안 그는 사기꾼과 정치적 협잡꾼으로 불렸고, 그로 인해 1페니도 벌 수 없었다. 이 시점에서 그와 그의 부인이 실제로 굶주렸다는 소문도 있었다.

제2차 세계대전이 발생하자 구세군 출신의 한길수가 워싱턴에 나타났다. 동지회 조직이 거의 죽기 직전의 상태에서 이승만은 워싱턴으로 갔다. 그의 하와이와 미국 본토 조직에서 돈을 대기로 했다. 실질적으로 활동하는 성원들은 천 명 이하로 줄었다.

이승만이 재정의 통제권을 요구하면서 통합한인위원회와 그 사이에 균열이 나타났다. 상해 여행 이후 그는 하와이에서 고립되어 있었다.

1945년 5월 이승만이 "국무성으로 가는 나의 문이 닫혔다."라고 말했을 때, 한국연합위원회는 그에 대한 자금 지원을 끊었다. 이후에 J.K. Dunn(전경무, 조선체육회 부위원장)과 다른 사람들이 연합위원회에 의해 파견되었다.

이승만에 대한 미군정의 환대는 한국 사람들에게 잘못된 인식을 심어주었다. 다음과 같은 한국인의 말은 이 점을 잘 보여준다. "한국은 해방되었지만, 아무것도 없었다. 나는 이승만을 보았고, 그가 군정에 의해 잘 대우받는 것을 보았다. 나는 이 박사가 즉각적인 정부 수립을 가져다줄 것으로 생각했고, 그에게 1백만 엔을 주었다. 영수증도 없었고 감사의 말도 없었다. 내가 어떻게 느꼈겠는가? 나는 멍청했다."

그의 최고의 약점은 다른 동료들과 협상을 하지 못하는 것이다. 그는 다른 사람들이 자신을 위해서 일하게 하지만, 그들과 함께 하지는 못한다. 그는 매우 외로운 사람이라고 자주 말해왔다. 반쯤 체면에 걸린 사람들은 군정으로부터 환대를 받은 그에게 기꺼이 이끌렸다. 그가 지금도 핵심적인 위치에 있는 것은 그의 능력 때문도 아니고 그가 성취한 것 때문도 아니다. 단지 지금의 경찰과 공무원들에게는 선택지가 없기 때문이다.

1947년 12월 12일. 김규식이 하지 사령관에게 (버치 문서 Box 4 - B - 174).

1947년 12월 6일 좌우합작위원회가 만나서 해체하기로 결정했다. 여운형의 죽음이 가장 큰 계기가 되었다. 국내외 상황이 변하면서 더 이상 위원회가 할 수 있는 일이 없다는 것을 깨닫게 되었다. 마지막 결산 보고서는 원세훈과 김붕준이 준비해서 당신께 보내질 것이다. 처음부터 지금까지 위원회를 도와준 당신과 당신의 동료들께 감사의 말씀을 드린다.

1948년 2월 24일. 버치, 「입법의원의 불화 상태」 (버치 문서 Box4 - H - 174~175).

이승만이 김규식을 찾아가서 자신에게 유리하게 선거제도를 바꾸고, 선거를 바로 실시해야 한다는 입장을 밝히고 갔다. 김규식은 유엔소총회에 대해 동의하지 않았다. 김규식은 과도입법의원 2/3의 찬성이 필요하다는 입장을 밝히고, 그의 추종자들과 함께 나갔다. 이승만과 한민당은 백관수를 임시의장으로 선출했다. 그리고 43명이면 충분하다는 결정을 한 다음에, 수를 채우기 위해 박승호에게 교통편을 보내서 43명을 채웠다. 이들은 17:30에 결의안을 만장일치로 채택했다. 김규식은 이 결의에 반대했고, 세션을 한 주

연기했다. 그는 이 세선의 일정을 정하지 않았다. 그는 딘(Dean) 장군의 방문도 반대했다.

결론: 김규식은 현재 사임할 생각이 없다. 한국민주당은 현재 이승만에게 협조하고 있다. 이 박사는 그가 그들을 이용하고 있다고 믿고 있다. 이승만의 힘은 약해지고 있고, 한국민주당과의 연합을 잃거나 그의 현재 입법의원 다수가 그로부터 멀어질 가능성이 있다.

권고: 사령관은 입법의원의 빈 의석을 채우기 위해 그의 임명권을 사용해야 한다. 그 임명은 백상규처럼 이승만에 반대하는 보수주의자들에게 주어져야 한다.

1947년 12월 12일. 「장덕수의 암살」 (버치 문서 Box 4 – B – 21~25).

12월 2일 늦은 오후에 내가 장덕수를 김성수와 백남훈과 같이 만나 길게 상의했다. 주요 주제는 자신들의 정당이 하지 장군에 대한 이승만의 남용과 총선에 대한 이승만의 주장에 대하여 어떻게 생각하고 있는가 하는 것이다.

전에 함상훈을 통하여 이 사람들이 11월 29일에 이승만을 만나 상의한다는 것을 이미 알게 되었다. 그때 그들은 이승만에게 지지하지 못하겠다고 알렸다. 이승만은 미치듯 분노하며 여기 저기 발을 구르고 소리를 치면서 그들이 그와 한국의 배신자라고 고발했다.

이 사건을 언급하면서 장 박사는 이승만이 미쳤다는 판단을 알려줬다. 나는 그 판단을 하지 장군에 보고하면 되냐고 물어봤는데, 그는 이미 하지 장군에게 말한 적이 있다고 했다.

김성수·장덕수와 다른 네 명의 민주당 지도자들은 이미 나와의 점심 식사에 초대를 받은 적이 있었다. 12월 3일 월요일에 만나서 농지개혁에 대하여 정당의 태도를 상의했다. 내가 12월 2일 밤에 떠났을 때 장덕수는 따로 나와 같이 나갔다. 그는 김성수에게 암살을 조심하라는 말을 해주라고 부탁했다. 이어 김성수를 죽이려고 하는 사람들이 그를 따라다니고 있는데, 김성수가 문제를 진지하게 여기지 않고 있는 것 같다고 설명했다.

12월 5일 밤에 내가 장택상에게 그의 친구인 장덕수의 사망에 대하여 고인의 명복을 빈다고 말해줬다. 장택상은 장덕수의 죽음이 개인적으로 대손실이지만 나라의 대의에 있어서는 더욱 중요한 대손실인 것 같다고 말했다. 그는 살인자들이 박광옥과 배희범이라는 확신을 표명했다. 하지만 경찰 심문에서 그들은 배후에 대해 아무 말도 안 했다고 했다. 이에 그는 그들의 배후를 개인적으로 알고 있다고 했다. "그들은 극우다. 고위 인사에 의해 명령을 받아서 한 것인데, 그 고위 인사가 누구인지 당신도 알 것이다. 이번에는 정말로 범죄자가 처벌당했으면 한다 … 살인자들이 명령을 받아서 살인을 하든지 간에 그들은 스스로 발전적인 생각을 할 지능을 갖춘 사람들이 아니다."라고 했다.

김구 측의 믿을 만한 제보자에 따르면 김구와 이승만은 11월 30일에 서로 만났다. 게다가 같은 날 밤에 김구의 집에서 다른 회의도 개최되었는데, 엄항섭과 제보자가 모르는 사람들이 참여했다. 이 회에서는 딘 장군이 김두한 사건을 군정 법정으로 이관하는 일이 상의되었다. 어떤 사람은 "이것"도 군정 법정에 기소되지 않을까 걱정을 했는데, 이에 김구는 "우리가 일본제국주의 장군도 죽였는데 미국 장군을 죽이지 못할 이유가 없겠다."라고 했다고 보고되었다.

조준호는 발이 넓고 서울의 동향을 잘 파악하는 비정치적 인물이다. 그는 위의 의견과는 다른 이야기를 들려줬다. 들어본 정보가 1차 정보는 아니지만 김구의 친구들 다수는 김구가 장덕수의 암살을 명령했다는 것은 사실이 아닌 것 같다고 말한다. 둘이 황해도 출신으로 서로 친하기 때문이라고 했다.(내가 스스로 보기에 그 우정이 그렇게 유의미한 것은 아닌 것 같다. 둘 다 서로를 비하하는 발언을 들어본 적이 있기 때문이다. 김구는 장덕수가 "친일 추종자"라고 했다. 장덕수는 김구가 너무 멍청해서 정치적 영향력을 받을 만하지 않다고 했다.)

김구의 친구들은 김석환이 암살을 명령했다고 조 씨는 보고했다. 장덕수를 죽이면 김구가 좋아할 줄 알고 스스로 한 것이라고 했다. 그리고 김구가 장덕수와 김성수를 암살하라고 명령했다고 김석환이 거짓말했다.

장택상과 경찰은 지금까지 맺어온 성과에 대하여 아낌없는 찬사를 받을 만하다. 장택상은 군정과 그의 의무에 대하여 결정적으로 충실함을 보여줘 왔다. 그러나 그는 법원에서 정의가 살아날지 철저하게 비관적이다. 그는 "나의 경찰이 열심히 일한다. 생활이 가능할 수 있을 만큼 급여를 받지 못한 채 법을 위하여 일한다. 그렇지만 그러한 노력이 비겁하고 정직하지 못한 법원에서 무효로 만들어지는 것에 지겹다."라고 말한다.

장택상은 이 사건에 있어서 경찰이 해결할 수 없는 정책 문제도 얽혀 있음을 잘 알고 있다. 그러한 문제는 사령관만이 해결할 수 있다는 것을 제의한다. (중략) 이 첫 번째 재판에는 12월 4일 신문에서 다음과 같이 묘사된 이 사람을 포함시켜야 한다.

"경찰은 경찰관이 어떤 진영과의 관계인지를 밝혀내고 그 청년단의 회장을 체포하고 심문했다. 회장은 혐의자 두 명이 한양 병원에 있다고 자백했다."

여기서 언급된 청년단 회장은 신일준이다. 그는 확실히 명령 계통에서 살인자들 바로 위에 있는 사람이다. 그가 체포되었다. 그의 정치 성향은 틀림없이 김구의 추종자이고, "청년 지도자" 전문가이며, 전 민주의원의 성원이었다.

본 보고와 관련하여 이승만과 김구의 관계를 다루는 것도 중요하다. 두 사람의 관계는 로마의 삼두정치를 상기시킨다. 친구도 아니며 목적도 서로 다르다. 이 관계는 한정적·개인적이거나 정치적 애정이 없는 연합이며, 두 사람이 서로 자신의 목적을 이루기 위하여 서로를 이용한다. 삼두정치처럼 양쪽에 서는 친구나 동료는 다른 쪽으로부터 비호될 수도 있지만, 이승만과 김구가 서로 동의만 하면 희생될 수도 있다.

지난 몇 개월 동안의 상황을 보면 김구가 갖고 있는, 김성수와 그의 동료들에 대한 혐오는 분명하다. 사실 김구는 식민지 시기 동안 한반도에 남았던 모든 한국 사람을 미워한다. 그 사람들이 자신들의 부를 유지하거나 키운 것에도 분개한다. 수개월 동안 그들을 건드리지 못한 것은 두 가지 원인 때문이다. 첫째, 암살에 대한 그들의 반향을 조금이라도 두려워하는 것이다. 둘째, 이승만이 그들에게 유용하니 보호해야 한다는 주장이다.

다음과 같은 결론은 직접적으로 증가될 수는 없지만, 나는 11월 30일에 있었던 회의에서 이승만이 김성수에 대해 시도 중인 암살 시도와 장덕수의 암살을 사후 허락했다고 믿는다. 이승만은 김성수와 그의 정당이 지금 자신과 거리가 멀어지고 있는 것을 알아보지 못했을 리가 없다. 그리고 장덕수가 정당과 의회에서 이승만을 맹목적으로 따르는 것에 반대하고 있는 것을 모를 리가 없다

내가 암살에 대한 소식을 듣는 순간 초기에 든 확신은 좌익이 우익에 드물게 있는 견고하고 똑똑한 사람을 제거하기 위하여 벌인 것이라 생각했다. 그런데 증거를 보니, 이제 그 추정은 더 이상 유효하지 않다. 다만 장덕수의 사망이 좌익의 대의를 크게 도와준다는 사실은 부인할 수 없다.

직접 암살하는 사람을 경찰복을 입는 경찰로 선택한 것은 남조선 과도정부에 참여하는 사람들을 더 효과적으로 두렵게 만들기 위한 전략으로 보인다.

암살자들의 행위를 분석한 결과, 그들이 장덕수 부인에게 얼굴을 가리는 척도 하지 않고, 얼굴이 보였음을 잘 아는데도 서울에서 도망할 노력도 안 했다는 사실에 주목할 필요가 있다. 아마도 정치적 보호가 있어서 자신들이 안전하다고 여기기 때문에 한 행위일지도 모르겠다. 이 관점에는 체포하는 경찰들의 친구들이 하는 증언도 증거가 된다. 그들은 암살자 두 사람이 체포되었다가 고위층의 정치적 보호가 있으니 기소하면 안 된다는 이야기를 했다고 한다. 그리고 체포된 다음에도 계속된 그들의 자신 있는 태도와 경멸하는 태도도 증거가 된다.

암살에 대한 대중적 반응은 흥미로운 관찰을 할 수 있는 기회를 줬다. 김구의 친구들 중에서 몇 명의 원래 계획은 공산주의자들에게 암살을 책임지게 하려는 것으로 보인다. 그런데 12월 3일에 그렇게 하려다가 더 이상 하지 않았다. 이유는 암살자 두 사람의 정치적 충성이 너무 널리 알려져 있기 때문에 허위 사실을 퍼트리기가 무리였던 것으로 보인다.

주 범죄자 박광옥은 엄항섭의 제자이며 그를 감탄하게 만드는 사람이다. 학생 배희범은 이청천이 지도하는 청년단의 일원이라고 말한다. 고 장덕수의 가족과 친구들은 범죄자들의 정체성과 동기를 잘 알고 있다.

암살에 대한 반응 중에서 가장 기회주의적 반응은 이승만의 추종자들 중한 그룹의 반응이다. 그것은 독립촉성중앙협의회하의 선상준(Sun Sang Chun, 대한독립단장을 한 서상천으로 보임)이 지도하는 청련단이다. 다음과 같은 네 가지 발언이 이 청년단에서 유래한 것으로 알려지고 있다.

"장덕수는 야심이 있고 한국의 대통령이 되려는 사람이었다. 김규식도 야심이 있고 이승만에게 가야 할 직위를 훔쳐가려는 사람이다. 김규식이 암살을 명령한 것은 잘 알려져 있다. 그는 이승만으로 하여금 대통령이 되는 것을 두렵게 만들려고 한 것이다."

12월 11일에 장택상 경찰청장은 어떤 건전한 법체제만 있었다면 충분히 세 명에게 유죄를 선언할 수 있는 증거가 있다고 나에게 말했다. 그 세 명은 직접 암살한 두 사람인 박광옥과 배희범에 더하여 신일준을 말하는 것이다. 김석황에 대해서도 개인적으로 그의 유죄가 법적으로 증명될 수 있다고 자신 있게 말했다.

장택상이 계속하여 일반적인 추가 암살의 가능성에 대하여 말했다.(관련한 그의 발언은 내가 다른 얻은 정보와 일치한다.) 장택상 경찰청장에 의하면 대부분 테러단을 직접적이거나 간섭적으로 지배하는 다섯 사람은 김구·조소앙·조환구·조경한 그리고 엄항섭이다.(김석황은 지도자가 아니라 김구를 위하여 비서·금융업자·총대리인의 역할을 해왔던 충실한 추종자다. 또한 황해도 출신으로서 김구와 가장 친한 사람으로 여겨진다.) 현재에는 이 다섯 사람이 다른 다섯 명을 제거하기 위해 적극적으로 계획을 세우고 있다고 믿는데, 김규식·안재홍·조병옥·김성수 그리고 자신인 장택상이 그 사람들이다.

그는 특별히 그 암살자들을 정직한 우익이라고 하면 안 된다고 강조했다. 사리 추구 외에 진실한 정치적 신념이 없기 때문에 우익이라고 하면 안 된다는 것이다. 게다가 그들은 권력을 장악하기 위해서라면 북한이든 소련이든 아무 진영과도 같이 할 거라고 믿고 있다.

장택상 경찰청장은 한현우의 기질에 대해서도 말했다.(그는 송진우를 암살했던 자다.) 한현우도 김구의 친한 친구의 추종자라고 했다. 이어 이 관계에 대하여 자세히 이야기하고 싶지 않아 했지만 흥미로운 사실을 말했다. 한현우는 원래 도야마의 제자이며 일본에서 교육을 받았다. 그리고 그의 신념은 흑룡회의 신념과 비슷하다고 믿는다.

현재 법 체제가 정치적 암살을 막는 데 효과의 여부는 송진우와 여운형을 암살했던 사람들의 태도와 관련하여 고려할 필요가 있다.

첫 번째 암살자는 종래 자신이 한국의 대통령이 될 거라는 확신을 자유롭게 말한다.

한지근이라는 두 번째 암살자는 교도소의 교화사를 통하여 들은 바로 더욱 솔직하다고 한다. 그는 몇 년도 안 돼서 석방될 뿐만 아니라 좋은 지위도 얻고 평생 연금도 받을 거라고 자신 있게 말한다.

용의자 세 명에 대하여 충분한 증거가 있기 때문에 군정 법원은 기소를 빠르게 진행하고 즉시 사형을 선언하면 김구가 직접적으로 연루되었다는 증거를 유도할 수 있을 것 같다. 물론 이와 같은 결과는 결국 고위 정책에 따라 결정되어야 하지만, 여러 시각에서 봐도 그러한 결과는 미국 측에 유리하겠다고 주장한다. 그렇게 하면 미국의 정의를 보여주고, 김구는 미국의 도구라는 소련의 선전을 결정적으로 약화시키며, 지금 기본적으로 필요한 이승만의 영향력을 약화시킬 수 있을 것이다. 그다음에 이승만 세력의 강탈에 대하여 기소하면 국제 상황의 필요를 인정하고 군정과 협력할 한국인 정치단을 세울 수 있는 길도 닦을 수 있을 것이다.

그렇게 하면 김구를 순교자로 만들 수 있다는 견해도 있다. 그러나 그러한 위험은 별로 없다. 한국인의 기질은 순교자를 만드는 성향이 별로 없기 때문이다. 한국에서는 실패한 대의가 인기 있는 대의는 아니다. 과거 동양의 정부들은 통치 대상의 자유로운 합의보다는 사실상의 지배에 의존하여 통치하여 왔는데, 당분간 그렇게 할 것 같다. 한국 국민들은 대부분 김구 세력에 의한 압박과 불법 행위의 경감을 환영할 것이다.

이 문제의 해결책은 전체 한국 문제를 해결하는 데 거의 결정적 요소로 작동할 것이다.

버치 중위.

날짜 미상 (버치 문서 Box 4).[66]

　우익의 문제아 김구는 남한의 선거에 반대하는 비공산주의자들 중 선두 주자다. 그와 정확히 알려지지 않은 수의 우익들은 통일 문제를 어렵게 하는 어떤 계획에도 참여하지 않겠다고 계속 말하고 있다. 온건한 민족독립연맹은 선거에 불참을 선언했다. "은퇴한" 김규식은 군정 대표에게 3월 5일 이 문제에 대한 민족독립연맹 성원들의 마음을 돌리기 어렵다고 말했다. 그러나 그는 미국의 입장에 해가 되는 어떠한 성명의 발표도 막겠다고 말했다.

　논평: 3월 8일 김구는 3월 12일의 장덕수 암살 재판에 증인으로 출석해야 한다는 소환장을 받았다. 암살을 지시했다는 소문과 함께 김구는 소환장을 받았을 때 동요했고, 증인으로 나가기 위해서 250원의 차비를 받았다며 농담을 했다고 한다. 다른 한편으로 이승만의 반응은 "진실한 책임" – 김구의 유죄를 의미 – 이 왜 당국에 의해서 감추어지고 있는가 의아해하는 것이 많은 사람들의 태도라는 것이다. 이승만의 막역한 친구는 김구의 정치적 권위가 완전히 사라졌다고 희망 섞인 말을 했고, 김구가 더 이상 잠재적 중요성을 갖는 인물이 아니라고 했다. 그러나 그는 김구가 자유로운 시민으로 계속 남아 있는 사실에 대한 실망을 숨기지 못했다. 이승만은 아직도 김구의 영향력에 대해서 걱정하고 있다. 이승만의 고귀한 지위에 위협이 되는 김구를 제거하기 위한 행동이 실행되기를 원하는 것 같다.

　이승만은 대중적으로는 김구의 이름이 장덕수의 재판에 나와서 유감이라고 하면서 김구는 유죄가 아니라고 믿는다고 말했다. 김구가 중앙청의 면담실에 나타났을 때 기자들에게 자신이 재판에 나오는 것은 장덕수 사건에

---

66 _ 김구가 장덕수 암살 사건으로 법정에 출석한 전후로 보인다.

연루되어 있기 때문이 아니라 미국의 대통령이 나오라고 했기 때문이라고
했다.

1948년 3월 17일 "Kim Kiusic" (버치 박스 Box 5 - N - 11).

소련군이 있는 한 북한이 공격을 하지 않겠지만, 그들이 철수하면 전쟁의
위협이 있을 것이다.

자신과 추종자들이 북한에 설 자리는 없다. 공산주의자들이 정권을 잡더
라도 자신은 중국보다는 한국에서 죽고 싶다.

전라도와 경상도는 가장 불안정한 지역이다. 지주들이 많고 민주당이 장
악하고 있다.

충청도는 김구가 장악하고 있다. 이승만이 이 지역에서 효과적 장악을 하
기는 어려울 것이다.

강원도는 독촉이 잡고 있고, 경기도는 민주당이다.

우익이 선거에서 이긴다고 하더라도 그들은 새로운 반대의 씨앗을 뿌릴
것이다. 심지어는 그들 안에서조차.

이미 내각이 만들어져 있다고 한다. 이승만이 대통령, 부통령에 조만식,
총리 김성수, 내무부 장관 조병옥, 경찰청장 장택상, 내무부 장관 윤치영, 외
무부 장관 신익희.

민주당은 김성수를 대통령으로, 김준연을 부통령으로, 조병옥을 총리로
생각하고 있다. 이에 대해 입법의원의 민주당원들은 조병옥을 대통령으로
생각한다.

이승만이 정권을 잡을 것이 분명하며, 미국의 문제는 단지 시작될 뿐이

다. 미국은 한국에서 친기업적이고 상식이 통하는 정부를 만들고 싶어할 것이다. 그러나 이승만은 절대로 그러한 정부를 만들지 않을 것이다. 상식적인 사람이 정권을 잡는다면 어려움은 최소화될 것이다.

그는 미군이 한국을 군사적으로 보호할 의지가 있는가에 대해 질문했다.

사람들의 반응은 매우 모순적이다. 내 판단으로는 90% 이상의 한국인들이 미군의 철수에 대해 두려움을 느끼고 있으면서, 동시에 미군이 남아 있는 것에 대해 반대를 표시하고 있다.

김규식은 자신의 조직이 없기 때문에 대통령으로 선출되는 것은 불가능하다고 말했다. 미국에 협력하면서 상식적으로 운영할 수 있는 유일한 사람은 서재필이다. 김구 역시 그를 받아들일 것이다. 이 계획이 성공하려면 하지 사령관의 적극적 동의와 지지가 필요하다. 한국민주당 역시 이승만보다는 서재필을 더 선호할 가능성이 있다고 미스터 사전트(Mr. Sargent)가 코멘트를 했다.

● 가짜 뉴스 관련 자료[67]

1947년 1월 7일. 「신문에 대한 정책」 (버치 문서 Box 4 - E - 211~213).

한국인들은 사실과 사설의 차이를 모르고 있다. 3개의 신문이 법을 어겨서 정간이 되었는데, 최근 서상천에 의해서 현대일보가 문을 열려고 한다. 그는 이승만 계열의 극우파다. 그 역시 사령관에게 적대적이며, 좌파만큼이나 바람직하지 않다.

1947년 3월 27일. 러치 장관의 인터뷰 (버치 문서 Box 2 - J - 199~201).

기자 미국으로부터 온 뉴스를 보면 입법의원에 더 많은 권한을 부여한다고 한다.

러치 우선 미국으로부터의 언론 자료가 무엇인지 모르겠다. 나는 이미 내가 줄 수 있는 모든 권한을 입법의원에 주었다. 법령 135가 그것이다. 나는 군정 업무에 지장을 주지 않는 한 비토권을 사용하지 않겠다고 이미 말했다. 우리는 두 가지 목적이 있다. 하나는 자유롭고 독립되고 통일된 한국 정부를 민주적 기준으로 세우는 것이고, 다른 하나는 산업과 교육

---

67 _ 미군정 시기에는 수많은 신문들이 발간되었다. 그중에는 특정한 정치 세력들에게 유리한 내용을 담고 있는 가짜 뉴스들이 상당히 있었던 것으로 보인다. 미군정은 언론 보도를 면밀하게 추적했고, 그중에서 여론의 동향에 영향을 미칠 수 있는 가짜 뉴스에 대해 민감하게 반응했다. 이 자료들은 그 내용을 담고 있다.

을 재건하는 것이다. 여기에 무슨 권한을 더 줄 수 있는가? 여기에 더하여 워싱턴에서 더 권한을 줄 수 있는 것은 없다.

기자 미국으로부터의 뉴스에 의하면 미국 정부가 6억 달러를 한국에 배정했다고 한다.

러치 나는 답변을 할 수 없다. 원조에 대한 라디오 보도는 그리스와 터키에 대한 것이다. 물론 한국에 대해서도 어떤 조치가 있을 것이다. 미 의회는 한국, 터키, 그리스에 대해서 어떤 법이나 결정도 하지 않은 상태다. 이렇게 중요한 시점에서 하지가 워싱턴에 있다는 것은 우리에게 매우 행운이다. 하지가 워싱턴에 있기 때문에 한국에 대해서 어떤 고려가 있을 것 같은 느낌은 있다.

기자 러치 당신은 곧 한국 정부의 대통령이 선출되기를 희망한다고 했다.

러치 두 가지를 말할 수 있다. 하나는 내가 신문기자 클럽에서 오프더레코드로 말한 것이 어떻게 밖으로 새어 나갔는가 하는 것이다. 나는 더 이상 그 신사들과 얘기하지 않을 것이다. 대통령을 뽑는다는 것은 자유롭고 독립되고 통합된 주권국가를 설립하는 아이디어와 서로 배치되지 않는다. 권력이 한국인들에게 조금씩 이양될 것이다. 한국인들이 대통령을 뽑는다는 것은 미국의 정책 목표 중 하나다.

기자 통합 한국인가? 남한만인가?

러치 현재로서는 남한 단독이다. 곧 한국 전체가 될 것이다.

기자 두 번의 총파업이 있었다. 생활 상태가 북쪽이 남쪽보다 나쁜 것 같은데 왜 남쪽에서만 일어나는가?

러치 그들은 아무래도 파업을 멈추게 하는 더 좋은 방법을 알고 있나 보다.

기자 그러한 방법을 남한에서도 쓰면 어떤가?

러치 북쪽의 노동법을 살펴봤는데, 거기에는 파업의 권한에 대한 얘기가 없다.

기자 대통령 선출 문제와 관련해서 그것이 남한에서의 분리 정부 수립의 첫 단계라고 해석해도 되는가?

러치 원하는 대로 해석하라. 미국의 목표는 다시 한 번 얘기하지만 통합된 한국이다. 왜 항상 정치적으로 질문을 하는지 모르겠다. 현재로서는 한국인이나 미국인이나 모두 북쪽에 무언가를 조직하는 것이 불가능하다. 그래서 남쪽에서 무언가를 한 다음에 북쪽으로 통합하는 방식으로 나갈 수도 있다는 것이다. 만약 모스크바 결정이 작동하지 않는다면, 우리는 다른 방향으로 나가야 한다. 그리고 모든 것을 유엔으로 가져갈 수 있다.

기자 하지가 오지 않을 수도 있다고 한다.

러치 그것은 사실이 아니다. 나는 상무부 자문위원의 편지를 갖고 있다. 그는 하지가 3월 25일 워싱턴을 떠날 것이라고 말했다. 그가 공항까지 함께 갔다고 한다. 정확한 날짜는 날씨에 따라 달라질 것이다. 내 경우에 보면 보통 5~6일 정도가 걸린다.[68]

1947년 3월 28일. 러치의 연설에 대한 반응 요약 (버치 문서 Box 3 – C – 8 – 9).

트루먼 대통령이 모스크바 결정을 취소했다. 하지가 한국의 대통령으로

---

68 _ 러치 군정 장관이 버치와 다른 입장임을 보여주는 자료다. 한반도 문제를 유엔에 이관하기도 전에 남쪽에서 먼저 정부를 세우고 이를 북으로 확대한다는 입장을 피력하고 있다. 버치의 문서 속에는 러치와 버치 사이의 대립하는 내용이 포함되어 있으며, 버치는 갈등이 발생할 때마다 하지에게 직접 해결을 요청했지만, 제대로 해결되지 않았던 것으로 보인다.

임명되었다. 브라운 장관이 라디오 연설을 통해 새로운 정부를 약속했다. 러치 장군이 프레스 컨퍼런스에서 대통령을 임명했다.

1947년 4월 19일.「이승만의 외교적 성공」(버치 문서 Box 3 - C - 51).

이승만이 워싱턴의 직접적인 위임을 받아 귀국한다는 거대한 캠페인이 벌어지고 있다. 그러나 지식인들은 이에 의문을 표시하고 있다. 이승만의 그룹은 이러한 의문을 제기하는 자들에게 엄격한 경고를 하려 하고 있다. 그 경고는 현대일보와 몇 개 지방신문에 실렸다. 이승만은 반미적 선동을 계속하고 있다. 미군정이 한국을 팔아넘기려고 하는데, 자신들이 이러한 상황을 변화시키고 있다고 한다. 이승만이 도착하기 전에 그는 미국의 정책 변화와 아무런 관련이 없으며, 한국에 대한 재정적 지원을 언급한 마샬 몰로토프 서한과도 아무런 연관이 없다는 성명을 사령관이 직접 내야 할 필요가 있다.

● 지방 정세 분석 (버치 문서 Box 1 - A - 63~72)[69]

주한 미군정청, 공보부(Department of Public Information), 여론국(Bureau of public opinion) 1947.03.22. 정치 분석과, NPG, DPI, USAMGIK(미군정)에 속하는 M. 한슨(Hanson)이 쓴 하지 장군을 위한 각서

1. 남한 정치 세력에 대한 종합 보고

(생략)

2. 도별 정치 상황

가) 충청북도 : 수도는 청주다. DPI 대표는 매캔지 소령(Major MacKenzie)과 라이언 소령(Major Ryan)인데 아주 효율적이고 어떤 주제든 정보를 신속히 제공해줄 수 있는 분들이다.

충청북도는 이른반 한국의 "뉴잉글랜드 주"라고 한다. 보수적이고 주로 농사를 짓고 있다. (중략) 두 개의 선거가 실시되었다. 첫째는 아주 불건전했다. 둘째는 예상 외로 훌륭하게 되었다. 주요 문제는 피난민들을 돌보는 일이다. 잘 조직된 좌익은 거의 부재한다.

---

69 _ 1947년 3월부터 12월까지 미군정에서는 지방 정세를 분석하고자 했다. 지방 정세 분석은 주로 미군정 파견대의 활동과 각 지방의 상황을 주요 내용으로 하고 있다. 각 지방마다의 특성이 잘 드러나 있고, 미군정과 지역 주민 및 정치·사회단체와의 관계, 그리고 그들의 활동에 대한 자세한 내용을 담고 있다.
　　지방 정세를 분석한 자료들은 이미 발굴된 미군정 자료 속에도 담겨져 있기 때문에 버치 문서 속에서만 나타나는 내용이라고는 할 수 없다. 조민지의 「미군정기 후반전, 현지조사와 지방여론」(『해방의 공간, 점령의 시간』)에 1947년 7월 이후의 자료에 대한 전반적 소개가 되어 있다.

나) 충청남도 : 수도는 대전이다. DPI 대표는 피터슨 대령(Captain Petersen)인데 아주 양심적인 사람이다. 정치 현황에 대하여 이제 관심이 많이 생겼고, 꼼꼼하고 대량의 보고를 제출한다.

주요 문제는 철로다. 여기는 일제하에서 이른바 "한국의 시카고"였다. 부산과 광주, 그리고 다른 작은 곳에서 오는 철로가 모두 대전을 통하여 서울로 간다. 대전은 철로 노동자를 면접한 곳인데 그들이 공산주의 선동을 진지하고 자세하게 설명했다. 소문들은 다 들었지만 군정의 역선전을 들어보지 못했다. 비록 그들은 파업을 예상하지 않고 구체적 불평도 별로 없었음에도 불구하고 잘 교육을 받은 이러한 배경을 고려해보면 파업에 참여할 수 있도록 감정적 감동을 포함하여 많은 노력이 있었음을 알 수 있다.

지난달에 남로당이 군 지부를 새롭게 3개 설립했다. 수석 부회장 곽 씨는 교육을 많이 받았고 매력적이고 이론적 좌익이다. 일본 메이지대학교에서 경제학을 전공했다. 일제하에서 소위 "애국주의"으로 인하여 사무원으로 일했다. 한국 경제에 대해서는 매우 건전한 생각이 있다.

좌우합작위원회와 독립당에 속하는 남 씨와 김 씨는 상냥하고 민족주의적인 우익이다. 서울에 자주 올라가고 정당의 명령을 충실하게 따라한다. 필자는 그들의 첫 번째 반탁 회의에 직접 참여했는데, 질문에 정형적인 대답을 받았고 지부의 수와 인원에 대하여 구체적 정보를 받았다.

다) 경상북도 : 수도는 대구다. DPI 대표는 히치콕 중령(Lieutenant Hitchcock)인데 아주 양심적이고 적극적이고 한국 사람들과 잘 지내고 있어서 지방에 있는 어느 DPI 대표보다 더 좋은 한국인 지인이 있을 것 같다. 정확한 정치적 정보를 제출하는 데 믿을 만하다. 여기에 있는 미국인들은 다른 곳만큼 사기(morale)가 별로 안 좋다. 비로소 반미 감정이 느껴졌다. 히치콕 중령은 친미적 홍보를 해줄 것을 간청했다.

경상북도에서 가장 힘이 있는 정당은 한국민주당이다. 인원이 많아서가 아니라 공무원, 경찰, 부자의 영향이 크기 때문이다. 좌우합작위원회에 반대하는 이유는 스스로 하는 것이 아니라 정당 노선을 따라할 뿐이다. 독립당은 광복군협회(광복청년단으로 판단됨)의 지원을 받아 강력하다. 김구와 중경 임시정부를 지원한다. 청년단 6개가 지금 연합하기 위한 노력을 하는 중인데, 최근에 김구가 단결을 충고한 결과로 보인다.

남로당, 민주주의민족전선, 민주청년동맹은 10월 폭동(대구 사건) 이후 비로소 노골적으로 조직을 강화하고 있다. 전평(조선노동조합전국평의회)은 철로 노동자 중에서 조직하고 있다. 그리고 전농(전국농민총연맹)과 같이 강력해지고 있다. 양 단체가 학교 파업을 지지했다. 이제 좌익이 다시 조직되면서 불안감이 적지 않다. 여기서는 2천 명이 엮여 있는 기소가 아직 진행 중인데, 한국의 충실한 "가문 제도" 때문에 경상북도 가족 수천 개가 연관되어 있다. 경상북도의 불안은 25명이 사형을 받은 것도 중요한 원인이다. 소문도 많은데 DPI 대표들이 현지 홍보문을 출판하여 소문을 사실이 아닌 것으로 만드는 데 노력하고 있다.

라) 경상남도 : 수도는 부산이다. DPI 대표는 프라이스 대령(Captain Price)인데 새로 임명된 인물이고 정치에 관심이 많지만 곧 그만둘 것이다. 여기서는 미국인의 사기가 좋다. 다른 도시보다는 미국인과 한국인이 서로 더 따로따로 생활한다. 부산은 활기 넘치고 번영하고 다수의 다른 도시보다 더 깨끗하다. 부산 사람들은 옷이 더 멋있고 반미 감정이 있긴 있지만 크게 드러내지 않고 있다.

도시가 번영하는 만큼 각 정당의 본부도 번영하고 있다. 본부에서 벽보를 오려붙인다든지 팸플릿을 만드는 등 활동이 많았다. 벽에 아주 훌륭한 벽보들이 있었다. 이 지역에는 우익 인원들이 더 많지만 좌익도 꽤 활동적이다.

한국 사람들은 "좌익은 다리가 좋다, 우익은 머리가 좋다."라고 말한다.

독립촉성중앙협의회가 영향력과 조직이 가장 크지만 활동은 별로 없다. 민주청년동맹은 활동이 많아 보이지만 활동보다는 말이 많다. 광복군협회는 활동이 가장 많고 3·1운동 기념일에 상당히 돋보였다. 노인애국회와 정의회도 방문했다. 둘 다 극단적이고 민족주의적이고 보수적인 이승만을 추종하는 사람들이다. 주요 의무는 한국의 애국적 영웅의 기록을 잘 지켜주고, 사악하고 비애국적인 한국 사람이 누구인지 밝혀내는 것이다. 여기서도 이승만·김구·김규식으로 구성된 정부가 완벽하다고 생각하는데, 지방에서 사람들이 본부에서의 당내 갈등과 경쟁에 대하여 얼마나 모르고 있는지 잘 보여주는 것이다. 유일하게 재미있는 발언은 "독립은 외세의 허가에 따르는 것이 아니라 아니라 국민들의 노력에 달려 있는 것이다. 기독교 속담이 있는데 '하나님은 스스로 돕는 사람을 도와 주신다'고 한다."라는 것이다.

부산은 1945년 8월 일제 패전 이후 생긴 인민위원회로부터 시작된 좌익적 전통이 있다. 그 당시에는 좌익 세력이 다수로 일본인이 소유하던 고무·면직물·종이·생사 등등 많은 공장의 운용을 맡았다. 미국인들이 들어온 이후에도 미국인들이 정치적 관심이 없다 보니 대부분 그대로 관리권을 지켰다. 물론 서울은 워낙 우익을 지원했기 때문에 임명된 군정 내의 인사들이 대부분 우익이다.

민주주의민족전선은 체계적 기반으로 조직되어 있고 좌익 단체를 모두 가까이에서 조직하여 일반적으로 통제한다. 경상남도에서 가장 힘이 강한 조직이다. 많은 공장 운용자가 기금을 내고 있다. 남로당은 모든 당원들이 각각 새로운 당원들을 모집해야 하는 책임을 지면서 활동하고 있다. 정당의 목적과 사상에 대해서는 인원들이 90%가 잘 모르고 있다. 전농·선원조합·전평은 지극히 적극적이지만, 전평의 경우 긴밀하게 활동을 하면서도 본부가 따로 없다. 산업별로 12개 지부로 나누어져 있다. 최소 근무 시간, 더 높은 임금과 쌀, 자의적 해고 방지를 위하여 노력하고 있다. 때로는 나쁜 운용자와 관리자를 제거하기 위하여 노력한다. 지도자들은 경찰의 방해 때문에 자주 공장 밖에서 조직해야 하는 것을 인정했다. 그러나 각각 공장에서 작고 잘 조직된 세포가 있고 대부분의 경우 미국인과 경찰이 모르고 있다.

부산에 있는 12개 신문 중 우익 신문은 하나밖에 없고 중도적 신문은 서넛 정도가 있으며, 나머지는 다 노골적인 좌익 신문이다. 현재까지 선원조합이 일으킨 유일한 문제는 10월 폭동 기간 동안 10개의 요구를 제출할 때였다. 대체로 밥 잘 먹고 추가로 밀수로 돈을 버는 고용인은 조합을 통해서만 선원을 모집할 수 있다. 전국적으로 3만 명의 조합원이 있는 이 단체가 문제를 일으키지는 않을 것 같다. 그러나 좌익이 적극적으로 접근하고 있다.

마) 전라남도 : 수도는 광주다. DPI 대표는 매튜스 대령(Captain Matthews)인데 교육·내정 담당자도 병행하기 때문에 DPI에 시간을 많이 내지 못하지만 정치 상황을 파악하기 위해 특별한 노력을 집중하고 있다. 전라남도는 가장 가난한 지방이다. 집은 닳고, 사람은 더럽고, 옷이 불결하고, 냄새가 많이 났다. 대략 불안이 많이 느껴졌다. 미국인의 사기는 괜찮은데, 광주 밖에서 제20 보병 연대가 배치되어 있는 것이 중요한 원인이다. 정보원 몇 명을 통하여 확인하니 정치 상황은 우익이 40%이고 좌익이 60%다. 군정 미국인 인사는 열심히 일하고 직업에 많은 관심을 보인다. 쌀 수집을 하는 사람들은 각각 군에서 수개월에 걸쳐 혼자 살면서 농부들로부터 쌀을 모집하는 즉 가장 어려운 일을 하고 있지만, 훌륭하게 일하고 있고 중요한 정보를 수집하고 있다.

전라남도에서 가장 힘이 있는 정당은 독립당이다. 지역적 차원서 가장 잘 조직된 단체는 독립촉성중앙협의회다. 한국인 도지사 서민호는 미국에서 교육을 받았고 전라남도에서 그 당 소속만이 기반이 되는 정치 조직을 설립할 수 있는 정도로 미국에서 정치를 잘 배운 것으로 보인다. 그로 인하여 미국인과의 갈등이 생기기도 했다. 그렇지만 서울에 있는 그와 친한 미국인 고위 인사가 때로 미국인들과 협력하도록 개입했다. 전라남도에서 좌익의 우세함을 고려해보면 군정에서 비당원을 모두 받아들이지 않는 것은 좋은 정책이 아닌 것 같다. 그리고 이는 미군정이 취하는 초당적 태도와 조응하는 것도 아니다. 전라남도에는 한국민주당, 대한청년단, 광복군협회, 청년민주동맹이 있다. 김규식은 좌우합작위원회와 함께하고 있어서 위신이 떨어졌다는 말이 돌고 있다.

남로당·청년동맹·전평 등은 민주주의민족전선 조직 아래에서 작동되고 있다. 지방을 도는 동안 여기서 유일하게 노골적 적대감과 의심을 체험했다. 우리 자체에게 적대감과 의심을 표하는 것이 아니라 우리가 군정을 대표하고 있기 때문이었다. 우리가 면접한 당원들은 여성 7명까지 포함하여 거의 다 수감된 경험이 있었다. 경찰에 대한 증오에 대하여 큰 소리로 외치면서 건설적인 변화에 대해 상당히 구체적인 계획을 설명했다. 우리가 서로 친선의 정신으로 헤어졌는데, 어떤 경우에는 면담자의 집에 초대받아 가서 식사하면서 농담을 서로 들려주었다. 이 사람들은 상호 문제를 해결하기 위하여 미국인과 이야기해본 적이 없었다. 미국인 군정 인사들이 부당한 부분에 눈을 감고 있으며, 군정 인사와 경찰의 행위에 대해 미군정 인사가 책임을 져야 한다고 노골적으로 처음 얘기했다. 대령(the Colonel)이 말했듯이 "이 사람들은 살 만할 이유는 별로 없고 죽을 만할 이유가 많은 사람들이다." 여기는 화순 광업소가 있는 곳인데, 광업소를 방문하면서 광업 노동자와도 이야기를 나누었다. 순천과 목포, 그리고 작은 군인 장성군과 담양군을 방문하기도 했다. 이 방문은 민사 담당자와 같이 했다. 그는 다음과 같은 질문으로 조사를 하고 있었다. 1) 군이 비료를 받았나? 얼마나 받았나? 분배가 되었나? 2) 김장철에 군수가 소금을 충분히 받았나? 충분하지 않다면 그 이유는 무엇인가? 군수가 소금을 충분히 못 받았으면 내년의 김장철을 위하여 지금 바로 소금 문제를 해결하기에 나서고 있나? 3) DPI 자료가 각 면들에도 분배되었나? 최근의 벽보, 주간지, 농부 주간지는 어떻게 되었나? 마지막으로 면접관이 정치에 대한 질문을 했다.

바) 제주도 : 수도는 제주시다. DPI 대표는 켈리 대령(Captain Kelly)인데 교육 담당자, 재산 관리인 등 많은 업무를 병행하고 있다. 우리의 정책을 훌륭하게 홍보하고 있다. 정치적 정보를 얻기 위하여 한국인과의 접촉을 유지하는 것도 잘했다. 제주는 인구의 80%에서 90%까지 좌익이라고 하는데 아주 큰 문제다. 여기서 "좌파 사람"이라는 말은 확실히 소련 공산주의가 아니라 "권력 밖에 있는 사람들"과 동의어다. 이 고립된 섬에서 30만 명이 거주하고 있다. 이들은 행복하고 아이를 좋아하는 미국인들을 접촉하고 있지만, 그래도 우리가 지방을 돌면서 반미적 감정을 가장 강력하게 느낀 지방이 바로 제주였다. 제주는 소농 공동체인데 위치가 워낙 좋아 아주 번영해질 것 같다.

사람들은 행복하고 옷이 멋있고 상당히 친절해 보인다. 그러나 미국인과 한국인 인사와 대화해보니 미국인들에 의하여 한국인을 대상으로 하는 정치 교육이나 물질적 원조는 거의 수행되지 않은 상황이 분명했다. 교사들은 다수 좌익 급진주의자이지만 지난 4개월 동안 월급을 못 받았고 이러한 조건하에서는 다른 교사를 모집할 수 없다.

작은 우익 조직이 4개 있다. 독립촉성중앙협의회, (가장 강력한) 청년단, 광복군협회, 한국독립당이 그것이다. 그러나 이 조직들이 아주 약해서 유일한 가두행진인 3월 1일의 기념 행사도 좌익에 의해 주도되었다. 박경훈 도지사는 똑똑하고 친절한 신사다. 그는 제주도에서 정말로 대표 정부를 세우는 일에 어느 정도 좌익의 참여가 필요하다고 생각한다. 그러나 이러한 생각은 우파 인사만을 고용하는 경찰이 싫어한다.

여기서 좌익은 보통과 달리 남로당과 전평이 아니다. 오히려 예전의 인민위원회와 연결되어 있다. 제주 거주인들이 대부분 교육을 받지 못했고 지극히 개인적 기질에 호소하는 것이 가장 좋은 방법이다. 사상과 방향이 주로 하나의 작은 그룹으로부터 나타나는 것이 부인할 수 없는 사실인 반면에, 군정이 취해왔던 "아무것도 안 하는" 정책보다 대안을 제공할 수 있던 것도 사실이다. 제주의 조건은 모델이 되는 지방을 만들기에 이상적이다. 제주가 고립되고 폭력 없이도 미국이 모든 것이 들어오고 나가는 것을 통제할 수 있는 곳이다. 우리의 정보가 우세하기만 하면 된다. 그리고 적정 금액으로 공급하는 소중한 물품은 대부분 완전히 미군에 달려 있다.

3. 결론 및 예측

남한에서 주로 한국인과 함께 장거리 출장을 해보니, 불가피한 결론은 화합을 위한 전체적이고 실용적인 정책이 시급히 필요하다는 점이다. 미래에 대한 구체적 계획, 즉 미래가 어떻게 될지에 대한 어떤 절대적 지식이 필요하다. 희망이나 필요 사항을 대신 표현해줄 수 있는 지도자가 없고, 스스로 표현할 수 있는 통로가 되는 체제가 없는 인구가 수백만 명이 되는 것으로 보인다. 엄청난 불안감과 불확실성이 느껴진다. 그 배경에는 공포가 있다. 기아, 폭력, 정치적 힘의 상실과 그것을 동반하는 위신과 경제적 안전, 경찰의 폭력에 대한 공포가 있다. 전망이 없는 이 같은 희소 경제에서 사람들이 스스로 참여할 수 있도록 하는 무엇인가가 필수적으로 필요하다. 이룰 수 있는 목적이 필요하다. 외부로부터 모든 심리적, 감정적 수단을 이용하여 국민들을 통제하도록 노력해야 한다.

국민들은 국내에서는 당분간 어떤 희망도 안 보이며, 나라가 다른 국가들보다 후진적이고 작고 약하여 강력하고 부유한 국가들의 도움이 필요하다는 사실을 절실하게 인식하고 있다. 군정은 두 가지 측면에서 문제가 있다. 1) 한국에 대하여 긍정적 계획을 세우고 희망이 있는 강력한 지도력을 발휘하는 것에 실패했다. 2) 소통을 통한 지도자의 발굴과 몇 대에 걸쳐 축적된 이상과 사상의 이해에 실패하면서 미국인들이 문화적 목적을 갖고 접근하는 것이 허락되지 않았다.

위와 같은 배경을 고려해보면 군정과 미국 세력에 반대하는 세력이 어떤 노선을 취할 건지 이해하는 것에 도움이 된다. 남한에서 공산주의가 다른 작고 가난한 문맹 국가들만큼 성과를 얻지 못한 주요 이유는, 한국 사람들이 대체로 그런 나라들에 비하여 살림살이가 더 좋기 때문이다. 기아가 거의 없고 있을 때도 심각하지 않았다. 추운 날씨 때 대규모로 얼어 죽는 경우가 없었다. 대부분 옷이 있었다. 게다가 한국 사람들은 공산주의자들의 전투적, 불평적, 부정적 방식을 잘 수용하지 않는다. 가장 가난한 주들에서 가장 폭력적인 좌익을 볼 수 있다는 점이 이를 입증해준다. 전라남도에 제29보병대의 규모가 크지 않았다면, 그다음에 폭동이 일어났을 것이다. 그럼에도 전라남도 사람들은 모든 권위에 대한 항의를 할 분위기가 있다. 현재 정부에 대해서는 자신들의 정부라고 생각하지 않는다. 그것이 옳고 그름의 여부를 막론하고 매우 억울하다고 생각하는 것이 확실하다.

정말로 위험한 것은 이 사람들이 좌익의 선전을 진지하게 믿는 것이다. 우리는 그 선전이 너무나 터무니없어서 논리적인 사람이 믿기가 어렵다고 보기 때문에, 이 문제를 해결하기 위한 계획을 세우지 않고 있다. 우리는 거의 역선전을 펼치지도 않는다. (중략) 이러다 보니 왜 우리에게 문제가 많았는지를 생각해보게 된다. 나라를 회복시키는 데 도움이 필요하거나, 한국 사람들을 이성적인 존재로 여기기 위하여 더욱 노력을 해야 한다.

다음의 결론은 잔인하고 위험한 경찰에 대하여 무엇인가 해야 한다는 것이다. 경찰은 미국이 한국에 있는 한 가장 크고 위험한 존재이기 때문이다. 아래는 감정적 생각이 아니라 꾸밈없이 드러낸 사실이다.

대구 : 민주주의민족전선이 서울과 대구에서도 승인된 벽보를 지방에서 붙이도록 4명을 보냈다. 4명 다 체포되었다. 한 명은 대구로 보내졌지만, 형사 고발이 없어 석방되었다. 나머지 3명은 3일 있다가 나왔다고 했지만, 아직 감옥 지하층에 남아 있었다.

부산 : 저녁 식사 모임에서 부산 지역 남로당 책임자를 소개받았는데, 전 수반이 체포되었기 때문에 그가 새로운 책임자가 된 직후였다. 사회적 모임이니 분위기를 깨지 않도록 내가 "매우 용감한 양반이네요. 그쪽도 체포되실까 봐 두렵지 않은가요?"라고 했는데, 그는 즉시 "불가피한 일입니다."라고 대답했다.

광주 : 각각 나이·성별·생활 상태가 다른 남자 25명과 여자 7명과 대화를 했는데, 이 중에서 약 20명이 체포되어 본 적이 있었고 그중에서 학대를 받았던 이도 있었다. 이것은 우리가 면접한 거의 모든 좌파 집단에서 사실이었다. 반면에 군정하에서 같은 경험을 해본 우파 인사는 전혀 없었다.

대전 : 미국인 인사가 "어떤 형사 고발이든지 진정한 우파 인사라면 수감하기가 거의 불가능해요. 반면에 비교적 중요하지 않은 형사 고발인데도 좌파 인사라면 체포하기가 쉬워요."라고 말했다.

지방에서는 미국인 헌병도 끔찍한 한국인 경찰에 대하여 냉소적으로 말한다. 그들은 한국인을 한국인 경찰에게 넘겨주는 것을 싫어한다. 법안이 통과된다면 그 법을 시행하는 것이 필요하다는 이도 있다. 이것은 당연한 것이다. 그러나 경찰에 의한 가장 심각한 압박이 있는 광주, 전라남도에서는 해결

되지 않은 범죄와 도둑 사건이 오히려 더 많다. (중략)

군정과 소위 민주주의를 대표하는 필자와 같은 미국인 면접자의 입장에서는 다수결 원칙, 소수자의 권리, 기회 균등, 언론의 자유, 집회의 자유를 부인하는 사례가 존재하는 한 이 개념들을 설명하는 것이 어렵다. 정치적 압박은 반대 측을 지하로 몰아내면서 그들의 활동에 대하여 알아내기가 더 어려워지고 그들을 순교자로 만드는 결과를 가져올 것이다. 그리고 우리의 생각에 반대하여 도전하는 세력에 대해서는 완전한 진압만이 유일한 방법이라는 생각을 하게 할 것이다. 어쩌면 강제로 조용하게 만드는 것보다 인간은 이성적 존재라는 우리의 민주주의적 유산으로부터 적극적인 방법을 찾는 것이 더 낫지 않을까?

마지막 결론은 한국인 성인에게는 3년제·4년제 교육이 필요하다는 것이다. 나라를 자립적 국가로 회복하기 위하여 어떻게 하면 좋을지 이해할 수 있으려면, 한국 사람들이 세계 지리학, 기본적 경제학, 대의정치에 대하여 간단한 교육을 받아야 한다. 한국 사람들이 교육을 받아야만 모스크바협정을 지켜야 하는 이유, 한국이 급하게 필요한 공급이 다른 나라에도 필요하고 이를 공급해줄 수 있는 나라가 몇 개밖에 없기 때문에 지금 들어오지 않는 이유, 선거가 모든 한국 사람들에게 유익할 수밖에 없는 이유를 이해하게 된다. 한국 사람들은 이러한 정보에 관심이 많다. (중략)

중도 노선을 지키는 사람들을 조직하여 건전한 단체를 설립할 수 있는지 검토하자는 제안도 있었다. 이 사업은 조선민주주의독립전선에 의하여 이미 시작되었는데, 건민회가 지방에서 조직하는 일을 많이 하고 있다. 지금까지 진척이 보이는 곳은 부산밖에 없다. 대구와 대전은 시도를 했지만 실패했다고 보고했다. 이 사업에는 지식인들이 참여할 수 있으며, 좌익으로부터 벗어나고 싶지만 우익과 손을 잡을 수 없는 좌파들도 참여할 수 있다. 그러나 전체적으로 보면 우익과 좌익을 막론하고 단호한 중립적 단체를 설립하는 것은 쉽지 않을 것이다. 다음과 같은 점을 고려해야 한다. 1) 대중적이고 강력한 운동은 모두 고위층이 아니라 국민들의 가장 하위층에서 시작된다. 이러한 정당은 서울에 있는 욕심 많은 기회주의자인 전문 정치인이 아니라 마을에서 마을 거주민들과 같이 밤에 화롯가에 둘러앉아 이야기를 나눔으로써 시작해야 한다. 2) 정당이 당원을 모집하기 위해서는 가치 있는 무엇인가를 제공해야 한다. 즉, 성과 여부가 당원들의 노력에 달려 있다고 느끼게 할 수 있는 구체적 프로그램이 필요하다. 우익은 독립을 옹호한다. 좌익은 구체적 개혁안과 정권을 인민위원회에 주는 정책을 내세우고 있다. (하략)

● 메모와 편지[70]

하지 장군을 위해 여운형이 쓴 메모 (버치 문서 Box 3 - T - 93-94).

일이 잘 되지 않고 있다고 친애하는 장군님께서도 동의하실 줄 알고 있습니다. 입국하셨는지 일 년 넘게 지났는데 미래는 아직도 어두워 보입니다. 저는 비관주의자가 아니지만 현실을 직시해야 하지요. 남반부 내에 있는 불안은 깊은 불만족을 의미합니다. 장군님께서 선동가가 자신들의 정치적 목적을 위하여 무식한 국민들을 선동하여 범죄를 저지르게 하고 있다고 판단하고 계시고, 이에 대해 저도 동의하고 있습니다만, 그것은 완전한 진실이 아닙니다. 잔혹한 실상으로 인해 불만족의 원인은 훨씬 뿌리가 깊은 겁니다. 지난 며칠 동안 저는 지방에서 지냈습니다. 제가 저의 눈으로 직접 보고 저의 귀로 직접 듣고 왔습니다. 저는 돌려서 말씀드리지 않겠습니다. 지휘권이 작동되지 않고 있습니다. 남들을 무시하고 각자 제 일은 제가 알아서 하는 약육강식과 같은 상황입니다. 소중한 산림은 남벌되어 최근의 홍수로 인하여 손해를 입은 도로가 그대로 고쳐지지 않습니다. 국민들의 필수품을 만들어줘야 하는 공장장은 오히려 원자재를 팔아 목전의 이익만 추구하고 있습니다. 저는 대학교 병원에서 일주일 넘게 지냈습니다. 그런 상황이 전국적으로 나타나고 있는 전형적인 상황입니다. 유리창이 깨져 있고 수도꼭지가 고장이 나 있

---

70 _ 수기 메모와 편지들이 주요한 내용이다. 미군정은 모든 편지에 대해 검열을 실시했다. 그리고 그중 중요한 내용의 편지에 대해서는 번역을 했다. 편지의 원본이 실려 있지 않기 때문에 여기에서는 영어로 번역된 편지를 다시 번역했다. 재번역 과정에서 내용 이해가 매끄럽지 않은 부분들이 포함되어 있다. 특히 이승만이 미국에 있을 때 국내에서 미국으로 보낸 편지는 전신으로 가는 경우가 많았기 때문에 해독하거나 이해하기가 더 어려운 경우가 많다.

으며, 바닥이 물로 침수돼 있는데 수리할 생각도 없고 신고를 받을 만한 어떤 책임자도 없습니다. 게다가 저는 이른바 법의 수호자들, 즉 경찰이 하는 활동의 압제와 권위 남용도 목격했습니다. 이러한 일을 직접 보니 어떻게 해서 상황을 개선시킬 수 있는지 생각하게 됐습니다. 가만히 생각해보면 정치적 문제와 경제적 문제가 서로 절망적으로 짜여져 있는 것을 파악하게 됩니다. 한쪽의 문제를 풀려면 다른 한쪽의 문제도 풀어야 하는 겁니다. 지금 시급한 정치 문제는 두 가지입니다. 남조선과도입법의원과 좌우합작 문제가 그것입니다. 이 두 가지 문제는 사실 하나의 문제입니다. 강력한 좌우합작은 강력한 남조선과도입법의원을 만들 것이며, 강력한 남조선과도입법의원은 강력한 좌우합작으로 가능할 것입니다. 경제 문제는 쌀을 수집하고 분배하는 문제와 통화 팽창입니다.

저의 제안은 문제의 책임을 지는 자리를 한국인에게 넘겨주시면 잘되지 않을까 싶습니다. 하지 장군님과 다른 사령부 간부가 계속 고문으로 활동할 수 있지만, 나라의 실제 행정은 한국인에게 맡겨주세요. 이 한국인 부하들을 임명해서 남조선과도입법의원을 설립하기 위한 조치와 수단을 취하는 데 실제로 책임질 수 있게 해주세요. 다시 말씀드리자면 한국 국민들은 이른바 "뉴딜"을 기다리고 있는 겁니다. 실수가 발생한 것은 장군님의 탓이 아니지만 한국 국민들이 자신들의 나라를 직접 다스리면 안 될까요? 만약에 그렇게 되면 물질적 혜택은 물론 심리적 효과도 거대할 겁니다. 그것은 자치를 위한 첫걸음이 될 겁니다. 저희의 집을 스스로 관리하는 것, 각각 책임을 지는 부담을 느낄 수 있는 겁니다.

장군님께서 그러한 국정을 맡겨줄 수 있는 한국인은 누구냐고 여쭤보실 것입니다. 제가 생각하기엔 그분은 바로 김규식입니다. 김규식 님은 좌익과 우익 양쪽에 대부분 믿어지고 마땅한 능력도 있으십니다. 저는 그분에게 완전하고 무조건적 지지를 드리겠습니다. 장군님께서도 한때 김규식을 전적으로 지지해주시겠다고 저에게 말씀하신 적이 있으십니다.

저의 제안을 생각해보시면 감사드리겠습니다.

윤보선이 방미 중인 이승만에게 보낸 편지

아래의 내용은 윤보선이 한국말로 쓴 편지의 내용이다.[71]

친애하는 귀하,

제가 12월에 보내준 편지를 받으신 것 같습니다. 지금 날씨가 추운데 건강히 잘 계시죠? 임영신 씨는 잘 지내시나요? 프란체스카 여사는 잘 지내고 있고, 저도 잘 지내고 있으며, 친구들도 잘 지내고 있습니다. 고모님은 퇴원하셨고 이제 많이 나아졌습니다.

1. 입법의원 소식

조소앙이 (과도입법의원의) 의원이 되는 것을 거부했으니 서울에서 세 번째 선거를 할 것으로 보입니다. 공식 인원 가운데 몇 명이 사직했는데 그 자리들이 우리 당 인원으로 채워지는 것은 아닐 것입니다. 신익희가 입법의원에 들어왔습니다. 지난번에는 제가 (입법의원 내에서) 우익과 좌익 정당 모두의 권력이 균형되어 있고 아마도 우익이 한두 명 더 많을 것이라고 했었습

---

71 _ 한글로 된 편지를 미군정에서 영어로 번역했고, 그 내용을 다시 한글로 번역했기 때문에 원래의 한글 편지와는 다른 부분이 많을 것으로 판단된다.

니다. 이제는 상황이 바뀌었습니다. 양심적이지만 희망이 없어진 사람들 몇 명이 참석하지 않았기 때문입니다. 또한 지방에서 오는 인원 몇 명이 개인적 사정으로 인하여 참석하지 못하고 있습니다. 지방에서 오는 어떤 인원은 참석하러 오는 비용이 너무 부담스러워서 오지 못하고 있습니다. 최근 호텔비가 많이 올랐습니다. 또 다른 이유는 우익에는 지도자가 없습니다. 좌익 참여자들은 대부분 서울에 집이 있고 양심도 없는 사람들이니 별로 문제가 없어 보입니다.

한국 사람에게 행정권을 부여하는 문제가 만약 입법부에 제출 되면 이제는 어떻게 될지 모르겠습니다. 입법부가 한국의 행정권을 갖는 지도자를 임명하는 경우 김규식 박사가 임명될 것 같습니다. 그렇다면 우리는 이러한 상황을 막기 위해 연구를 해야 합니다. 저는 입법부에 행정권 이양 문제를 제출하는 것이 한참 걸릴 것 같다고 봅니다. 지금까지는 입법부가 만든 법이 하나도 없습니다. 최동오와 윤기섭을 부의장으로 임명한 사실밖에 없습니다.

어제 하지 장군이 스티코프 장군과 왕래한 편지의 내용을 공개했습니다. 편지에서 한국에 대한 신탁통치 계획을 드러냈기 때문에 대중을 크게 자극했습니다. 입법의원 의원 몇 명(한국민주당)이 입법의원에 반탁 문제를 제출했기 때문에 김규식 박사가 5일 동안 입법의원 운영을 중단시켰습니다.

2. 군정에 대한 반대

당신이 한국을 떠났을 때 나에게 한 말을 늘 기억하고 있습니다. 독립을 원하는 데 모두가 피곤하다. 대중적 운동을 일으키는 것도 어렵다. 당신이 좋은 소식을 매일 기다리고 있는 것을 알지만 우리가 한두 명밖에 안 되어서 어려운 상황입니다. 그러한 거대한 운동을 계획하는 데 일단 대단한 지도자가 필요하니 김구가 지도자가 되어야 한다고 자극하고 있습니다. 김구는 스스로 피해자, 아니면 순교자가 되기로 마음먹었다고 말하면서 저에게 자신의 강력한 결정을 보여주었습니다. 그렇지만 김구는 행정권 이양 문제에는 관심도 없으면서 정부를 세우는 문제에만 집중하고 있습니다. 오직 중경 임시정부를 한국의 실제 정부로 만드는 것을 꿈꿀 뿐입니다.

하지만 하지 장군이 편지의 내용을 공개한 다음 김구가 자신의 계획을 바꾸었습니다. 반탁으로 바뀐 것입니다. 오늘 모든 정당을 중전전(덕수궁)에 있는 회의실에 불렀습니다. 그는 전국적이고 거대한 반탁운동을 일으킬 것입니다. 첫걸음을 내딛는 데 정당들이 모두 협조하여 공동성명을 냈습니다.

반탁 세력의 중심은 김구, 이시영(Yi Shi Young), 조승환, 조완구, 조소앙, 엄항섭입니다. 좌우합작 조직은 제외되어 있습니다. 신익희는 입법의원에 참여하고 나서 신탁통치 문제가 제출되었지만 김규식 박사와 협의하지 않을 것 같습니다. 신익희는 임시정부가 양심적이지 않아 협조하기 싫고 합법적 운동을 하기 위해 입법의원에 참여한다고 나에게 말했습니다. 그런데 제가 생각하기엔 신익희가 김규식 박사의 독립촉성(Dok Ip Chok Sung)에 가까이 있으면서 행정기관의 총수가 되려고 하는 것 같습니다.

3. 당신의 전보가 몰수당했다

지난 12월 31일에 브라운 장군이 프란체스카 여사에게 전화하여 정치 문제를 좀 상의하자고 했습니다. 프란체스카 여사는 자신이 정치 문제와는 전혀 관계가 없다면서 다른 사람을 찾으라고 했습니다. 한 시간 있다가 브라운 장군이 김구와 조원구와 같이 프란체스카 여사를 직접 찾아와 다음과 같은 전보의 내용을 전해주었습니다. "미국 대통령과 국민들이 우리를 동정한다. 모스크바 결정이 취소될 것이다. 이제 한국 국민들이 무엇을 원하는지 세상에 알려주겠다." 브라운은 이 전보가 선동적이라고 했습니다. 문제만 일으키고 어떤 열매를 맺을 수 없을 것이라고 했습니다. 그렇게 선동하는 사람은 총구로 다뤄야 한다고 했습니다. 브라운은 이렇게 협박하면서 한국의 독립은 모스크바 결정이라는 방법밖에는 이룰 수 없다고 했습니다.

브라운은 소련이 유엔에 거부권이 있는 한 항의하는 것은 쓸데없다고 다시 말했습니다. 조용히 소련과 협조하는 방법밖에 없다고 했습니다. 브라운이 전보를 가지고 돌아갔습니다. 신문들이 전보에 관한 브라운과 김구와 조원구의 회의가 있었다고 모두 보도했는데, 전보의 내용은 아무것도 보도하지 못했고, 국민들이 이를 의심하도록 만들었습니다.

4. 선관 출판사(Sun Kwan Printing works) 문제

허중선(Hu Chung Sun)이 위에 언급한 책들에 대한 관련 관리인의 승인을 받자마자 김규식 박사의 요청으로 승인이 취소되었습니다. 좌우합작위원회가 한성일보·민주일보·대동신문·자유신문도 운영하고 있습니다. 어제 세계일보도 구매했습니다. 위에 언급한 출판물 자체가 필요할 것입니다. 게다가 그들은 당신이 출판사를 소유하는 것을 원하지 않습니다. 브라운 장군의 추천으로 좌우합작위원회가 2천만 엔을 마련했다는 소문이 있습니다. 이 돈을 좌익과 우익 신문, 그리고 청년 단체를 감독하기 위해 쓰이고 있습니다.

5. 경제 문제

좌우합작위원회가 정치적 움직임을 방해하고 있으니 이제 신탁통치 문제에 대해 한 번 더 문제를 제기해야 합니다.

인플레이션. 생활비가 계속 올라가므로 나날이 국민들 생활이 어려워지고 있습니다. 상품 가격이 신기록을 세웠습니다. 이발은 50엔, 계란은 15엔, 고기 1파운드는 200엔, 흑설탕 1파운드는 320엔, 쌀은 소두 하나가 지금 520

엔이지만 곧 천 엔으로 올라갈 것입니다. 요즘 배급량은 하루에 합 하나의 쌀입니다. 쌀 수집이 66%에 이르렀지만, 쌀은 대부분 지방에 있고 서울에 오는 쌀은 별로 없습니다. 우리의 식량문제가 심각합니다. 하얀 옷감 한 장에 만 엔이니 우리의 옷 문제도 심각합니다. 인천에 방직공장이 40개 있지만 지금 작동 중인 공장은 16개밖에 없고, 그 공장들도 원료와 기계를 위한 예비 부품이 부족하기 때문에 1947년 6월 이후 운영되지 않을 거라고 합니다.

철도 승차료가 또 올랐으니 이제 서울에서 평산(?)에 가는 데 2만 엔입니다. 그리고 운행하는 기차의 수가 줄어 사람이 너무 많습니다. 승차료가 올라가는 좋은 이유가 될 것입니다. 한편 밤낮으로 지폐가 인쇄되고 있어 시장에서 통화가 증가되고 있습니다. 어떤 결과가 나타날지 알 수가 없습니다. 최근에는 노골적으로 지금의 상황보다 옛날 일제 통치가 낫다고 말하는 사람도 있습니다. 또한 일제가 우리나라를 파괴시켰지만 이제 미국이 우리 민족을 파괴시킨다고 말하기도 합니다. 위에서 묘사한 조건 때문이지만 나라를 구하려는 사람이 보이기는커녕 오히려 모두가 뇌물 공세를 펴고 부패를 자행하기만 합니다. 당신이 임영신에게 보내준, 중국과 일본에 있는 재산목록에 대한 전보를 내가 며칠 전에 받았습니다. 그동안 내가 매일 외교부(?)에 방문하여 전보를 달라고 했지만 그러한 중요한 서류는 중요한지 여부를 막론하고 모두 어떤 미국 장교가 보관하고 있는데, 그가 당분간 없으니 제가 받을 수가 없습니다. 하지 장군은 행정권을 한국 국민들한테 이양할 거라고 말합니다. 독립운동보다 훨씬 중요한 것은 하지 장군을 한국에서 멀리 보내는 것입니다. 어제 하지 장군이 김상수에게 자신이 미소공위 5호 성명에 대해 소련에게 어떠한 양보도 안 했으며, 3국 외무 장관의 결정을 인정해야 한다고 말했습니다. 제발 어떻게든 방법을 찾아서 하지 장군을 한국에서 빨리 내보내고 한국에 돌아오셔야 합니다. 나라의 상태가 당신의 귀국이 필요한 상황입

니다. 그렇지만 국내나 국외에 일정한 변화가 발생한 다음에 돌아오셔야 할
것 같습니다.

1947년 1월 15일

윤보선

● 버치가 미국으로 돌아간 이후의 자료

박상엽(Park Sang Rhup)의 추방 심리[72](1952년 2월. 버치 문서 Box 3 – S – 36~43).

이제 레너드 버치가 와서 선서한 다음에 진술하고, 그 진술이 모두 사실이라고 선언한다.

나는 오하이오 주 아크론 시 80 바이어스 어베뉴에서 거주한다. 1946년과 1948년에 한국에서 미 육군 장교였다가 전쟁성(War Department)에서 민간인으로 복무했다. 나는 여러 가지 지위로 복무했는데, 군정의 정치 분석가와 사령관의 정치 고문, 그리고 미소공동위원회의 정치 고문이 그것이다.

한국에 있으면서 널리 국내 여행을 다니며 한국의 정치적·사회적 배경과 정치 지도자의 정체성과 성격을 친밀하게 알게 되었다.

나는 이승만과 그의 배경, 인생사, 정치적·실용적 철학을 다 잘 알고 있다.

나는 한국에 있는 3년 동안 거의 내내 그와 가까이 지냈다. 그동안 나는 그의 활동과 다가오는 사건의 순서를 예측할 수 있을 만큼 그와 친밀한 관계를 유지하기 위해, 때로 그에게 건강상의 문제에 대해서도 책임을 졌다. 이에 대해서는 예를 들어 미군이 상수도를 설치하게 해드리고, 그의 아내는 뒷받침을 받지 않았지만 그와 같이 사는 첩인 이른바 그의 "아내"[73]에게는 PX 이용의 특권을 제공해드렸으며, 이승만의 가족을 위한 도서관 시설도 제공해드렸다.

---

72 _ 박상엽이라는 인물을 미국에서 추방하기 위한 심리에서 이승만의 정치적 탄압에 대한 버치의 답변 편지다.

73 _ 아마도 임영신을 지칭하는 것으로 보이나, 이에 대한 구체적이고 자세한 내용은 없다.

이승만의 성격에 대한 나의 지식은 그와의 긴 대화, 그의 검열된 편지와 전문 읽기, 그의 이력 공부하기, 그리고 그와 같이 일해보고 살아봤던 사람들에게 그의 명성을 치밀하게 알아봄으로써 얻은 것이다

피고에 대한 불법 폭력의 위험성을 분석하기 위해, 이승만은 전쟁이라는 비상 상황을 이용하여 그의 권력을 견지하면서 대한민국에 효과적으로 개인적·자의적 통치를 도입했다.

이승만의 통치 철학은 내가 기억하는 다음과 같은 두 가지의 사건을 통하여 잘 드러난다. 한때 내가 볼셰비키 적만 아니라면 한국에 있는 모든 사람과 협력하는 것이 현명하다는 조언에 이승만은 다음과 같이 대답했다.

"나는 워낙 협력에 대하여 확실한 신봉자입니다. 내가 거듭해서 말하고 글을 쓰는 것에 대해 지금 다시 말해줄게요. 내가 원하는 것은 한국 사람들이 모두 빠짐없이 나를 따라하는 겁니다."

또 다른 한때 내가 대한 민청에서 일하는 정치적 살인자와 착취자로 구성된 이승만의 대리인들이 이승만의 원칙에 대한 충성하에 자신들의 개인적 지하 감옥들에서 일련의 고문 살인을 저질렀다고 이승만에게 따졌더니, 그는 다음과 같이 대답했다.

"어쩌라는 거예요? 내가 그들의 애국심을 규탄해야 되나요? 죽인 사람들은 다 좌익놈들이었어요!"

[삽입구로서 그렇게 살인을 당한 사람 대부분, 그리고 갈취당한 압도적 다수가 좌익이 아니었던 것을 지적할 필요가 있다. 그때 이승만 진영과 나중에 드러난 이승만 정부의 잔인성은 대체로 통찰력이 부족해 공산주의의 야만성을 제대로 알지 못한 문맹 농민들 중에 공산주의로 전환한 사람들을 향한 것이었다. 또한 비록 전해 들은 말이지만, 이승만에게 불충실한 것으로 의심되는 여자를 아기와 함께 총을 쏘아 죽인 점에 대해 메리놀 선교회의 캐롤 신부(Father Carroll)와 서울의 영국성공회의 세실 쿠퍼 주교가 따졌다

는 사실도 믿을 만한 사람으로부터 들었다.]

이승만이 살인을 정치적 수단으로 용납하기도 하고 적극적으로 이용하기도 한 것은 다음과 같은 사실로도 입증된다.

전문적 폭력배, 착취자, 아편 도둑인 김두한은 하지 장군하에 군사법원에서 사형선고를 당했지만, 석방되어 이승만으로부터 높은 직위의 경무대 경호원으로 임명되었다. 1947년 10월에 대중주의적이고 막연한 좌파인, 이승만의 위대한 적대자 여운형의 암살은 이승만과 김구의 회의에서 결정되었는데, 이 사실이 살인 사건이 일어나기 3일 전인 회합 다음 날에 나에게 보고되었다! 김구 암살은 이승만에게 열정적으로 충실한 육군 소위가 꾀한 것이었다.(김구는 한국 국민들에게 정통성 있고 대중적인 민족주의적 영웅으로 기억될 것이다.)

살인자는 겉으로 긴 징역을 받는다고 선전되었지만, 사실은 이승만 정부로부터 포상을 받고 소위에서 대령으로 승진했다.(이 사건 후 뉴욕타임스의 리차드 존슨이 그를 본 적이 있다.)

이 말은 비록 이승만 아래에서 검찰이 불법적으로 직접 관련되었다는 증거는 없지만, 이승만의 재정적 지원은 그가 어떻게 그 일을 포상했는가 하는 점을 보여준다. 공산주의자들의 선전을 견제하기 위해 돈이 필요하다는 전제로 이승만은 군정에서 2천5백만 엔이나 되는 자금을 받았다.[돈은 공화민주협의회(Republican Democratic Council)[74]를 통하여 전해졌다.] 이 자금은 반공선전으로 쓰이지 않았다. 오히려 엔화 거래라는 불법 수단으로 한국에서 미국으로 이체되었다. 엔을 선교 단체로 주고 이승만이 쓸 수 있는 재미 선교의 달러로 바꾼 것이다. 이승만의 그런한 행동에 대한 설명과 명분을 말해달라는 러치 장군의 요청을 거부했을 때 나도 같이 자리하고 있었다.

---

74 _ 민주의원의 오기로 판단된다.

건국 이후에 이승만과 그의 동료들이 경제협조처(ECA) 자금을 사용하여 4천만 달러나 되는, 이승만과 그의 동료들이 전 세계적으로 있는 한인 이민 농민들에게 팔고 나중에 아주 작은 가치로 다시 구매했던, 실제로 있지도 않은 대한민국의 채권을 갚으려는 책략은 아서 번스 박사(Dr. Arthur Bunce)의 끊임없는 노력 덕분에 좌절되었다.

나는 현재 대한민국의 지도층과의 친밀한 친분과 지난 6년 반 동안 한국에 복무했던 미국인 지인과 함께 다음과 같은 확실한 발언을 한다. 한국 국민들이 지닌 보수적이고 볼셰비키적인 테러에 반대하는 감정을 대표하는 김성수와 신익희와 같은 진실한 보수 진영의 대표들은 대통령이 집행권을 남용함으로써 정부의 실제 행정에서 배제되고 있다. 이승만 정권 자체가 테러하는 성향이 있으며, 도덕적으로 북반부에 있는 공산주의들보다 많이 낫지도 않다. 대통령의 적이라고만 하면 미국에서 추방되어 대한민국으로 보내진 사람이 누구든지 간에 공정한 재판을 받을 가능성이 전혀 없다. 그리하여 박상엽을 추방하는 것은 불법적으로 사형을 내리는 것과 다름 없을 것이다

게다가 하지 장군처럼 한국에서 복무해봐서 한국의 상황을 잘 아는 여러 공무원들이 지닌 확신은 거의 한결같은 결론이다. 그리고 이러한 결론을 공개적으로 말하지 않는 것은 오랑캐 같은 적의 입장을 강화할까 봐 참는 것일 뿐이다.

만약에 대한민국 정부가 이번 경우에 특별히 건전한 법의 집행을 보호한다고 약속을 한다고 하더라도, 과거 약속을 지키지 않았던 기록을 고려해보면 미국 정부에 대한 그러한 약속은 절대적으로 의미가 없다고 나는 강조하고 싶다.

1952년 2월 22일.
오하이오 주 아크론에서 서명됨.

「이승만에 대한 평가」, 날짜 미상 (버치 문서 Box 3 - UV - 16~19).

미완성 문서.

이승만의 이력을 보면 그는 지난 25년 동안 거의 배타적으로 금전욕에 지배되어 왔다는 사실을 짐작할 수 있다. 상해임시정부와의 첫 갈등의 원인은 돈이었다. 돈 때문에 결국 사직하고 말았다. 이승만은 정부의 이름을 내걸고 개인적으로 채권을 발행하고, 그렇게 번 돈을 승인도 없고 회계도 없이 마음대로 쓰는 권리를 갖겠다고 주장했다.

하와이와 미국 본토에서의 활동도 끊임없이 수상한 금융 투기, 이른바 "채권" 매매와 부동산 투기로 그를 믿는 충실한 이민자들의 돈을 날려버렸던 경력이 있다.

한국에 돌아오자마 바로 이른바 "애국적 교육 사업"을 위해 자금을 요구했다. 첫째로 받은 공식적 자금은 육군의 관료적 프로세스 때문에 연기되어 1946년 7월이 되어서야 받게 되었다. 2천만 엔이라는 금액이 군정의 일반 회계에서 할당되었고, 결산하는 척하기 위해 이승만의 친구 10명이 서명한 무이자 노트를 만들어놓았다. 금액의 절반인 1천만 엔은 이승만 개인의 조선은행 계좌에 입금되었다. 5개월 있다가 군정이 그 계좌에 대해 회계감사를 한 결과, 이승만이 "정치 교육"을 위하여 돈이 급하게 필요하다고 했음에도 불구하고 금액 전체가 거의 그대로 있는 사실이 밝혀졌다. 그리고 10만 엔 정도의 출금된 금액은 그의 개인 주택을 개조되는 데 사용되었다.

이승만이 1946년 말에 미국으로 갈 준비를 하고 있을 때 그의 소위 '출장비'를 위하여 그의 전국적 기구가 최대한의 활동으로 돈을 모집하는 데 힘을 썼다.(출장비 자금은 그 회계 담당자인 고희동에 의하면 13억 엔 정도 된다고 한다.) 학생까지도 최소한 3일 동안의 점심 값에 달하는 금액을 기부해야 했다. 군정에서 일하는 한국인을 포함하여 한국 국민들은 강요에 의하여 1개월 급여에 이르는 금액을 기부해야 했다. 회사는 한물간 일제의 법에 대한 위반으로 기소당할 것이라는 협박 속에서 돈을 내야 했다.

이 강요로 모집된 불법적 목적의 자금은 최소한 이화대학교와 미국에서 돈을 압수당한 다른 기관의 도움으로 어느 정도 미국 달러로 전환되었다. 전환율은 100 대 1이었다.

이승만이 한국을 떠나 급하게 하와이로 가서 재미 교포들에게 말하기를, 미군정이 한국 사람들을 너무 가난하게 만들어서 빈손으로 올 수밖에 없었다고 했다. 하와이에서는 1만6천 달러를 더 모집했다.

그다음에는 캘리포니아로 가서 그곳의 피해자들이 속임수에 대하여 제대로 알기 전에 유사한 모금 활동을 할 수 있도록 급하게 비행기를 탔다.

사실상 이승만과 그를 둘러싼 청년 폭력배를 우익으로 분류하는 것이 잘못이라는 사실을 강조해야 한다. 그들은 대개 단순한 범죄자들이며, 그들이 우익인 척하는 것은 우익의 대의에 손해를 입는 것일 뿐이다.

이승만 곁에 있는 청년 지도자 중에서 소위 "가장 주목할 만한" 이들인 서상천과 김두한은 그들을 가장 잘 대표한다. 둘 다 전에 일제 경찰 정보원들이었고, 1945년 여름에 공산주의자가 되었다가 그해 가을에 열렬한 우익이 되었다.

이승만이야말로 노골적으로 자신이 스스로 반자본주의자라고 하며 일부러 미국에 있는 친구(그중 아크론에 있는 주영한이 대표 중 하나임)들에게 반미 선전을 하여 소위 "미국 제국주의"를 맹렬히 비난하는 것을 격려하기도 했다. 미래에 대한 그의 터무니없는 상상은 미국을 처리한 다음에 혼자서 소련을 견제할 수 있다는 것이다. 이것은 정직한 강박관념이다. 더 가능성이 있는 상황은 소련과 타협을 하고 한국이란 정복된 식민지에서 소련의 총독으로 임명되려는 것이다.

미군정의 점령 기간을 짧게 하고 미국 납세자의 돈을 절약하기 위하여 한국 국민들의 지지를 얻고 유엔 앞에서 깨끗한 손으로 설 수 있는 품위 있는 정치 세력을 조직하는 것이 최대한 중요하다. 그러한 정치 세력에 이승만이 참여하면 안 된다. 그가 조금이라도 영향력을 행하는 한 그러한 세력을 조직할 수 있는 확률이 꽤 낮아질 것이다.

애국자는 평생 동안 나라를 위하여 봉사했다가 국민들로부터 선물로 받은 권력을 장악했다가 부패해진다는 사실이 늘 슬프다. 이 문장은 몇 가지 동의할 수 없는 사안을 빼고는 필자의 눈에 보이는 해임된 독재자 이승만을 잘 요약해준다.

이승만을 이해하기 위해 소포클레스를 비교하겠다. 어쩌면 이승만의 경력 내내 나타나는 거침없는 비극을 전할 수 있는 사람은 소포클레스밖에 없을지도 모르겠다. 앨런(Richard C. Allen)의 책은 학문적이고 매우 공정하다. 이 책은 전에 이승만의 여행 동반자이며 궁정 웅변가였던 로버트 올리버가 쓴 전기의 허튼소리에 비하면 눈에 띄게 대조된다. 이승만의 비극은 1960년 봄 국민들이 그가 떠나는 모습을 보며 너무 기뻐하자 그가 조국을 재빠르게 떠날 수밖에 없었던 시기 이전에 시작되었다. 오이디푸스 왕의 비극은 나이 많은 독재자가 그의 의지에 눈이 어두워 국민들로부터 떠나며 더 이상 호소할 수 있는 가능성 없이 비난받기 훨씬 전에 시작된다.

이승만 개인이 지닌 비극의 이유는 자신의 대의에 도덕적인 암시가 너무나 일방적이어서, 그에 대한 솔직한 논의나 불화를 아예 불가능하게 만들었다는 것이다. 일본의 잔혹한 정복, 다른 강대국의 적극적 무관심으로 노예가 되었던 한국에게 대의는 정당하고 도덕적인 반응이 될 수밖에 없었다. 따라서 그러한 대의를 내세우는 사람에게 갈등의 원인은 오직 어리석음이 아니면 의도적 실수로밖에 보이지 않게 된다.

　앨런의 책은 기껏 2차 정보가 될 수밖에 없는 사건을 활발하게 묘사하니 칭찬할 만하다. 그가 1945년에 이승만이 한국에 오는 그 흥미로운 이야기를 연구할 시간이 없었던 것이 아쉽다. (하략)

레너드 버치